AF363464

UNIVERSITÉ DE FRANCE

ACADÉMIE DE DOUAI.   FACULTÉ DE DROIT.

THÈSE
POUR LE DOCTORAT

DROIT ROMAIN

DU CONTRAT DE SOCIÉTÉ

ÉTUDE SUR L'HISTOIRE DE L'ESPRIT D'ASSOCIATION
AU MOYEN-AGE

DROIT FRANÇAIS

DE LA SOCIÉTÉ EN COMMANDITE PAR ACTIONS
(*Loi du 24 juillet* 1867).

L'acte public sur les matières ci-après sera soutenu le jeudi 26 janvier 1882,
à deux heures de l'après-midi.

Par BOYARD (Eugène),
AVOCAT

à la Cour d'Appel de Douai

Le candidat devra en outre répondre à toutes les questions qui lui seront faites sur
les autres matières de l'enseignement.

Président : M. DANIEL DE FOLLEVILLE, doyen.

Suffragants :
{ MM. FÉDER
PIÉBOURG
GARÇON } professeurs.

LACOUR   agrégé, chargé de cours.

BOULOGNE-SUR-MER
Imprimerie Typographique et Lithographique SIMONNAIRE & Cie.

1882

UNIVERSITÉ DE FRANCE

ACADÉMIE DE DOUAI. FACULTÉ DE DROIT.

THÈSE
POUR LE DOCTORAT

DROIT ROMAIN
DU CONTRAT DE SOCIÉTÉ

ÉTUDE SUR L'HISTOIRE DE L'ESPRIT D'ASSOCIATION
AU MOYEN-AGE

DROIT FRANÇAIS
DE LA SOCIÉTÉ EN COMMANDITE PAR ACTIONS
(Loi du 24 juillet 1867).

L'acte public sur les matières ci-après sera soutenu le jeudi 26 janvier 1882,
à deux heures de l'après-midi.

Par BOYARD (EUGÈNE),
AVOCAT
à la Cour d'Appel de Douai

Le candidat devra en outre répondre à toutes les questions qui lui seront faites sur
les autres matières de l'enseignement.

Président : M. DANIEL DE FOLLEVILLE, doyen.

Suffragants : { MM. FÉDER / PIÉBOURG / GARÇON } professeurs.

LACOUR agrégé, chargé de cours.

BOULOGNE-SUR-MER
Imprimerie Typographique et Lithographique SIMONNAIRE & Cie.

1882

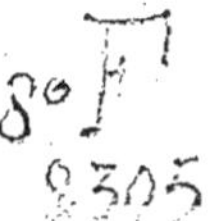

FACULTÉ DE DROIT DE DOUAI

MM.

DANIEL DE FOLLEVILLE, A, ✿, doyen, professeur de code civil et de droit international privé.

DRUMEL, A. ✿, député, professeur de droit romain.

FÉDER, professeur de code civil et chargé d'un cours sur une matière approfondie du droit français.

PIÉBOURG, professeur de droit romain, et chargé du cours sur les Pandectes.

GARÇON, professeur de législation criminelle et chargé d'un cours d'histoire du droit romain et du droit français.

POISNEL-LANTILLIÈRE, agrégé, chargé d'un cours de droit romain.

MICHEL, agrégé, chargé du cours d'histoire générale du droit français public et privé.

LEPOITTEVIN, agrégé, chargé du cours de procédure civile et du cours sur le droit des gens public et les législations comparées de l'Angleterre, de la Belgique et de la France.

VALLAS, agrégé, chargé d'un cours de code civil et du cours de législation industrielle.

LACOUR, agrégé, chargé du cours de droit commercial et d'un cours de droit maritime.

BOURGUIN, agrégé, chargé du cours de droit administratif, et d'un cours sur l'enregistrement dans ses rapports avec le droit civil.

CHEVALLIER, A. ✿, chargé du cours d'économie politique.

CÉLICE, chargé d'un cours du droit romain.

DOYEN HONORAIRE. -- M. BLONDEL ✱, ✿, (I. P.) conseiller à la cour de cassation.

MOREL, licencié en droit, A. ✿, secrétaire, agent comptable.

COUSIN, licencié en droit, bibliothécaire.

A LA MÉMOIRE DE MA MÈRE.

———

A MON PÈRE.

———

ÉTUDE

SUR L'HISTOIRE

DE L'ESPRIT D'ASSOCIATION

AU MOYEN AGE

Les capitaux sont comme les hommes :
unis, ils sont puissants ; divisés, ils
sont sans force.

Michel CHEVALIER.

(*Lettres sur l'Amérique.*)

L'homme n'est pas fait pour l'isolement. « La société », a dit Buffon, « est après Dieu l'origine de toute la puis- « sance de l'homme. » Ce grand observateur fait à ce sujet une remarque fort concluante ; c'est que, par la lenteur toute exceptionnelle de son développement, par sa fai- blesse, l'homme est dans la nécessité d'être entouré par ses parents de soins matériels très prolongés, tandis qu'il n'y a rien de semblable pour les autres êtres. Pour l'animal, il faut quelques mois, souvent quelques semaines, pour qu'il puisse se suffire à lui-même. Pour l'homme, il faut des années. Dès sa naissance, il a besoin du secours de ses semblables. La famille est pour lui une société indispensable, à laquelle il ne peut échapper sans une

1

mort certaine ; si sa nature essentiellement libre le pousse à la vie indépendante, sa faiblesse native, le besoin, l'intérêt le forcent à s'unir à ses semblables, et à sacrifier ainsi une partie de sa liberté à sa sécurité et à son bonheur.

Le principe d'association est donc inhérent à la nature de l'homme ; et ceci est si vrai, que nous retrouvons ce principe mis en application chez les nations les plus civilisées comme chez les peuplades primitives, dans les siècles reculés comme à notre époque. Les tribus sauvages de l'Afrique ou du Nouveau Monde s'associent pour la chasse et le pillage ; les peuples civilisés s'associent pour le commerce et l'industrie.

L'association est un principe essentiellement actif. Il ne se renferme pas dans les pures spéculations de la théorie. Sa fonction est de créer, et partout on le rencontre dans la pratique des grandes comme des petites choses.

Partout où l'activité et l'intelligence d'un seul sont impuissantes à produire, l'esprit fécond d'association appelle d'autres activités, d'autres intelligences ; il les réunit, les coordonne, et leurs efforts qui seraient vains et inutiles, s'ils restaient isolés, créent et produisent par cette combinaison ces œuvres immenses qui surprennent l'imagination.

Les tendances naturelles de l'homme à se réunir se montrent à nous sous des formes différentes. Les unes découlent de rapports nécessaires à la vie des peuples constitués, comme le mariage (1), la famille, la nation (2). Les autres sont recommandées par la loi, et sont comme le corollaire obligé des premières : ainsi les armées, les assemblés législatives. D'autres enfin résultent de conventions privées, et sont la conséquence de besoins par-

(1) Le mariage est un contrat qui a pour but et pour effet, non la tradition d'un domaine ou d'une propriété quelconque, mais la formation d'une famille, c'est à dire l'association la plus unie et la plus étroite qui puisse exister. (J. Simon. La liberté civile. ch. 1, p. 25.)

(2) Aristote, Politique, L. I, ch. 1.

ticuliers; sont de ce nombre les sociétés de commerce et
d'industrie.

C'est surtout à ce dernier point de vue que les résultats
de l'esprit d'association se montrent les plus intéressants
et les plus féconds; aussi est-ce principalement sur lui
que nous nous efforcerons de porter notre attention dans
le cours de cette étude.

Dans l'agriculture, l'association offre les moyens de
combiner les avantages de la grande propriété avec ceux
de la petite culture; dans l'industrie, elle permet de substituer à de petites fabriques, où les frais généraux sont
considérables et les profits médiocres, de vastes établissements qui présentent à l'ouvrier et au maître plus de
sécurité, au consommateur une production plus économique. Entre-t-elle en lutte avec la force des choses,
l'association, divisant les charges en même temps que les
risques, réduit à néant et rend innoffensifs dans la mesure
du possible les accidents qui, sans elle, ruineraient le plus
souvent les cités entières comme les simples particuliers.

Ainsi, féconde dans ses résultats pratiques, elle crée et
multiplie les forces, protégeant et mettant en valeur ce
que l'isolement laisserait désarmé et stérile.

A l'heure actuelle où la puissance et les bienfaits de
l'association sont de mieux en mieux appréciés, où l'ambition des grandes entreprises pousse de plus en plus la
société moderne dans cette voie, nous avons cru qu'il
n'était pas indifférent de jeter un coup d'œil en arrière.
Etudiant dans cet ouvrage une des manifestations de
l'esprit d'association dans les temps modernes, nous avons
conçu le projet de passer en revue dans les siècles passés,
et principalement au moyen âge qui fut une époque prodigieuse d'associations, quelques unes des manifestations
de l'esprit sociétaire : heureux si notre curiosité, qui est
notre seule excuse, peut faire pardonner à nos faibles
forces de s'être essayées sur un sujet dans lequel de plus
expérimentés, et surtout de plus érudits, nous ont déjà
précédé.

DE L'ESPRIT D'ASSOCIATION A ATHÈNES.

Dès la plus haute antiquité nous voyons l'esprit d'association se manifester. La Genèse ne nous le montre-t-elle pas groupant les peuples pasteurs sous la conduite des patriarches? Mais si, en fait et instinctivement, les hommes s'associent, ce n'est que pour des actes nécessités par un besoin présent. Il n'y a là que des manifestations isolées d'un principe dont les règles existent et sont mises en pratique, mais qui n'est pas encore législativement consacré. De bonne heure cependant la Grèce nous donne le spectacle d'une société véritable avec ses statuts et ses lois; nous voulons parler de la société d'Eranistes ἔρανοι dont parle Homère (1) et que nous expliquent plus longuement les écrits de Xénophon, d'Aristophane, d'Hésiode et d'Aristote (2). Cette société mérite bien, par la place qu'elle trouve déjà dans les chants des rhapsodes, d'être considérée comme l'une des plus anciennes.

« Les associations (κοινωνίαι), dit Aristote, sont, en
» quelque sorte, des démembrements de la société poli-
» tique. On s'associe pour donner satisfaction à quelque
» intérêt, pour se procurer quelqu'une des choses néces-
» saires à la vie. Ainsi la société politique a été originaire-
» ment établie et subsiste pour l'intérêt commun; les
» législateurs ne perdent jamais de vue cet objet, et ils
» déclarent juste tout ce qui est conforme à l'utilité générale.
» Les autres associations se proposent comme but une
» partie de cet intérêt commun. Les marins, par exemple,
» ont en vue l'intérêt qui résulte de la navigation, l'acqui-
» sition des richesses ou quelque autre avantage. Les
» soldats ont en vue l'intérêt qui résulte de la guerre ; ils

(1) Homère, *Odyssée*. I, 226.

(2) Xenophon, *Memorabilia*, III, 14, I. Aristophane, *Acharnenses*, V. 1085 et suiv. Hésiode, *Opera et dies*, v. 723. Aristote, *Ethica Nicomachea*, IV, 2, § 30. Didot, ll, p. 43.

» aspirent à la fortune, à la gloire ou aux conquêtes. Il en
» est de même des associations formées par les membres
» de la même tribu ou par les membres du même dême.
» D'autres associations semblent n'avoir pour but que le
» plaisir (ἡδονήν); telles sont celles des Thiasotes et des
» Eranistes; elles se sont formées pour offrir des sacri-
» fices et pour fournir à leurs membres des occasions de
» réunion. Ces sociétés, en faisant des sacrifices, en
» prescrivant des réunions, en honorant les Dieux et en
» donnant aux citoyens des prétextes pour se délasser
» agréablement, sont, comme les précédentes, subordon-
» nées à la société politique; car ce n'est pas seulement
» l'intérêt présent que la société politique s'applique à
» protéger: elle se préoccupe de l'intérêt de la vie entière.
» Toutes les associations semblent donc n'être que des
» parties de la société politique (1) ».

Nous pouvons conclure de cette énumération que fait
Aristote des avantages produits par l'association, que le
contrat de société avait déjà une existence légale de son
temps, et qu'il était fréquemment employé à Athènes.
Cela n'a rien d'étonnant, si l'on considère, comme le fait
du reste remarquer M. Caillemer (2), qu'aucun peuple de
l'antiquité ne mit plus largement en pratique le principe
d'association que le peuple Athénien, et que le contrat de
société (κοινωνία ἑταιρία) est un de ceux que l'on rencontre
le plus fréquemment dans les monuments de la littérature
classique.

Le contrat de société était soumis, à Athènes, à des
règles fixes. Il avait ses formes et ses modalités diverses,
prenait naissance par la facture d'un acte écrit qui en
fixait les conditions, et prenait fin par suite de l'expiration
du temps fixé, par la perfection des opérations proposées
ou par la volonté de l'un des associés désirant sortir de
l'indivision. La liquidation de la société pouvait se faire à
l'amiable; mais si les associés ne s'entendaient pas à ce

(1) Aristote, *Ethica Nicomachea*, lib. VIII, c. IX, §§ 4-7
(2) *Etudes sur les antiquités juridiques d'Athènes* par M. Caillemer. *Le contrat de société à
Athènes*.

sujet, il y avait une action qui était donnée contre les associés récalcitrants. Cette action que les Athéniens appelaient εἰς δατητῶν αἵρεσιν δίκη (1), tendait à faire nommer par le magistrat des experts (δατηταί) qui devaient procéder à la composition des lots, en tenant compte des droits des associés et en suivant les inspirations de leur conscience.

Les associés avaient, du reste, toute liberté pour régler comme ils le voulaient les conditions de leur association. Ne pas déroger aux lois d'ordre public (2), était la seule restriction qui venait entraver le principe de la liberté absolue.

Aristote nous dit qu'entre associés tout doit se passer comme entre amis : ἐν κοινωνία γὰρ ἡ φιλία. (3). Cette maxime de toute évidence et que nous retrouverons, plus tard, écrite chez les jurisconsultes romains (4), forme avec un passage d'un discours de Lycurgue (5), la seule base sur laquelle nous puissions nous appuyer pour induire que des actions spéciales devaient être accordées pour obtenir réparation du dommage causé entre associés. Les textes étant muets, ou fournissant peu de renseignements sur ce sujet, nous ne savons presque rien sur les effets généraux de notre contrat.

Un texte de Solon que nous retrouvons reproduit au Digeste (6), donne une énumération des sociétés diverses en usage à Athènes. C'est ainsi que nous voyons apparaître des sociétés de commerce, d'armateurs, d'artistes, des sociétés politiques, des sociétés dont le but était soit de percevoir des impôts, soit d'élever des sépultures communes.

La plus curieuse peut-être de ces sociétés diverses, et,

---

(1) Harpocration, vᵒ δατεισθαι Edit. Bekker, p. 63. — Cf. M. Caillemer p. 5.

(2) L. 4 Dig. *De collegiis et corporibus.* 47, 22.

(3) Aristote, 5 *Ethica Nicomachea* VIII, 9 § 1

(4) L. 63 pr. Dig, *Pro Socio*, 17, 2 : « *Societas jus quodammodo fraternitatis in se habet* »

(5) Lycurgue, C. *Leocratem.* § 49.

(6) Dig. XLVII-XXII, loi 4.

comme il est permis de le croire, la société la plus ancienne, est la société d'Eranistes.

L'ἔρανος à son origine et, c'est ainsi que cette société nous apparaît dans Homère, était une réunion de plusieurs personnes apportant chacune leur écot pour célébrer en un banquet une fête religieuse ou toute autre circonstance solennelle. C'était ce que, par une expression familière empruntée à nos voisins d'Outre-Manche, nous appellerions aujourd'hui un pique-nique.

Il est certain que ces réunions, d'exceptionnelles qu'elles étaient tout d'abord, devinrent bientôt régulières. Les mêmes personnes, prenant l'engagement de se réunir à des époques déterminées, formèrent ainsi une société établie sous le patronage d'une divinité, et dont les statuts réglaient le montant de la contribution que chaque associé devait payer. Peu à peu une sorte de fraternité naquit des rapport fréquents des associés entre eux, et l'ἔρανος devint une société de secours mutuels (2), avec des présidents, des directeurs, des trésoriers, des secrétaires et une caisse commune dans laquelle pouvaient puiser les sociétaires nécessiteux.

Pour faire partie d'un collège d'Eranistes, la qualité de citoyen n'était pas exigée. Bien plus, les femmes, les affranchis et peut-être même les esclaves pouvaient être admis dans les Ἔρανοι (3). Toutefois l'admission d'un nouveau membre n'avait lieu qu'après enquête.

Tous les dignitaires de l'association, sauf le προστάτης, patron ou directeur du collège qui conservait ses fonctions pendant toute sa vie, étaient nommés pour une année.

Si une contestation s'élevait entre la société et l'un des sociétaires, soit parce que le sociétaire ne payait pas régulièrement sa cotisation, soit parceque, revenu à

(1) Homère, *Odyssée*, 1. 226.

(2) M. Caillemer p. 10. *Contrat de société à Athènes.*

(3) Rev. archéologique, t. XIV, 1866, p. 331. *Corpus inscriptionum græcarum*, n° 120, t. 1. p. 162. *Corpus inscriptionum græcarum*, n° 2525.

meilleure fortune, il ne voulait pas rembourser les avances qui lui avaient été faites par la société pendant qu'il était indigent, la loi athénienne, moins rigoureuse que Platon (1) dans sa République, devait certainement donner une action civile ; et, à ce sujet, je suis de l'avis de M. Caillemer qui admet l'opinion que les contestations entre Eranistes pouvaient être portées devant les tribunaux ordinaires.

Il est un point douteux en ce qui regarde les cas dans lesquels l'associé malheureux avait le droit d'emprunter à la caisse de la société. Se fondant sur des passages d'Antiphon et de Cornelius Nepos, on a soutenu que l'Eraniste pouvait demander des secours à la société dans le cas où sa fortune serait confisquée par suite d'une condamnation judiciaire (2), ou serait insuffisante pour fournir une dot à sa fille à qui cette pauvreté empêchait de trouver un mari. M. Renan va plus loin encore et dans son livre *Des apôtres* (3) avance que les Ϝρανοι étaient des sociétés de crédit et d'assurance en cas d'incendie. Nous ne pouvons, tout d'abord, nous ranger à l'opinion de M. Renan qui se borne à avancer cette proposition sans citer aucun texte à l'appui. Quand aux deux autres, l'étendue de nos connaissances ne nous permet pas de les apprécier. La question étudiée par M. Caillemer (3) doit, suivant lui, être résolue par la négative ; il réfute les textes qu'on lui oppose en prouvant que dans ces textes il est question, non pas de secours fournis par des sociétés d'Eranistes, mais bien de dons ou d'avances volontaires, faits par des personnes riches, en dehors de toute association. Tout en reconnaissant que les textes ne citent aucun cas où l'on voit une société fournir des secours à un de ses associés dans le malheur, il se range

---

(1) Platon, *De legibus*. XI.

(2) Antiphon, *Tetral*. I, 2, § 9. Didot, p. 8.

(3) *Les Apôtres*, 1866 p. 351.

(4) Caillemer, *La lettre de change chez les Athéniens*. Mémoires de l'Académie de Caen, 1866 p. 147 et *Du contrat de Société à Athènes*. P. 25 et suivantes.

cependant du côté de la majorité des auteurs qui admettent que l'ἔρανος était une véritable société de secours mutuels.

Nous ne connaissons aucun texte duquel il résulte que les Athéniens aient mis en pratique le contrat d'assurances. D'après une opinion émise par M. Egger (1), les Macédoniens ont dû le connaître et l'introduire en Asie lors des conquêtes d'Alexandre. A ce propos, M. Egger cite, dans un de ses mémoires, des sociétés d'assurances fondées entre propriétaires d'esclaves, dans le but de s'indemniser, sur une caisse constituée à frais communs, du dommage résultant de la fuite des esclaves.

A côté des sociétés d'Eranistes nous rencontrons un assez grand nombre d'autres sociétés. Ce sont d'abord les *hétairies*. Par le mot ἑταιρεῖαι on pouvait désigner toutes sortes de collèges ; mais ce mot était plus ordinairement employé pour désigner des sociétés politiques dont le but principal était de venir en aide aux magistrats dans les procès qu'ils avaient à soutenir lors de la liquidation de leurs charges, ou d'assurer l'élection d'un candidat choisi par l'association.

D'après M. Caillemer, ces sociétés qui se recrutaient surtout parmi les gens aisés de la société athénienne, dont les sentiments étaient oligarchiques, devaient être les ennemis naturels du gouvernement populaire, et ont dû jouer dès lors un rôle important dans l'histoire politique d'Athènes.

Nous ne connaissons toutefois l'existence de ces sociétés que par des allusions rapides échappées à Platon, à Thucydide et à Aristophane. Aussi leur organisation nous est-elle inconnue.

(1) M. Egger, *Mémoires historiques sur les traités publics dans l'antiquité, depuis les temps héroïques de la Grèce jusqu'aux premiers siècles de l'ère chrétienne.* 1861. p. 39-40.

Voir les dissertations spéciales de M. Vischer et de M. Hermann Buttner, *Die oligarchische Partei und die Hetærien in Athen*, Bâle 1836 ; *Geschiste der politischen Hetærien in Athen.* Leipzig, 1840.

La loi 4 au Digeste, liv. 47, tit. 22, dans laquelle le jurisconsulte Gaïus rapporte un fragment de loi qu'il attribue à Solon, nous cite encore les sociétés de commerce (εἰς ἐμπορίαν οἰχόμενοι) les sociétés de matelots, (ναῦται) les associations religieuses (θίασοι ὀργεῶνες) (1), les σύσσιτοι, associations de personnes prenant leur repas en commun. On ne sait pas au juste quel était le rôle de ces sociétés. Nous ne connaissons à ce sujet qu'une seule conjecture faite par M. Schœmann (2), qui consiste à penser que ces sociétés devaient être composées par des citoyens qui, n'ayant pas de maison régulièrement tenue, des célibataires ou des veufs par exemple, se réunissaient pour prendre leurs repas et supporter en commun les dépenses de la table.

Ὁμόταφοι (3) : Ces sociétés se composaient de citoyens entre qui le plus souvent existaient certains liens de famille, et qui se réunissaient pour acheter un terrain et élever à frais commun un tombeau pour eux et les leurs. D'après M. Mommsen, il est probable que les ὁμόταφοι se réunissaient à des époques déterminées pour offrir en commun des sacrifices aux divinités infernales.

Ἐπὶ λείαν οἰχόμενοι : les sociétés d'armateurs avaient pour but d'équiper des corsaires autorisés dans les courses de mer, et non, pas comme l'a pensé à tort M. Egger, pour exercer leur brigandage illicite. D'après M. Caillemer, ces associations n'étaient pas des sociétés de pirates et de brigands; car il est peu probable qu'un peuple civilisé comme les Athéniens ait donné une existence légale à des sociétés de brigands. Nous ne devons voir dans les ἐπὶ λείαν οἰχόμενοι que des sociétés d'armateurs équipant des navires pour la course, fait qui mérite d'autant moins la critique

---

(1) Nous ne pouvons assimiler complètement les ὀργεῶνες aux θίασοι. Les ὀργεῶνες n'étaient pas des associations purement religieuses; elles devaient correspondre à ce qui était à Rome la *gens*. Solon qui allait parler des θιασῶται, n'aurait pas mentionné d'abord les ὀργεῶνες si les deux expressions eussent été synonymes. Caillemer. P. 37, *Contrat de Société à Athènes*

(2) Schœmann, *Griechiche Alterthümer*. 2me édit. t. 1 p. 375.

(3) Démosthènes. *C. Eubulidem* § 28.

que malgré la déclaration du 16 avril 1856, il n'a pas encore été complètement banni des sociétés modernes.

Le dixième des primes était attribué à Minerve ; le surplus appartenait, suivant les cas, à l'état ou aux capteurs.

Nous citerons enfin une dernière société, dont parle Strabon (1), sous le nom de corporation des artistes dyonisiaques, (τὸ κοινὸν τῶν περὶ τὸν Διόνυσον τεχνιτῶν). Cette association qui atteignit de bonne heure un haut degré de prospérité, se subdivisait en plusieurs sections qui desservaient différentes parties de la Grèce (2) M. Egger a donné, dans ses études historiques sur les traités publics, une liste de ces différents comités.

Les sections traitaient avec les villes ou les particuliers, et s'engageaient à donner, à l'occasion de certaines fêtes, des représentations scéniques. Le comité des artistes dionysiaques d'Athènes était un des plus importants ; les membres jouissaient du privilège de l'inviolabilité, et ils étaient exemptés de tout service militaire sur terre et sur mer.

Ainsi donc, à Athènes, le principe d'association nous apparaît de bonne heure sous des formes distinctes et variées, ayant toutes une législation spéciale, Nous retrouvons dans l'ancienne Grèce certaines de nos institutions modernes ; les sociétés de commerce, les cercles Συσσιτοι, les sociétés de gens de lettres , les sociétés de secours mutuels ἔρανοι, les comités électoraux Επιρειαι , et même, d'après M. Renan, les sociétés d'assurance. Les documents sont peu explicites sur ces différentes sociétés ; mais néanmoins, en face des quelques notions que nous en avons, nous pouvons affirmer que la législation sur la matière était des plus complètes. Il faut donc rejeter, à ce sujet, les railleries que Cicéron adresse à la législation de Lycurgue et de Solon, lorsque il s'écrie dans

______

(1) Strabon, XIV, p. 643.

M. Egger. *Etudes sur les traités publics*, 2me édition, p. 284-296.

le *De oratore* : « *Incredibile est enim, quàm sit omne jus* » *civile præter hoc nostrum inconditum ac penè ridicu-* » *lum.* » C'est plutôt ici le cas d'admirer le degré de civilisation du peuple qui fut le grand initiateur des sociétés antiques, et de répéter ces paroles d'un érudit : « Hors du domaine des sciences exactes, rien n'est nou- » veau au monde, sauf peut-être ce qui a été oublié. »

L'ASSOCIATION A ROME.

Si nous voyons l'esprit d'association se développer de bonne heure à Athènes sous des formes diverses et déjà perfectionnées, il n'en est pas de même dans les commencements de la nation romaine. Nous rencontrons bien dans la Rome primitive des manifestations importantes de l'esprit d'association dans la famille et dans l'ordre politique ; mais si nous nous plaçons au point de vue industriel et commercial, nous n'y trouvons que quelques associations de minime importance.

Il n'y a pas lieu de s'en étonner si l'on considère que l'industrie ne pouvait être en honneur au sein d'une nation aristocratique et guerrière, qui n'estimait que les vertus propres à faire des soldats, et n'encourageait que l'agriculture qui les exerce et les nourrit. Tel qui s'honorait de conduire lui-même sa charrue, aurait rougi de s'enrichir par le commerce. Denys d'Halicarnasse, parlant des premiers temps de la République, nous apprend qu'il n'était permis à aucun Romain de se faire marchand ou artisan (1).

Ce préjugé était tellement enraciné dans les mœurs romaines que, même vers les derniers temps de la République, alors que Rome ne recrutait déjà plus ses soldats parmi les laboureurs du Latium, nous lisons dans un ouvrage que Cicéron dédie à son fils, que tous ceux qui vivaient d'un travail nécessaire, faisaient un métier dégradant

(1) Οὐδενὶ ἐξῆν Ῥομαιῶν οὔτε καπηλον, οὔτε χειροτέχνην ἔχειν Βιον. — Denys d'Halic., IX, 25.

et que jamais un sentiment noble ne pouvait naître dans une boutique (1).

On comprend, dès lors, facilement que dans les premiers siècles de Rome, le commerçant ou l'artisan pauvre et méprisé, n'ayant aucun espoir de sortir jamais de son humble condition, ait peu songé à s'associer. D'après le témoignage de Pline l'ancien (2), Numa aurait constitué les premiers collèges d'artisans. Ils étaient au nombre de huit et ne représentaient, à l'exception des joueurs de flûte et des orfèvres, que quelques-uns des arts grossiers d'une nation sans industrie : c'étaient les charpentiers, les teinturiers, les cordonniers, les corroyeurs, les ouvriers en airain et les potiers (3). La communauté du culte fut sans doute le lien qui, à l'origine, réunit les membres de ces différentes associations. Les collèges d'ouvriers devaient joindre à ce but religieux un but industriel ; et nous pouvons supposer avec M. Mommsen qu'ils avaient leurs experts qui se réunissaient pour maintenir et affirmer la tradition. Mais là-dessus nous en sommes réduits aux conjectures.

Dès la moitié du Vme siècle avant notre ère, la loi des XII tables laisse aux associations toute liberté. Elle permet aux citoyens de fonder telle corporation qu'il leur plairait « *dùm ne quid ex publicâ lege corrumpant* ». C'était, au rapport de Gaïus (4), une imitation des lois de Solon.

Nombreux furent les corps de métiers qui se constituèrent ou qui se développèrent sous la République à la faveur de cette liberté.

Des professions inconnues jusque-là s'établissent de

_____

(1) *Sordidi etiam putandi qui mercantur a mercatoribus quod statim vendant... Opifices que omnes in sordidâ arte versantur. Nec enim quidquam ingenuum potest habere officina.* Cicéron, *De officiis*; 1, 42.

(2) Pline. *Hist. natural.*, lib. 18, c. II. — Plutarque. *Vie de Numa.*

(3) Si parmi ces premiers collèges, nous ne voyons pas figurer tous les arts nécessaires à la vie, c'est que, comme le fait remarquer M. Mommsen, *Hist. rom.*, il n'existait pas de boulangers, le pain étant fait dans chaque maison par les esclaves ; point de tisserands, les femmes filant la laine nécessaire aux vêtements de la famille.

(4) L. 4. D. *De colleg. et corporibus.*

toutes parts (1). Des associations de tout genre *(Sodali-tia)*, prennent alors naissance. Parmi ces *sodalitia* nous ne pouvons passer sous silence celles qui ont acquis la plus grande célébrité dans les troubles civils qui ont marqué la fin de la République. Les collèges de carrefour *(Collegia compitalicia)*, étaient des associations basées sur la division territoriale de la ville, et dans lesquelles s'enrôlait toute la plèbe. Ces collèges, subdivisions de la tribu, avaient une influence considérable sur les comices et sur le choix des magistrats (2); aussi offraient-ils des cadres tout préparés aux fauteurs de désordre et de brigue. Il fallut deux senatus-consultes (67 et 69 avant J.-C.), pour les dissoudre et leur retirer toute influence politique.

Enfin, la guerre qui, en étendant la puissance du peuple romain, avait altéré en même temps sa simplicité primitive, donnait l'essor à son industrie obligée de satisfaire aux besoins nouveaux d'une civilisation naissante. C'est ainsi que, vers la fin de la République, le génie romain, primitivement guerrier et agriculteur, s'était fortement modifié, grâce à l'influence de la civilisation grecque; il avait bientôt compris qu'il était d'autres conquêtes que celles des armes, et il avait dirigé vers le négoce une partie de cette activité dévorante que la guerre ne suffisait plus à satisfaire. L'esprit mercantile s'était emparé de la nation. Les hommes les plus riches et les plus puissants s'occupaient de banque, de négoce, de transports par terre et par mer, non pas, il est vrai, toujours directement, mais par le ministère de leurs esclaves qui les représentaient.

« L'avoir d'une veuve, » dit Caton, dans un livre qu'il dédie à son fils, « peut s'amoindrir; mais l'homme doit » augmenter le sien; et celui-là est digne de renom et

______

(1) Les premiers barbiers apparaissent en 454 av. J.-C. et les boulangers en 580. (Humbert. *Des ouvriers libres à Rome.* Recueil de l'Académie de législation de Toulouse, t. 17, p. 395.)

(2) Quintus Cicéron, dans la lettre *De petitione consulatûs*, écrit à son frère : « *Habes.... omnes publicanos, totumque equestrem ordinem.... aliquot collegia.* » (*De petit. cons. I.*)

» inspiré des Dieux, dont le livre de comptes, après sa
» mort, témoigne qu'il a plus gagné qu'hérité. »

L'appât du gain et l'amour des richesses avaient fini
par pénétrer si avant dans les mœurs, que les provinces
étaient couvertes de citoyens romains qui y venaient
pour s'enrichir par des spéculations de toute espèce. Il
ne se faisait pas une affaire de commerce, nous dit
Cicéron, il ne se remuait pas en Gaule une pièce de
monnaie sans l'intervention d'un citoyen romain (1). Ce
mouvement immense des intérêts et des cupidités eut
pour résultat inévitable un développement peu commun
de l'esprit d'association. Il trouvait déjà, du reste, son
aliment dans les pratiques suivies par le gouvernement.
Celui-ci avait coutume de remettre à des intermédiaires
la gestion des affaires financières. Or, l'importance des
intérêts ainsi abandonnés, les sûretés que l'on était en
droit de vouloir, conduisaient naturellement à exiger que
les fermes et les fournitures fussent soumissionnées par
des sociétés et non par des capitalistes isolés. On connaît
ces associations puissantes de publicains, ou sociétés
vectigaliennes, qui s'étaient créés pour l'exploitation des
mines, des carrières et des salines, pour le commerce de
terre et de mer, surtout pour la levée et le transport des
impôts dont chaque province était redevable en argent
ou en denrées.

Ces sociétés de publicains, aussi influentes dans la
politique que dans la finance, dont on se disputait l'amitié
à coups d'état (2), jouissaient à Rome de la plus haute
considération (3). Elles étaient presque toujours composées de chevaliers et des plus riches capitalistes de la
République. M. Troplong (4), parlant longuement de ces
associations dans sa préface du *Traité des Sociétés*, nous
en montre toute l'organisation et tout le mécanisme qui

(1) Cic. *Pro Fonteio.*, n° 4.

(2) Suétone. *J. Cæsar*, n° 20.

(3) Les publicains étaient, au contraire, odieux dans les provinces. La haine des juifs contre
ces fermiers de l'impôt apparaît à chaque pas dans les Évangiles.

(4) Troplong, *Préface du Traité sur le contrat de société;* p. XXVI et suiv.

rappelle en nombre de points certaines de nos grandes sociétés modernes. La ferme de l'impôt s'obtenait pour cinq ans après adjudication sur enchères et moyennant un prix versé au trésor, il fallait posséder des ressources énormes pour se porter adjudicataire, et disposer d'un nombreux personnel pour le recouvrement matériel de l'impôt, la tenue des livres et la correspondance.

L'histoire nous fournit une preuve palpable de cette supériorité des grandes sociétés commerciales de cette époque dans le fait que rapporte Tite-Live. L'historien (1) raconte que les deux Scipion, triomphants en Espagne, étaient parvenus à enfoncer l'armée d'Asdrubal et à empêcher son passage en Italie et sa jonction avec Annibal. Toutes les villes qui hésitaient encore, préparaient leur soumission. Mais au milieu de leur succès, les deux généraux romains manquaient d'argent, de vivres et de vêtements pour leurs troupes de terre et de mer. Ils demandèrent des secours au Sénat; mais la République s'était déjà épuisée en longs efforts. C'était donc au crédit à suppléer à ses ressources défaillantes (2). C'est pourquoi le Préteur Fulvius convoqua une assemblée générale du peuple, et, s'adressant particulièrement à ceux qui s'étaient enrichis dans les marchés avec l'Etat, il les exhorta à traiter pour toutes les fournitures de l'armée d'Espagne. Au jour fixé, il se présenta trois sociétés qui se chargèrent des approvisionnements, sous deux conditions : la première, que les sociétés seraient exemptes du service militaire, tant que durerait l'entreprise ; la seconde, que la force majeure, provenant de l'ennemi et de la tempête, serait aux risques de l'Etat. L'engagement de ces trois compagnies ayant été agréé, les convois ne tardèrent pas à arriver en Espagne, et tous les services furent assurés avec la même exactitude, que si le Trésor

____

(1) Tite-Live, *Hist.* Liv. 33, ch. 29

(2) *Itaque, nisi fide staret respublica, opibus non staturam.*

y eût pourvu lui-même (1). *Hi mores, eaque caritas patriæ* ! s'écrie Tite-Live. Quant à nous, ce n'est pas ce patriotisme des traitants qui doit le plus nous frapper ; c'est plutôt la richesse de telles sociétés disposant de fonds assez considérables pour alimenter une armée, la promptitude et la sûreté des moyens employés par elles ; enfin cette industrie des fournitures exploitée en grand par des entreprises.

Tout le grand commerce s'organisait sur le modèle de ces entreprises. La banque s'exploitait presque toujours par des sociétés (2), car ce négoce était important alors ; non seulement les banquiers faisaient le change, mais encore ils recevaient des dépôts, prêtaient à intérêt, intervenaient dans les paiements entre créanciers et débiteurs pour la vérification des espèces, et opéraient des paiements par commission.

Fait remarquable, ces sociétés de banquier étaient soumises à la solidarité, comme nos sociétés en nom collectif.

Dans les affaires d'au-delà des mers, et dans toutes celles sujettes à de gros risques, on vit, dit M. Mommsen dans son *Histoire romaine*, les sociétés s'étendre si loin, qu'en fait elles suppléaient par elles-mêmes à l'absence des contrats d'assurance que l'antiquité n'a pas connus. Rien, du reste, n'était plus commun que le prêt maritime ou, comme nous dirions aujourd'hui, le prêt à la grosse aventure.

L'esprit d'association était si bien entré dans les mœurs romaines vers la fin de la République que « c'était » un principe chez les hommes, dit M. Mommsen (3), de » s'intéresser à la fois dans de nombreuses spéculations, » en ne prenant que de petites parts dans chacune. Ils n'ai- » maient point à agir tout seuls. Caton leur conseille de » ne mettre jamais tout leur argent dans l'armement d'un

---

(1) Autre exemple de ces marchés, voir Tite-Live. 24. 18. Valère Maxime. V, VI, 8.

(2) Ulp. l. 52, § 5. Dig. *Pro socio*.

(3) *Hist. romaine*, trad. Alexandre, T. IV. p. 148.

» seul navire : « Il vaut bien mieux se joindre à quarante-
» neuf autres spéculateurs pour armer cinquante navires
» à frais communs, et n'avoir ainsi qu'un cinquantième
» d'intérêt sur chaque risque. » Quelles opérations mul-
» tiples et compliquées n'engendrait point un tel système !
» Mais le négociant romain y savait suffire à force d'ordre,
» de travail et d'exactitude, et aussi à l'aide de sa bande
» d'esclaves et d'affranchis, moyen d'action autrement
» puissant que nos comptoirs modernes, à ne juger les
» choses qu'au point de vue du pur capitaliste : ainsi l'on
» vit les associations commerciales étendre leur centuple
» réseau dans la maison de tous les Romains notables. »

Sous l'empire, l'esprit d'association ne fait que s'ac-
centuer de plus en plus dans les habitudes du peuple
romain. Quand aux collèges d'artisans, Auguste et ses
successeurs ne les supprimèrent pas, quoiqu'on ait soutenu le contraire. Ils ne firent que poursuivre résolument
la politique déjà ancienne à Rome : autoriser les associations dont le but est connu et utile, disperser celles dont le
but paraît dangereux pour la sûreté de l'État. La correspondance de Pline avec Trajan nous donne sur ce point
des renseignements d'une grande importance. — Un incendie avait fait de grands ravages à Nicomédie ; l'insou-
ciance des habitants, le manque de secours, le défaut
d'organisation avaient aggravé le désastre. Pline demande à Trajan s'il n'y a pas lieu d'établir un collège de
cent cinquante artisans, *Fabri*. Il aura soin, dit-il ;
que l'on n'y reçoive que des artisans, et qu'on ne
fasse point servir à un autre but le privilége accordé.
Mais Trajan n'agréa point cette proposition (1). La province, dit-il, est agitée par des factions, et dès qu'un collège aura été formé, il s'y établira, au moins passagère-
ment, des *hetœriæ*. (associations politiques.)

A l'époque des juriconsultes classiques, un texte de

Marcien nous donne l'état de la législation sur les associations. La loi pose d'abord en principe la prohibition des *collegia* (1) ; puis elle déclare licites les collèges de *tenuiores*, sous certaines conditions. Ces *collegia* (2) *tenuiorum* étaient des collèges d'ouvriers qui se proposaient parfois, comme un des buts de leurs associations, d'assurer à leurs membres une sépulture honorable; de là les collèges funéraires, si fréquents sous l'Empire, et dont les premières communautés chrétiennes empruntèrent la forme. Les chrétiens se protégeaient ainsi contre les rigueurs des lois qui prohibaient les associations.

A côté de ces corporations ouvrières qui avaient été expressément maintenues, les empereurs laissèrent subsister, tout en les réglementant, les sociétés ayant pour but l'augmentation des richesses ou les spéculations commerciales; ils se montrèrent surtout favorables aux associations qui répondaient à un besoin social. C'est ainsi que nous retrouvons toujours les grandes sociétés de commerce, de banque, d'industrie. Les sociétés de Publicains existent encore; mais elles voient leur importance diminuer petit à petit, grâce aux changements survenus dans le système des impôts. Elles conservent toutefois jusqu'aux derniers temps de l'Empire la ferme des douanes, des mines et des salines.

Pour nourrir Rome et surtout les plébeiens pauvres qui vivaient presque uniquement des largesses publiques, il fallait faire venir les blés, les bestiaux des provinces. Depuis longtemps déjà, il existait, en Egypte, des corps de *navicularii*, chargés de transporter à Rome le froment dû par la province. Sous les empereurs, de semblables collèges furent partout constitués ou réorganisés; car c'était une nécessité, dans la situation économique de l'Empire, de fournir de quoi vivre à cette plèbe qui ne

(1) 1 et 3 D., XLVII. 22.

(2) 5, § 12, D., L. 6.

pouvait être facilement gouvernée que par le ventre.

Aurélien, vainqueur de Firmus, écrivait à la populace de Rome : « *Nihil est, Romulei Quirites, quod timere* » *possitis. Canon Egypti, qui suspensus per latronem* » *improbum fuerat, integer veniet. Sit vobis cum senatu* » *concordiá, cum equestri ordine amicitia, cum prœto-* » *rianis affectio : ego efficiam ne sit aliqua sollicitudo* » *Romana. Vacate ludis, vacate circensibus; nos publicœ* » *necessitates teneant; vos occupent voluptates.* » C'est le résumé du système impérial : à César appartient tout le soin des affaires ; le rôle des citoyens est de s'enrichir et de s'amuser.

Pour répondre à la mission qui lui incombe d'assurer la satisfaction des besoins sociaux, l'Etat est donc amené à exagérer ses droits à l'égard des citoyens et à se substituer partout à l'individu. Les corporations furent tout d'abord l'objet des faveurs impériales ; on leur accorda des libéralités et des privilèges, mais, sous les bienfaits de la protection, ne tardèrent pas à apparaître les entraves de la servitude. Les empereurs voyaient bien moins dans ces associations l'amélioration du sort des artisans que la prospérité chancelante de leur pouvoir : aussi n'épargnèrent-ils aucun moyen pour arriver à les réglementer, et à en faire des légions de fonctionnaires (1).

Vers le IVme siècle, tous les métiers sont formés en corporations qui portent différents noms, mais qui reposent toutes sur le même principe. Des manufactures impériales forgent les armes et tissent les vêtements. Les *Metallarii* exploitent les mines de l'Etat. Les corps de bateliers apportent à Rome et à Constantinople l'*annona* qui doit servir à la nourriture du peuple. De nom-

---

(1) La liberté individuelle n'existe pour ainsi dire nulle part dans la société romaine des derniers siècles. Chacun a sa chaîne ; le colon est asservi à sa terre ; l'officier public à sa charge; le curiale à sa cité ; le marchand à sa boutique, et l'ouvrier à sa corporation : nul n'a le droit de se soustraire à sa fonction et de frustrer l'État du service que sa naissance, sa fortune ou son talent lui ont imposé. S'il y a encore quelque liberté, elle appartient non pas à l'homme, mais à l'association dont il est membre, et dans le cercle de laquelle est le plus souvent enfermée sa vie tout entière. — Levasseur, *Hist. des classes ouvrières*, p. 53, t. 1.

breuses corporations de *Scapharii*, de *Caudicarii*, de *lenuncularii* déchargent les grands navires de leur cargaison pour les porter dans les greniers de Rome, où les *Pistores* viennent prendre le froment pour en faire le pain. Les *Olearii* fournissent d'huile la capitale ; les *Pecuarii*, les *Suarii* servent d'intermédiaires à l'Etat pour lui fournir la viande. Il serait trop long d'énumérer toutes les autres corporations d'ouvriers, d'architectes, d'entrepreneurs, dont la réglementation faisait l'objet de nombreuses constitutions impériales.

Les artisans des manufactures de l'Etat formaient des communautés soumises aux réglements les plus sévères. Solidaires les uns des autres, ils payaient tous, de leur corps ou de leur argent, la faute d'un seul (1).

Asservis pour toute leur existence à leur rude labeur, ils devaient un compte rigoureux des matières qui leur étaient confiées. Le mariage, loin de les affranchir, soumettait à leur propre condition leur femme et leurs enfants (2). A l'exemple des soldats nouvellement incorporés dans les légions, on leur imprimait au bras un stigmate particulier, et si, malgré ce signe, ils parvenaient à déserter l'atelier et à se soustraire aux recherches, ceux qui leur donnaient asile, encouraient le paiement d'une amende de 3 à 5 sous d'or (3).

Les ouvriers constructeurs d'aqueducs ne portaient pas seulement cette marque particulière ; le nom de l'empereur était aussi gravé au fer rouge sur leur main comme un signe public et indélébile de leur incessante incorporation dans les ateliers de l'Etat (4).

On peut voir par là avec quelle habileté les empereurs surent tirer parti de l'esprit d'association, et s'en faire un moyen de gouverner. Les collèges furent une garantie contre la licence industrielle et permirent, au milieu de la

(1) Cod. Just., Liv. XI, tit. IX, 1. 5.

(2) C. Justinien, Liv. XI, tit. IX. L. I-III-V (*De fabriciensibus*).

(3) C. Just. Liv. XI, tit. VII. L. 5 et L. 6.

(4) C. Just. Liv. XI-XLII. L. X.

dissolution lente de l'empire, de tenir enchaînés à leurs
fonctions et à leurs travaux les hommes qui tendaient
toujours à s'y dérober.

Enfin, les empereurs, n'ayant plus à redouter d'agitations séditieuses, ne voyaient pas d'un mauvais œil les
petites sociétés qui se formaient au milieu de la société
générale que l'idée vague de nationalité romaine ne
reliait plus étroitement. C'est ainsi, comme le fait justement remarquer M. Levasseur (1), que les cités, ayant
perdu toute existence politique, s'attachaient plus fortement à leur constitution civile, et que dans la cité même
s'organisaient en confréries et en collèges des groupes
particuliers d'hommes unis par les mêmes intérêts.
L'esprit d'association naissait du relâchement même des
liens sociaux.

L'ESPRIT D'ASSOCIATION EN GAULE

La Gaule, comme les autres provinces de l'Empire, fut
entraînée dans ce mouvement politique. Barbare et pauvre
quand César la conquit, elle était devenue prospère sous
l'influence de la domination romaine, et les institutions
de l'Italie, portées au delà des Alpes, avaient rapidement
transformé ce pays renommé pour la fécondité et la
richesse de son sol. La Gaule romaine pouvait être
considérée sous l'Empire comme une des provinces où
les classes ouvrières étaient les plus prospères et les associations les plus nombreuses (2). Les collèges de nautes
et de naviculaires que l'on rencontre établis non seulement
sur la Seine, mais sur la Loire, sur la Saône, sur le
Rhône, sur la Durance, sur la Moselle, à Narbonne, à
Arles, possédaient des ressources immenses et jouaient
un rôle important dans les cités gauloises. (3) Le nombre

(1) Levasseur, *Hist. des classes ouvrières*, t. 1, p. 31.
(2) *Histoire des institutions politiques de l'ancienne France.* — M. Fustel de Coulanges, T. 1.—
Liv. I et II.
(3) M. Ch. Giraud. *Essai sur l'histoire du Droit français au moyen âge*, T. 1. P. 141,

et la variété des autres corporations d'artisans nous sont attestés par les inscriptions ; il serait trop long de les étudier ici. Toutefois nous ferons remarquer que ces corporations n'avaient d'existence légale et protégée qu'autant qu'elles étaient autorisées par l'autorité supérieure des *Legati* de l'empereur, et que tous les collèges *licite coeuntes* avaient un patron, personnage puissant qui les défendait et qui soutenait leurs droits, quand ils étaient attaqués. C'est ainsi que la politique des empereurs développait, sans peut-être en avoir conscience, l'industrie et la richesse de la Gaule.

Il fallut l'écroulement général de la société galloromaine, il fallut les troubles et les bouleversements des guerres et des invasions barbares, pour éteindre toute cette prospérité, disperser ces collèges puissants et répandre sur la Gaule entière la misère et l'anéantissement de toute puissance industrielle et commerciale. La Gaule paya sa régénération par de terribles souffrances.

A partir du Ve siècle, et pendant les périodes mérovingienne et carlovingienne, la Gaule est en proie aux invasions barbares et aux luttes intérieures, résultat inévitable du tassement des divers peuples qui doivent former plus tard la nation française.

Dans ce chaos du monde barbare, l'esprit d'association ne peut trouver qu'un champ bien restreint pour se manifester ; aussi ne nous apparaît-il que dans les Ghildes qui contribuent pour une grande part aux agitations politiques et dans les communautés religieuses qui offrent un abri à ceux qui cherchent un refuge contre les agitations du siècle. Les anciens collèges d'artisans ont disparu avec le mouvement industriel et commercial. Ce n'est plus que dans les monastères que se retrouvent les traditions de l'atelier et les habitudes laborieuses de l'ouvrier gallo-romain (1).

---

(1) Levasseur. *Histoire des classes ouvrières.* L. II, ch. IV. — *Le travail dans les monastères,* p. 140.

DE L'ESPRIT D'ASSOCIATION AU MOYEN-AGE

ORDRE POLITIQUE

Dans les sociétés anciennes, nous venons de le voir, l'esprit d'association s'était manifesté sous des formes nombreuses et avait produit des effets certains, tant au point de vue de la fortune privée que de la prospérité publique. Nous arrivons maintenant à une époque où cet esprit va prendre une telle force qu'il absorbera la société toute entière, et la conduira à des résultats qu'Athènes et Rome n'ont point connus.

Des esprits éminents ont attribué cette force et cette extension de l'esprit d'association, au moyen-âge, aux invasions germaniques. Suivant les partisans de cette opinion, les Germains seraient venus régénérer entièrement la société gallo-romaine en lui imposant leurs mœurs et leurs institutions. Le mouvement d'association qui devait créer la féodalité et la révolution des communes ne serait donc, d'après eux, que la conséquence de ce principe d'association d'une essence spéciale qu'on rencontre chez la bande germaine, association qui constituait un lien de confédération et d'assistance mutuelle entre les différents individus, sans pour cela rien détruire de leur liberté individuelle.

L'invasion germanique a été un évènement considérable ; mais, pour nous, si elle a modifié la constitution de la société gallo-romaine, ce ne peut être par le sang

germain qu'elle y a introduit (1). M. Fustel de Coulanges,
dans son excellent ouvrage sur les institutions politiques
de l'ancienne France, nous donne les preuves les plus
certaines que les Germains qui envahirent la Gaule,
étaient peu nombreux. Ainsi, les Wisigoths, le plus
puissant de tous ces peuples, n'étaient qu'une foule de
200.000 personnes, en y comptant les enfants et les
femmes (2), lorsqu'ils passèrent le Danube. Les Bur-
gondes avaient été 80.000, lorsqu'ils s'étaient présentés
sur la rive du Rhin; mais les luttes incessantes qu'ils
avaient eu à soutenir dans leurs déplacements, en avaient
diminué le nombre. Quant aux Francs, ils étaient peu
nombreux, et il ne semble pas, dit le savant auteur, que
Clovis, au moment de son baptême, eût plus de six mille
guerriers francs sous ses ordres. Il faut donc écarter
l'idée qu'on se fait de grandes multitudes d'hommes en-
vahissant la Gaule.

A l'exception des provinces du Nord-Est, il entra peu
de sang germanique dans la Gaule, et ce fait trouve sa
preuve dans le peu d'empreintes qu'ont laissé les invasions sur les mœurs et le caractère de la société gauloise.
Aucun document du temps ne montre que les nouveaux
venus valussent mieux que les anciens habitants. Ni les
croyances religieuses, ni les lois romaines n'ont perdu de
leur influence. Le droit germanique a bien vécu pendant
plusieurs générations à côté du droit romain; mais il n'a
jamais prévalu sur lui, et c'est à tort qu'on fait venir du
droit germanique certaines dispositions nouvelles que le
droit romain ne connaissait pas, ces changements provenant, non des effets de la conquête, mais du développement régulier du droit. Nous nous proposons de revenir
sur ce sujet quand nous parlerons de la communauté de
biens entre époux.

(1) Fust. de Coul. *Instit. pol. de l'anc. Fr.* T. 1, liv. 3, ch. 14. Édit. Hachette 1877, p. 470
et suivantes.

(2) Eunape, Fragm. 42, Edit. Dindorf. p. 23.

Quant à la langue, l'établissement des Germains n'y a rien changé : le peu de mots germaniques qu'on y rencontre, n'y ont été introduits que fort tard après les invasions. Le serment de Strasbourg qui nous offre un spécimen authentique de la langue des populations neustriennes du neuvième siècle, ne contient pas un mot qui ne soit d'origine purement latine.

Quant aux institutions politiques importées en Gaule par les Germains, voici ce qu'en dit M. Fustel de Coulanges (1) : « Les Germains qui s'établirent en Gaule,
» n'étaient que des armées ou des bandes guerrières,
» restes de nations détruites qui quittaient leur pays
» pour servir l'Empire ou pour le piller. Il est difficile de
» croire que ces envahisseurs aient pu enraciner en Gaule
» les institutions politiques de la vieille Germanie :
» ils les avaient eux-mêmes perdues depuis plusieurs
» générations. Pas un peuple organisé suivant les
» règles que Tacite avait décrites n'est entré dans l'Em-
» pire (2).

L'auteur des Institutions politiques conclut ainsi : « Il
» nous semble que l'on a exagéré l'importance de l'inva-
» sion du Vme siècle. Elle n'a apporté ni un sang nou-
» veau, ni un droit particulier, ni des institutions qui
» vinssent directement de la Germanie. Elle n'a pas
» substitué, sur la terre gauloise, un caractère et
» un esprit germanique au caractère et à l'esprit gallo-
» romains. Ce n'est pas à dire qu'elle n'ait eu de grandes
» conséquences pour la suite de l'histoire ; mais ces con-
» séquences ont été de la nature de celles que toute autre
» invasion, partie de toute autre race, aurait produites.
» C'est comme simple invasion, ce n'est pas comme
» triomphe d'un peuple ou d'un esprit nouveau, qu'elle a
» eu d'importants résultats. Elle a mis le trouble dans la

(1) *Instit. pol. de l'anc. Fr.*, p. 478.

(2) M. Guizot dans son *Histoire de la civilisation en France*, T. III, a soutenu la thèse contraire avec beaucoup de talent, et fait descendre la société féodale à la fois de la bande guerrière et de la tribu sédentaire.

» société, et c'est par cela même qu'elle a exercé une
» action considérable sur les âges suivants. En faisant
» tomber l'autorité romaine, elle a supprimé, non pas d'un
» seul coup, mais insensiblement, les règles sous les-
» quelles la société était accoutumée à vivre. Par le dé-
» sordre qu'elle a jeté partout, elle a donné aux hommes
» de nouvelles habitudes qui, à leur tour, ont enfanté de
» nouvelles institutions. »

Les invasions germaniques n'ont pas eu pour effet de
substituer un peuple à un autre ; elles n'ont fait que pré-
parer un ordre de choses nouveau par les bouleversements qu'elles ont occasionnés dans l'ancienne société
gallo-romaine. La Gaule, avant les invasions, connaissait toute la puissance des associations : elle en possédait
de nombreuses. La sociabilité instinctive de l'homme
n'attendait donc que des événements lui permettant de se
montrer avec une intensité toute nouvelle. C'est ainsi que
nous allons voir les troubles intérieurs, le besoin de protection, la foi naïve et ignorante, l'amour de l'indépendance rendu plus vif par l'abus de l'arbitraire, engendrer
pendant le moyen-âge l'association féodale, les croisades,
le mouvement des communes, toutes ces sociétés, enfin,
où le faible cherche un refuge qui lui assure le travail et
la vie.

Avant d'entrer dans l'étude de l'esprit d'association au
moyen-âge, nous ne pouvons passer sous silence certaines sociétés du nom générique de *Ghildes* dont le
rôle n'a pas été sans importance sous la période mérovingienne, et dont certains souvenirs semblent se retrouver
dans les confréries du moyen-âge.

Dans l'ancienne Scandinavie, nous raconte M. Aug.
Thierry (1), ceux qui se réunissaient aux époques solen-
nelles pour sacrifier ensemble, terminaient la cérémonie
par un festin religieux. Assis autour du feu et de la chau-
dière du sacrifice, ils buvaient à la ronde et vidaient suc-

____

(1) Aug. Thierry. *Récits des temps mérovingiens.* T. 1, p. 247.

cessivement trois cornes remplies de bière, l'une pour les
dieux, l'autre pour les braves du vieux temps, la troisième
pour les parents et les amis dont les tombes, marquées
par des monticules de gazon, se voyaient çà et là dans la
plaine ; on appelait celle-ci la coupe de l'amitié. Le nom
d'amitié (*minne*), se donnait aussi quelquefois à la réunion de ceux qui offraient en commun le sacrifice, et,
d'ordinaire, cette réunion était appelée *Ghilde*, c'est-à-
dire *banquet à frais communs*, mot qui signifiait aussi
association ou confrérie, parce que tous les co-sacrifiants
promettaient, par serment, de se défendre l'un l'autre et
de s'entraider comme des frères. Chacune de ces associations se plaçait sous le patronage d'un dieu ou d'un héros,
avait un chef pris dans son sein qui faisait exécuter les
statuts de la Société, et possédait un trésor commun. La
Ghilde réunissait toute espèce de personnes, le noble
comme le laboureur ou l'artisan libre, y était admis.

De telles associations ne nous rappellent-elles pas les
sociétés de convives et de secours mutuels que nous
avons rencontrées à Athènes dans les Ἔρανοι ou les Ἑταιρεῖαι?

La *Ghilde* germanique était organisée sur les mêmes
bases et conçue d'après les mêmes idées que la *Ghilde*
scandinave; mais lors des invasions elle prit un caractère
guerrier (1) qu'elle conserva pendant l'ère d'indiscipline
et d'anarchie qui constitue la période mérovingienne.
Peut-être ne fut-elle pas étrangère aux troubles politiques
de ces temps. Quoiqu'il en soit, redoutée et proscrite par
Charlemagne et ses successeurs, elle fut prohibée par
plusieurs Capitulaires (2) comme une cause de désordre, de
violence et de rébellion. Les censures de l'Eglise vinrent
même prêter leur aide aux injonctions politiques (3).

Quelle était la forme et la règle de ces associations ?

---

(1) La bande guerrière ou *Comitatus* dont parle Tacite, (*Mœurs des Germains*) est une application de la ghilde scandinave.

(2) Capitul. des années 789, 794, 779, 817-884.

(3) Concile de Nantes en l'an 800. Mandement de l'archevêque de Rheims en l'an 853. (Col-
lection des Conciles, édition de 1672).

  Ceux qui voulaient se constituer en *Ghilde* buvaient *la coupe de l'amitié* et promettaient, par serment, d'être frères, de se soutenir et de se défendre mutuellement. Les convives devaient se prêter main-forte dans leurs luttes, venger la mort de celui qui succombait, venir en aide à ceux qui étaient malades, prisonniers ou dans le besoin, etc. (1) L'exclusion de la fraternité, sorte d'excommunication qu'accompagnait le titre infamant

(3) Comme type de ces associations, Aug. Thierry cite la ghilde danoise du roi Eric, dont les statuts, rédigés au XII⁰ siècle consacrent et fixent par l'écriture un état de choses existant depuis longtemps. Le savant historien l'indique comme reproduisant fidèlement l'esprit des premières ghildes germaines, et nous la montre comme la plus fidèle expression de ces associations anciennes :

I

Ceci est la loi du banquet du saint roi Eric de Ringstett, que des hommes d'âge et de piété ont trouvée jadis, pour l'avantage des convives de ce banquet, et ont établie pour qu'elle fût observée partout, en vue de l'utilité et de la prospérité communes

ART. I. — Si un convive est tué par un non-convive, et si des convives sont présents, qu'ils le vengent s'ils le peuvent ; s'ils ne le peuvent, qu'ils fassent en sorte que le meurtrier paie l'amende de 40 marcs aux héritiers du mort, et que pas un des convives ne boive, ne mange, ni ne monte en navire avec lui, n'ait avec lui rien de commun, jusqu'à ce qu'il ait payé l'amende aux héritiers selon la loi.

ART. V. — Si un convive a tué un non-convive, homme puissant, que les frères l'aident, autant qu'ils pourront, à sauver sa vie de tout danger. S'il est près de l'eau, qu'ils lui procurent une barque avec des rames, un vase à puiser de l'eau, un briquet et une hache... S'il a besoin d'un cheval, qu'ils le lui procurent et l'accompagnent jusqu'à la forêt.

ART. X. — Les anciens du banquet ont décidé que, si les biens de quelque frère sont confisqués par le roi ou par quelqu'autre prince, tous les frères auxquels il s'adressera, soit dans le royaume, soit hors du royaume, lui viendront en aide de 5 deniers.

ART. XI. — Si quelque convive a souffert du naufrage pour ses biens et n'en a rien pu sauver, il recevra 3 deniers de chacun des frères.

ART. XXIX. Le convive, dont la maison dans sa partie antérieure, c'est-à-dire la cuisine ou le poêle, ou bien le grenier avec les provisions, aura brûlé, recevra 3 deniers de chacun de ses frères.

Dans les art. XI et XXIX nous retrouvons les principes de nos assurances mutuelles, soit contre l'incendie, soit contre les risques de mer.

II

ART. XXV. — Si quelque convive tombe malade, que les frères le visitent, et, s'il est nécessaire, qu'ils veillent près de lui. S'il vient à mourir, quatre frères, nommés par l'ancien, feront la veillée autour de lui; et ceux qui l'auront veillé, porteront le corps en terre, et tous les convives l'accompagneront et assisteront à la messe en chantant, et chacun, à la messe des morts, mettra un denier à l'offrande pour l'âme de son frère.

ART. XXXIII. — Si l'un des convives a quelque affaire périlleuse qui l'oblige d'aller en justice, tous le suivront ; et quiconque ne viendra pas, paiera en amende un sou d'argent.

ART. XXXVII. — Si quelqu'un des frères est mandé devant le roi ou l'évêque, que l'ancien convoque l'assemblée des frères et choisisse douze hommes de la fraternité qui se mettront en voyage aux frais du banquet, avec celui qui a été mandé, et lui prêteront secours selon leur pouvoir. Si l'un de ceux qui seront désignés refuse, il paiera un demi-marc d'argent.

d'homme de rien (*Nithing*), était la peine prononcée contre celui qui contrevenait aux lois de la confrérie.

Telle était cette étrange et puissante association où l'esprit de vengeance de la barbarie s'alliait à la charité évangélique. On a prétendu que les Capitulaires de Charlemagne n'avaient pas fait disparaître la Ghilde de la Gaule, et qu'elle avait continué de subsister malgré toutes ces prohibitions. Nous croyons qu'il ne faut pas se montrer trop absolu sur ce point. Il est certain, qu'après les prohibitions de l'empereur franc et des conciles, on ne retrouve plus en Gaule aucune société ayant l'organisation de la ghilde germaine. Il faut attendre jusqu'au XIᵉ siècle pour apercevoir, dans la grande association des paysans de Normandie contre les seigneurs et les chevaliers, quelque chose qui tienne de la ghilde, c'est-à-dire une association dont les membres sont liés par le serment prêté en commun.

Pour nous, ce seul trait ne peut suffire pour affirmer qu'une institution aussi peu en rapport avec l'esprit de la société gallo-romaine, se soit maintenue malgré les prohibitions qui en avaient été faites aussi bien par les rois que par l'Eglise.

Dans la coalition jurée des paysans normands contre les seigneurs, comme dans la fameuse trêve de Dieu ou dans la communauté populaire qu'institua Louis le Gros pour repousser le brigandage des Normands, il ne faut voir, à notre avis, que certains souvenirs de l'esprit d'association qui avait dicté les ghildes, sans y trouver pourtant la véritable association germaine.

On connaît l'organisation féodale ; c'était une série de divisions et de subdivisions infinies, de cercles enchevétrés non sans ordre les uns dans les autres, et se rétrécissant de plus en plus, depuis le seigneur haut-justicier jusqu'au vassal le plus humble.

La faiblesse des derniers Carlovingiens avait permis aux seigneurs de s'affranchir de toute subordination et de se rendre indépendants des rois. Chaque homme puissant, au Xe siècle, était donc devenu le centre d'un groupe sur lequel, grâce aux *bénéfices,* il exerçait les pouvoirs les plus larges, et qui se composait des éléments les plus divers, depuis le serf et le colon jusqu'à l'homme libre que ces temps de violence forçaient à se *recommander*.

Vers le XIe siècle, le fractionnement féodal avait ainsi brisé la nation toute entière en petites souverainetés locales, et la France n'était plus qu'une agglomération de peuples divers qui ne se tenaient entre eux que par la vassalité de leurs chefs vis à vis d'un suzerain commun, vassalité plus nominale que réelle et qui constituait plus souvent un principe qu'un fait.

La féodalité avait effacé toute distinction de races, et préparé ainsi l'unité morale de la France; mais elle avait créé à son profit une société léonine en faisant servir l'association à ses seuls besoins et à sa seule ambition. Ce fut la cause de sa ruine.

Le régime féodal s'était étendu sur toute la France, et s'appliquait aussi bien aux villes qu'aux campagnes. Toutefois, il rencontrait dans les villes un centre de résistance qu'entretenait un vieux souvenir de la civilisation romaine. C'est ainsi que dans le midi, où le droit romain avait jeté ses racines les plus profondes, les droits municipaux de tradition romaine n'avaient jamais entièrement péri.

La tyrannie seigneuriale était donc plus vivement sentie

par les habitants des villes (1), que par ceux des campagnes. Aussi les bourgeois furent-ils les premiers à entrer en lutte contre les seigneurs pour la défense de leurs franchises et de leur liberté. Dès la fin du XIe siècle, le Mans (1072), Cambrai (1076) et Beauvais (1079), donnent l'exemple et s'érigent en communes (2): mot nouveau et détestable, dit un moine contemporain, qui signifie que les gens taillables ne paient plus qu'une fois l'an à leur seigneur les redevances ordinaires du servage; s'ils commettent quelques délits, ils en sont quittes pour une amende légalement fixée (3). Les autres villes ne tardèrent pas à les imiter, et, au XIIe et au XIIIe siècle, les communes se formèrent de toutes parts, les unes par la rébellion et la guerre, les autres par des transactions avec leurs seigneurs. L'association des bourgeois armés l'emportait enfin sur l'association des seigneurs.

Pendant que le peuple des villes poursuivait son œuvre d'affranchissement, le peuple des campagnes essaya aussi de s'unir pour revendiquer sa liberté. Le serf, comme l'esclave romain, eut son jour de colère et de révolte, et fit la Jacquerie. Mais sa tentative incomplète échoua, et ne servit qu'à faire retomber plus lourdement sur lui le poids de son servage.

---

(1) Nous citons pour donner une idée de l'état des esprits à cette époque quelques vers d'une chanson que chantaient les vilains de Normandie lors de leur révolte :

> Pur kei nus laissum damagier ?
> Metum nus for de lor dangier ;
> Nus sumes homes cum il sunt ;
> Tex membres avum cum ils unt ;
> Et altresi graus cor avum,
> Et altretant sofrir poum.

Rob. Wace. Roman du Rou (Rollon).

(2) Dans le midi, la révolution consulaire eut lieu à Arles et à Beziers en 1131, à Montpellier en 1141, à Nîmes en 1145, à Toulouse en 1188. — Augustin Thierry, Tableau de l'anc. France municipale.

(3) Guibert de Nogent, Rec des Hist. de France, XII, 250

L'habitant des villes, plus instruit, plus riche, mieux favorisé par le milieu compacte dont il faisait partie, était mieux armé pour la lutte; aussi finit-il par l'emporter et par échapper, en partie au moins, à l'arbitraire du seigneur.

Dès le XIIIe siècle, chaque commune a sa charte, dont le roi, au besoin, garantit l'exécution. Cette charte communale constatait, en même temps que le contrat passé entre la ville et le seigneur, les principes qui devaient régir les communiers. Les habitants, prenant le nom de *jurés*, se promettaient les uns aux autres fidélité et protection (1). Ils prononçaient une peine contre quiconque violait le pacte d'association mutuelle, et s'engageaient à se soutenir dans leurs querelles avec les étrangers. Ordinairement, et c'était là la plus précieuse conquête, ils jugeaient eux-mêmes leurs différents par leurs prévots et leurs échevins.

L'établissement des communes, les rapports qu'elles créaient entre le roi et les villes de son royaume, ont préparé ainsi l'unification politique de la France et la prédominance de la royauté que devait établir définitivement la politique de Richelieu.

Nous en avons fini avec l'aperçu que nous voulions donner sur l'esprit d'association, dans l'ordre politique, au moyen-âge. Avant de passer à la manifestation de cet esprit dans un autre ordre d'idées nous ne pouvons rester muet sur la grande entreprise commune de cette époque: nous voulons parler des Croisades.

M. Guizot (2) regarde les Croisades comme la conséquence d'une lutte de quatre siècles soulevée entre l'Orient et l'Occident par le catholicisme et le Mahométisme. Ce motif est peut-être le plus plausible, si on remarque combien puissant était au moyen-âge l'esprit religieux. Quoiqu'il

---

(1) Art. I de la Charte communale d'Amiens. — Comm d'Amiens, Doc. inédits, p. 39. — Art. 10-12-23, Charte d'Amiens.

(2) *Histoire de la civilisation en France*, p. 228.

en soit de la véritable cause des croisades, en soit, nous ne voulons ici que faire remarquer la prodigieuse association qu'elles produisirent, véritable phénomène dans l'histoire et preuve éclatante de la profonde sociabilité de la France au moyen-âge.

Les résultats que laissèrent les croisades, furent tout aussi étranges. Elles donnèrent naissance à ces sociétés moitié religieuses, moitié guerrières, qu'on ne retrouve chez aucun peuple. Ces sociétés, fort nombreuses après les croisades, disparurent avec le temps ; quelques-unes comme les Templiers, n'eurent qu'une splendeur éphémère ; quant à celles qui surent se préserver par une conduite plus sage, elles vécurent plus longtemps.

Les chevaliers de Malte furent la dernière épave qui subsista jusqu'à nos jours de la ruine de ces vieilles sociétés.

Après nous être rendu compte du rôle immense joué par l'esprit d'association dans les révolutions politiques du moyen-âge, nous devons maintenant porter notre attention sur le rôle qu'il a joué dans l'économie de la famille et du travail, ce dernier point étant la partie principale de notre étude.

ORDRE ÉCONOMIQUE

L'association, tel est le fait caractéristique de l'époque féodale. Tout intérêt, tout besoin a recours à cette force unique pour obtenir la satisfaction qu'il désire. Tandis qu'aux siècles ultérieurs l'esprit individuel va se poser avec hardiesse en face des institutions, l'esprit humain du Xe au XVe siècle ne procède pas autrement que par voie d'association. C'est le temps où s'établirent dans les campagnes ces communautés héréditaires entre les membres des familles attachées à la glèbe, groupe de serfs formés pour mieux résister à l'insatiable cupidité du seigneur et qui portaient le nom significatif de communautés de main-mortables. A côté des sociétés de serfs, le moyen-âge nous offre le spectacle de sociétés d'hommes libres, formées tacitement dans un but économique et pour le progrès de leur aisance commune. C'est à cette époque enfin, que prennent naissance ces fameuses corporations marchandes et ouvrières qui offraient à l'ouvrier et à l'artisan la sécurité et la protection, si nécessaires aux faibles dans la lutte pour l'existence.

Examinons successivement chacune de ces manifestation de l'esprit d'association. Tout d'abord, et au seuil de notre étude sur les communautés taisibles, il nous paraît indispensable de dire quelques mots d'une communauté qui leur doit en grande partie son origine (1); nous voulons parler de la communauté de biens entre époux.

---

(1) On a soutenu que la communauté de biens existait déjà en Germanie, en s'appuyant sur ce que Tacite dit de la femme germaine, qu'elle est *laborum periculorumque socia* (ch. 18) — Ces mots, dit M. Fustel de Coulanges, ont une portée morale. Ils ne prouvent pas plus l'égalité légale de la femme germaine, que les mots *uxor socia humanæ rei atque divinæ* (c. IX, 32, 4,) ne prouvent l'égalité légale de la femme romaine.

Pour nous, la communauté est le résultat du progrès naturel des idées et des mœurs.

Dans les législations antérieures, le mariage, n'avait formé entre les époux qu'une association purement réduite à certains devoirs et à certaines obligations.

A Rome, le mariage accompagné de la convention *in manum* donnait au mari la puissance paternelle sur sa femme qui devenait ainsi, vis-à-vis de lui, l'égale de ses propres enfants. Il le rendait, de plus, propriétaire de tous les biens présents et futurs de sa femme.

Cet esclavage de la femme que reconnaissait le vieux droit romain, ne tombe que pour faire place, dès les derniers temps de l'Empire, à une indépendance extrême qui transforma le mariage en un libertinage légal. Pas plus sous un système que sous l'autre, il n'y avait donc place pour la communauté de biens, puisque dans le premier cas il y avait absorption, et dans le deuxième, séparation du patrimoine de la femme. Il n'en pouvait sortir que le régime dotal tel que nous le rencontrons sous Justinien.

Quant au *Mundium* Germain, il ne donnait au mari qu'une sorte de tutelle, la femme conservant ses biens et son indépendance.

C'est donc pour la première fois au moyen-âge, qu'apparaît cette coutume de la mise en commun des biens des deux époux, qui rend ainsi plus complète l'association conjugale. Le grand monument législatif des croisades, les Assises de Jérusalem, en offre une preuve remarquable, quand il donne à la femme mariée, roturière, la moitié des biens de la communauté (1). Beaumanoir qui écrivait au XIIIe siècle (2), indique que la communauté entre époux était la règle, au moins dans les pays de coutume.

Il est impossible de dire le moment précis où le nouveau principe fit son avènement dans la commune; mais il est

---

(1) Cour des Bourgeois, Assises de Jérusalem. Ch. LXXXV. « S'il avient que un home et sa » feme ont ensemble conquis vignes ou terres, ou maisons ou jardins, le droit dit que la feme » doit aver la moitié de tout, par droit et par l'assise dou reaume de-Jérusalem. »

(2) Çascun set que compaignie se fait par mariage; car si tost que mariage est fes, li bien de l'un et de l'autre sont commun par le vertu du mariage. *Cout. de Beauvoisis*, Ch. XXI, § 2.

permis d'affirmer, nous dit M. Vavasseur (d), qu'il naquit en plein moyen-âge, comme un fruit naturel de l'état social créé par la féodalité. « On sait, ajoute M, Vavas-
» seur, que les serfs, ou gens de main-morte, s'associaient
» entre eux pour mieux résister à l'insatiable cupidité des
» seigneurs. Ils constituaient des groupes qui formaient
» des corps moraux, portant le nom significatif de *Com-*
» *munautés* ; l'association avait lieu tacitement, le plus
» généralement après l'an et jour, entre gens vivant
» ensemble à mêmes feu, pain et sel. Les Communautés
» entre frères étaient très fréquentes ; et dès lors il eût été
» fort surprenant que les époux, unis par une intimité
» bien plus grande, ne fussent pas déclarés communs. »

La communauté conjugale dérive donc de la communauté des gens de main-morte. C'est de là qu'elle a rayonné pour s'étendre aux vilains et aux bourgeois et pénétrer enfin de la législation.

Les gens de main-morte n'étaient pas les seuls à se grouper ainsi en communautés ; souvent les hommes de condition libre employaient cette forme d'association. M. Troplong, dans son Histoire du contrat de société, a cru trouver là l'objet d'une distinction entre les sociétés de gens de main-morte qui se contractaient entre gens de condition serve, et les sociétés taisibles qui ne pouvaient exister qu'entre gens de condition libre.

Pour nous, et nous suivons en cela l'avis de nombreux auteurs (2), les sociétés de main-mortables et les sociétés d'hommes libres semblent pouvoir être également taisibles. Nulle part en effet, nous ne trouvons la preuve que les sociétés de main-mortables aient été soumises à la nécessité de conventions expresses.

Ni les chartes d'affranchissement qui paraissaient déjà

---

(1) *Elude sur l'association conjugale,* par M. Vavasseur, travail lu devant la Société des études historiques, le 12 mai 1870.

(2) Dareste de la Chavanne, *Histoire des classes agricoles en France.* — Rozy, *Mémoire sur les Sociétés taisibles au moyen-âge ;* mémoires lus à la Sorbonne, année 1846. p. 217. — Lebrun, *Traité des communautés de biens.* — Dunod, *Traité de main-morte.* Boucheul, *Coutume du Poitou.*

en grand nombre au moyen-âge, ni les coutumes ne permettent de distinction. (1)

Quant aux commentateurs de ces coutumes, ils semblent bien faire comprendre par les termes dont ils se servent, qu'ils entendent parler à la fois des communautés de gens de main-morte et de gens de condition libre : « Et quant » à la communauté universelle de meubles et conquests, » nous dit Guy-Coquille (2), il la faut présumer plus facile- » ment ès maisons de village, ores qu'il n'apparoisse de » convention expresse, quand aucun a demeuré longtemps » en une conmunauté, pour ce que coutumièrement ceux » qui demeurent ès maisons de village, sont com- » muns ».

Beaumanoir n'est pas moins explicite quand il dit (3) : « Compaignie se fet, par nostre coustume, par solement » manoir ensanble, à un pain et à un pot, un an et jor, » puisque li meuble de l'un et de l'autre sont mellé » ensanble ».

Il faut donc comprendre sous le nom générique de sociétés taisibles ou tacites, toutes les associations qui se formaient sans convention spéciale et sans écrit, par la cohabitation et la communion de biens durant un an et un jour.

Toutefois la condition des personnes qui peuvent for- mer ces sociétés étant nettement tranchée dans le monde féodal et présentant des caractères divers, la nécessité s'impose à nous d'examiner tout d'abord au sein de quel état social les sociétés taisibles prirent naissance.

---

(1) La Coutume du Nivernais dit explicitement au chap. VI, n° 18, où elle exige la communauté pour succéder au bordelage : « et s'entend commun pas communauté coutumière ou convenüe. »

(2) Guy-Coquille. *Questions et réponses sur la Coutume* L. XXXIX

(3) Beaumanoir, *Sur les Coutumes du Beauvoisis*, édition Beugnot, T. 1, Chap. 21, n° 5.

I. — *Condition des personnes.* — « On doit savoir
» que trois estas sunt entre les gens du siècle : nous
» dit Beaumanoir (1) ; li uns de gentillece ; li autres de cix
» qui sunt franc naturelment... et li tiersestas si est de
» sers ».

En dehors de la noblesse, nous rencontrons donc au
XIIIᵉ siècle deux classes de personnes ; les personnes
franches et libres ou vilains, et les serfs qu'il faut distinguer en serfs proprement dits et en main-mortables, cette
dernière catégorie étant traitée plus débonnairement que
les serfs proprement dits.

Les serfs proprement dits, dont l'existence est encore
attestée au XIIIᵉ siècle par les textes, forment le plus
bas échelon de l'échelle sociale. Dernier vestige de l'esclavage antique, ils sont à la pleine discrétion de leur
maître à qui ils appartiennent corps et biens.

« Li uns des sers sunt si souget à lor seignor, que lor
» sires por penre quanques que il ont à mort et à vie, et
» les cors tenir en prison, toutes les fois qu'il lor plest,
» soit à tort, soit à droit, qu'il n'en est tenus à respondre
» fors à Dieu (2). »

Afin de mettre encore mieux en lumière la fâcheuse
condition des serfs du XIIIᵉ siècle, nous ne pouvons
nous empêcher de rapporter la citation que fait M. Dareste de la Chavanne ,d'un passage d'un coutumier anglais
du même siècle, intitulé : *The Myrror of Justice.*

« Ceux-ci, dit-il en parlant des serfs, ne peuvent rien
» purchasser fors qu'à loeps (*ad opus*) de leur seigneur ;
» ceux-ci ne savent le vêpre de quoi il serviront le matin,
» ni (il n'y a) nul certaineté de servise. Ceux peuvent les
» seigneurs firger (fustiger), emprisonner, battre et châ-
» tier à volonté, sauve à eux la vie et les membres
» entiers. Ceux-ci ne peuvent suivre ni dédire leur sei-

(1) Beaumanoir, T. II, Ch. XLV. §§ 30 et 31.
(2) Beaumanoir, T. II, p. 254, Edit. Beugnot.

» gneur, tant comme il trouvent de quoi vivre ; ni a nul
» ne loist les recevoir sans le gré de leur seigneur;
» ceux-ci ne peuvent avoir nule manière d'action sans
» leur seigneur, fors qu'en félonie; et si ces serfs tiennent
» fief de leur seigneur, est à entendre qu'ils le tiennent
» de jour en jour à la volonté des seigneurs, ni par nule
» certaineté de servises ».

Cette première classe de serfs était donc sous le pouvoir absolu des maîtres, pouvoir qui n'avait de limites que celles de l'humanité et de la charité chrétienne.

Nous arrivons maintenant à la seconde classe de serfs, les main-mortables. Cette classe était au XIIIme siècle la plus nombreuse dans les campagnes, et sa condition était moins dure que celle des serfs proprement dits qui tendent, du reste, à diminuer de plus en plus vers le XIVme siècle, pour se fondre dans la classe des gens de main-morte.

Voici comment Beaumanoir définit les main-mortables :
« Li autre (sers) sont demené plus débonnerement; car,
» tant comme ils vivent, li seignor si ne leur purent rien
» demander se il ne meffont, fors lors cens et lors rentes
» et lors redevances qu'il ont accoustumées à paier por
» lors servitudes. Et quant ils se murrent, ou quant il se
» marient en franques femes, quanques il ont esquiet à
» lor seigneur, meubles et héritages ; car cil qui se for-
» marient, il convient qu'ils finsent à la volonté de lor
» seigneur. Et s'il meurt, il, n'a nul hoir fors que son
» seigneur, ne li enfant du serf n'i ont riens, s'ils ne le
» racatent au seigneur, ainsi comme feroient estrange.
» Et cette derraine coutume que nos avons dite, quort
» entre les sers de Biavoisis, des mortemains et des for-
» mariages tout communément ».

Les main-mortables étaient donc des paysans libres, payant à leurs seigneurs des rentes et des impôts, mais dont la liberté subissait d'importantes restrictions. Il leur était interdit de quitter la seigneurie (*Poursuite*) ou de se

(1), Beaumanoir, Edit. Beugnet. T. II, p. 223.

marier avec une personne qui ne lui appartînt pas, sans indemniser le seigneur (*Formariage*). Enfin ils n'avaient pas le droit de disposer de leurs biens dont, à leur mort, le seigneur héritait ou pouvait hériter ; aussi disait-on d'eux comme des aubains, qu'ils vivaient en hommes libres et mouraient en esclaves (1).

La limitation de la faculté de disposer de ses biens, la poursuite, le formariage, telles étaient les trois principales entraves apportées à la liberté des hommes de main-morte. Toutefois ces restrictions variaient à l'infini dans l'application. Aussi est-il impossible d'en préciser au juste les limites et les charges. La difficulté qui faisait dire à Dumoulin : *Servitus manûs mortuæ diversi modo pluribus juribus consistit pro more cujusque regionis*, existe encore toute entière de nos jours; car les Coutumes contiennent les dispositions les plus diverses sur la matière.

Les main-mortables étaient attachés à la terre (*Servus glebæ*); c'est ainsi qu'ils étaient vendus avec la terre ou la seigneurie sur laquelle ils étaient établis (2). « Ils se » baillaient au seigneur, dit Ferrière, en aveu et dénom- » brement par les vassaux; ils ne pouvaient, par consé- » quent, devenir libres et franches personnes que par l'af- » franchissement fait du consentement du seigneur. »

Le main-mortable était donc fixé au sol, immeuble par destination, comme les objets placés sur le fonds à perpétuelle demeure.

Abandonnait-il le lieu où il était obligé de résider, le seigneur avait sur lui un droit de contrainte par corps ou droit de poursuite, qu'il exerçait partout où il pouvait se retirer (3). En outre du cens qu'ils devaient en raison de la tenure des terres, les main-mortables étaient encore soumis à la taille, et devaient travailler pendant un certain temps, sans recevoir de salaire, pour le compte et au

---

(1) Dareste de la Chavanne, *Histoire des classes agricoles en France*, ch. 6 § 1, page 200.
(2) Dareste, *Hist. des classes agricoles.*
(3) *Coutumes de Vitry-le-François*, § CXLV, ch. XVII.

profit de leur seigneur. L'homme ne pouvait épouser une femme franche, ou appartenant à un autre maître, sans être soumis au droit de formariage (1). De même il ne pouvait, sans le consentement du seigneur, entrer dans les ordres (2), ni céder sa tenure à un serf d'un autre seigneur que le sien (3).

Le main-mortable vient il à mourir sans hoirs procréés de son corps, comme disent les Coutumes, tous ses biens reviennent au seigneur ; car il n'a pu en disposer par testament (4). C'est de là qu'est venu le nom d'hommes de main-morte donné à cette classe de serfs. En effet, la main, « considérée comme le symbole de la » puissance et l'instrument de la donation » était, chez le serf, moralement privée de mouvement, paralysée, frappée de mort. C'est à peu près dans le même sens qu'on appelait aussi gens de main-morte les gens d'église, parce qu'il leur était également interdit de disposer, soit de leur vivant, soit par testament, des biens dont ils jouissaient en bénéfices.

En dehors des serfs proprement dits et des gens de main-morte, nous rencontrons les tenanciers libres qui portaient le nom de *vilains* ou *hommes de poest* (*Potestas*) et dont le nombre était déjà grand au XIIIe siècle. Ils

---

(1) *Cout. de Vitry-le-François*, § CXLIV, ch XVII. — *Cout. de Meaux*, ch. XIII, § LXXVIII

(2) *Cout. de Châteaumillan* Tit. V, § XX. Les enfants desdits hommes serfs suivent la nature et condition du père, et ne peuvent avoir tonsure cléricale sans le consentement de leur seigneur. — *Cout. de Nivernais*, Ch. VIII, § XVII.

(3) *Cout. de Narçay* (Berry), Tit. 1, § VII. Lesdits serfs ne peuvent vendre, aliéner, permuter ni aucunement disposer de leurs héritages, sans le consentement du dit seigneur, fors à gens estant de leur condition du dit seigneur ; et si autres gens que de la dite condition achètent et acquièrent à quelque titre que ce soit, est permis et loisible au dit seigneur le prendre sans en payer aucune chose ne rembourser l'achepteur ou acquéreur.

(4) Beaumanoir. — *Cout. de Beauvoisis :* « Li sers ne pent laisser en son testament plus » grand somme que cinq soas.

Coutume du Nivernais, ch. VIII, § XXXII. — Par ordonnance de dernière volonté gens de la dite condition (serve) ne peuvent disposer de leurs biens (sauf qu'ils soient communs) que de la somme de 60 sols tournois.

Coutume de Mehung-sur-Eure, ch. XI, § VII. — Quand alcun homme de serve condition va de vie à trépas sans hoirs descendants de son corps, le seigneur y succède en tous ses biens meubles et conquests, et aussi ès héritages qui sont tenus de lui à raison de la dite servitude.

Coutume de Vitry-le-François, ch. XVII, § CXLI.

Coutume d'Auvergne, chap. XXVII, § 2.

avaient, dans les campagnes, une situation à peu près semblable à celle des bourgeois dans les villes, avec lesquels du reste ils étaient souvent confondus sous la dénomination de roturiers.

Certains contrats, nous dit M. Dareste de la Chavanne (1), avaient favorisé l'extension de cette classe. C'était d'abord celui *d'hostise* (2) très commun au XIe et XIIe siècle. « Les seigneurs, pour peupler leurs terres et
» les rendre productives, faisaient des concessions à des
» hommes étrangers à leur seigneurie, et qu'on appelait
» hôtes, *Hospites* ; ils y mettaient des conditions assez
» avantageuses pour les faire prospérer. Tout en sou-
» mettant leurs nouveaux sujets à leur souveraineté et à
» leurs lois, ils devaient les attirer par quelques-uns
» des appâts que l'on offre aujourd'hui encore aux colons
» fondateurs d'établissements nouveaux, comme le pri-
» vilège de ne pas payer de taxes avant un certain
» nombre d'années. »

Plus tard, sous l'influence du progrès et de la révolution communale, les serfs de main-morte entrèrent dans cette catégorie de tenanciers libres, et multiplièrent ainsi le nombre des hommes *de poest* ou vilains. De nombreuses chartes émanant des seigneurs et des évêques nous prouvent que ces affranchissements étaient fréquents (3).

Le vilain avait la pleine et entière disposition de ses biens francs ; c'était même là le signe caractérisque qui le distinguait du main-mortable. Toutefois il ne pouvait, sans l'autorisation du seigneur, acquérir des terres

---

(1) *Hist. des classes agricoles,* ch. 6, § 1.

(2) Beaumanoir (*Ostises*), T. 1, ch. VI, § 34 et t. II, ch. XLV, § 20.

(3) En 1180, Louis VII affranchit tous les hommes de corps d'Orléans et de ses environs dans un rayon de 5 lieues.— En 1197, le comte de Blois et de Clermont affranchit les hommes de Creil. En 1222, Philippe-Auguste affranchit ceux de Beaumont-sur-Oise et de Chambly. — En 1223, la a Comtesse de Nevers affranchit les hommes de condition servile habitant Auxerre. — En 1250, Chàrte de l'abbé de Saint-Germain.— 1250, Charte de la Reine Blanche pour la Châtellenie de Pierrefonds. — Le chapitre de Notre-Dame-de-Paris affranchit les hommes de Chevilly et de L'Hhay en 1258, d'Orly en 1263, de Vitry en 1269.— M. Dareste *Histoire des classes agricoles en France*, ch. III, § 2 p. 220.

dans la seigneurie dont il dépendait, non plus que vendre les terres qui lui avaient été concédées, si ce n'est à un homme de même condition que lui et de la même seigneurie dont dépendait l'héritage (1).

Le vilain restait néanmoins assujetti aux droits seigneuriaux et aux redevances attachées à sa tenure (2), ainsi qu'aux obligations de poursuite et de formariage qui étaient considérées le plus souvent comme des mesures de police applicables à tous les habitants d'une seigneurie. C'est ainsi que, jouissant d'une liberté personnelle presque complète, les vilains ne pouvaient cependant se faire bourgeois d'une ville, ni entrer dans les ordres, sans le consentement de leurs seigneurs. Peu à peu ces rigueurs s'adoucirent, et nous voyons, dans Beaumanoir, que de son temps, le seigneur n'avait plus qu'un délai d'un an et jour afin de réclamer le tenancier libre qui avait quitté sa seigneurie pour aller s'établir dans une ville de franchise.

Le vilain ne pouvait jamais appeler de la décision de son seigneur : la loi féodale défendait formellement de fausser jugement. « Entre toi, seigneur, et toi, vilain, il » n'y a juge fors Dieu. »

II. — *Condition des terres.* — Sous le régime féodal, les terres, comme les hommes, sont l'objet de nombreuses distinctions hiérarchiques. Ainsi nous trouvons des terres nobles et libres portant le nom d'*Aleux* ou *francs-fiefs* et formant la partie de la seigneurie que le seigneur s'était réservée à l'origine pour la faire cultiver sous sa propre

(1) *Coutume de la Marche*, chap. XVII, § CXLIX.

« L'homme tenant héritage mortaillable ne peut vendre, permuter, surcharger ou autrement aliener par manière que ce soit héritage mortaillable sans le congé de son seigneur, si ce n'est à homme de semblable condition, et de même seigneurie dont dépend son héritage ; et s'il fait le contraire, l'héritage ainsi vendu ou aliéné doit être déclaré acquis au seigneur de qui il était tenu »

La même Coutume ajoute au § CXXV : « En la Marche, toutes les personnes sont franches et de franche condition ; et ceux qui sont nommés et réputés serfs ou mortaillables au dit pays, c'est à cause des héritages qu'ils tiennent et possèdent, quand les dits héritages sont de la dite condition serve ou mortaillable ».

(2) Un arrêt de 1271 (*Recueil des Olim*) décide qu'une simple charte d'affranchissement ne dispense pas les hommes de Recuil de payer la redevance d'avoine et de blé à laquelle ils sont tenus.

direction. Enfin il y a les *Tenures* qui sont des démembrements de la grande propriété domaniale.

Les *tenures* se divisent en *tenures féodales* et en *censives*,

Les tenures féodales étaient dites nobles; elles ne pouvaient êtres occupées que par des hommes nobles, et établissaient entre eux et le seigneur suzerain des liens de vasselage, et par suite des obligations réciproques dont la plus importante pour le vassal était de suivre son suzerain à la guerre.

Quand aux censives, elles formaient les tenures roturières, et pouvaient être occupés par des vilains qui, moyennant un cens et certaines autres redevances payées au seigneur, obtenaient ainsi sur la chose un véritable droit réel.

Les redevances exigées par le seigneur pouvaient-être soit en argent; alors la redevance s'appelait *Cens*; soit en nature, alors elle portait le nom de *Champart* ou de *Complant* dans le midi de la France principalement, et dans le Poitou.

Le cens était imprescriptible et irréductible : il portait également différents noms suivant les provinces. Dans le Dauphiné et la Savoie, il portait le nom d'*Albergement;* dans le centre il s'appelait *Bordelage* ou *Main-ferme*. Cette dernière locution était surtout employée dans le Nord.

Les notions sommaires sur la situation des personnes et des terres étant données, passons aux différentes manifestation de l'esprit d'association entre serfs mainmortables, entre personnes libres occupant des terres dites de main-morte, et enfin entre hommes libres ayant des biens également libres.

Nous réunirons dans les mêmes explications les communautés de serfs entre eux, et de vilains détenteurs de terres serves, ces associations ayant le même but : obvier aux inconvénients de la main-morte soit en servitude personnelle soit en servitude réelle.

Il faut remarquer tout d'abord et ceci n'est pas un des caractères les moins curieux du moyen-âge, que la communauté de fait ou de droit est, à cette époque, une sorte d'institution universelle. Partout elle se rencontre dans les villes comme dans les campagnes. Elle apparaît au sein de toutes les classes de la population, et sur toutes les parties du territoire.

Ainsi les familles nobles employaient souvent *la tenure en parage*, qui permettait aux fils de conserver indivis le fief de leur père ; l'aîné répondait alors vis-à-vis du seigneur de l'accomplissement des services auxquels le fief était tenu.

Parmi les roturiers, nous trouvons les associations des *Colongers* d'Alsace, qui rendaient entre eux la justice colongère sous la présidence d'un représentat du seigneur. Enfin, au XI⁰ siècle, la Normandie nous offre le spectacle d'associations de *Vavasseurs* ou cultivateurs libres dont un seul des membres, appelé *Aîné*, était en relation avec le seigneur (1). Enfin les termes *Frarescheux* et de *Fraternités* qui désignaient certains communiers, indiquent bien des associations qui avaient lieu, en principe, entre parents (2). Les populations asservies ne pouvaient échapper à ce souffle puissant qui poussait la société entière vers l'association ; et ce fut même parmi elles, que les communautés vécurent le plus longtemps (3). Du reste, les travaux agricoles qui exigent un grand nombre de personnes, l'intérêt du seigneur qui devait préférer faire des concessions de terre à des associations plutôt qu'à des individus, parce qu'ainsi il avait recours contre l'association entière pour le paiement de sa redevance, enfin l'avantage, pour les communiers mainmortables, de s'assurer des droits de successibilité qui leur étaient refusés par les coutumes, créaient autant de stimulants à la formation des communautés.

(1) Delisle, ch. II, § 32.

(2) Le *Polyptique* de St-Germain-des-Prés (Ch. IX n° 215), signale une association de trois amilles de colons, formant douze personnes, pour la culture de dix-sept bomiers de terre.

(3) Il faut citer, entre autres, la fameuse association des *Jault* dans le Morvan qui florissait encore à l'époque de la Révolution.

Les main-mortables trouvaient donc dans l'association un moyen de remédier aux abus de la main-morte, en acquérant ainsi le droit de se succéder les uns aux autres (1).

Les choses se passaient le plus souvent ainsi: les gens de main-morte, en s'unissant par le travail et la vie en commun, arrivaient à constituer en propriété commune les biens divers appartenant aux individus qui les composaient. Dès lors, chacun des associés, ne possédant rien en propre, ne pouvait laisser de succession à sa mort; le droit que, dans sa vie, il avait eu à une part des biens communs, s'éteignait avec lui. Rien n'était donc changé dans la propriété commune par la mort d'un des associés; seuls, les droits indivis des survivants se trouvaient ainsi augmentés, en vertu d'une sorte de droit d'accroissement ; par cette fiction de la personne morale survivant aux individus, on évitait toute devolution, et par là même l'échute main-mortable.

Dans son traité de la main-morte (2), Dunod déclare du

(I) C'est ainsi que les Coutumes du Nivernais, de Bourgogne, du Bourbonnais et du Berry qui avaient conservé la main-morte en servitude personnelle, y introduisaient au moins cet adoucissement.

Voir le *Coutumier général* de Bourdot de Richebourg.

Coutumes du Nivernais, Ch. VIII, § VII. Les dits hommes ou femmes serfs, taillables à volonté, abonnés, questables ou corvéables, sont main-mortables ; et au moyen du droit de main-morte s'ils décèdent sans hoirs *communs*, leur succession entièrement de meubles et immeubles et autres espèces de biens, quelque part qu'ils soient, soit *en terre main-mortable* ou autre, compète et appartient au seigneur qui s'en peut dire vestu et saisi. (Coquille explique dans le *Commentaire* sur l'art. VII, § 2, ce que l'on doit entendre par le mot *hoirs*).

Coutumes de Bourgogne Tit. XV, § VII. Le seigneur prend les meubles, immeubles et bien quelconques de la succession des prêtres et clercs, ses hommes de condition main-mortable de quelqu'état qu'ils soient, s'ils n'ont *parents communs et demeurant avec eux*, qui leur doivent succéder selon la nature de main morte.

§ XIV L'homme de main-morte ne peut disposer de ses biens, meubles, ni héritages, quelque part qu'ils soient assis, par ordonnance de dernière volonté, ni par donation à cause de mort; réservé au profit *de ceux étant en biens communs avec lui, qui, par droit coutumier, lui pourraient et devraient succéder.*

§ XVI Cens de main-morte ne peuvent se succéder les uns aux autres, sinon tandis qu'ils sont demeurant en *commun*.

Coutumes de Châteaumeillan. (Berry), Tit. V, § XVII.

Coutumes du Bourbonnais, Titre VXIII, § XIX. Gens serfs et de serve condition succèdent à leurs dits parents, comme dit est ; et aussi leurs parents de leur dite condition leur succèdent s'ils sont *communs* en biens et demeurant avec eux : mais s'ils sont séparés d'eux ils ne leur succèdent point et appartiennent leurs biens et succession à leur seigneur par droit de mortaille.

(2) Dunod, *Traité de la main-morte*, Edit de 1733. ch. I, p. 6.

reste formellement que c'était la seule communauté qui faisait tomber le droit du seigneur. « Les effets de la main-
» morte, dit-il, sont réels et personnels. Les personnels
» consistent, dans le comté de Bourgogne, en ce que le
» main-mortable ne peut disposer par aucun acte de der-
» nière volonté de ses biens, même de ses meubles et
» biens francs, qu'au profit de ses parents qui sont en
» communion avec lui, au temps de son décès; et que,
» s'il n'a point alors de parents communiers, son sei-
» gneur est son successeur universel. »

Nous n'avons parlé jusqu'ici que des associations que forment les hommes de condition serve pour échapper aux rigueurs de la main-morte; mais il faut bien remarquer que ce n'étaient pas là les seules personnes qui les subissaient, les mêmes effets étant attachés au seul fait de la tenure de certaines terres. On l'appelait alors *Main-morte réelle*. Des textes (1) nombreux affirment l'existence de la main-morte réelle que Troplong semble cependant avoir laissée de côté dans son étude sur l'*Histoire du Contrat de Société*.

Dans le régime féodal, comme nous l'avons vu, les terres se divisaient en franc-aleu ou terres libres, et en tenures qui se subdivisaient elles-mêmes en tenures féodales et en censives ou tenures roturières.

Il n'apparaît pas dans la généralité des Coutumes qui parlent de la main-morte en servitude personnelle qu'elles se soient préoccupées de la main-morte en servitude réelle. C'est du moins ce qui semble ressortir de certains passages de Dumoulin et de Grivel rapportés par Dunod (2).

---

(1) *Coutumes de a Marche*, ch. XVII, §§ CXXV, CXLVIII, CLIII, CLIV, CLV.
Coutume d'Auvergne, ch. XXVII §§ I, III, V.
Coutumes de Nivernais, ch. VI, § XVIII, ch. VIII, § VI Immeubles et autres espèces de biens quelque parts qu'ils soient, soit en *terres main-mortables* ou *autres*....
Coquille, *Questions-et réponses sur la coutume* (édition de 1633). LVIII p. 168 et CCLXXVI p. 186
Dunod consacre une section spéciale à cette association dans son *Traité de la main-morte* édition de 1733 ch. III, section V.

(2) *In heredibus liberis, etiam extraneis nec communibus, defuncto, nunquam fuit observatum jus manûs mortuæ; sed in contrarium semper fuit praticatum, nullum jus competere Dominis, per mortem hominis liberi etiam si constat, prædia esse manûs mortuæ.* Dumoulin, Conseil, 17.
Ante promulgationem istius constitutionis nunquam fuit praticatum jus manû mortuæ contra filios et hæredes hominis liberi; imo nec contra hæredes extraneos, licet essent extra communiomem et constaret prædia esse conditionis manûs mortuæ. — Grivel décision 186. Dunod. Ch. III, sect. V.

Cependant les coutumes de la Marche (1521) et de l'Auvergne (1510) (1) qui ne reconnaissent plus la main-morte personnelle, mentionnent formellement l'existence de la main-morte en servitude réelle, et règlent les conditions de transmission des héritages serfs possédés par des vilains pour éviter l'échute main-mortable au profit du seigneur. Bien plus, la coutume de Nivernais (2) (1534) qui continue d'admettre toujours la main-morte personnelle, signale l'existence de la main-morte réelle, et la réglemente au chapitre des bordelages.

A partir de 1549 il ne peut plus y avoir de doute tant sur l'existence de la main-morte réelle que sur la mode de transmission des biens qui en étaient affectés.

En effet une ordonnance royale du 8 juin de cette année est formelle sur ce point: « L'héritage main-mortable,
» acquis depuis le mois de juin 1549 par homme franc,
» doit retourner au seigneur de main-morte, si le dit
» homme franc décède sans délaisser hoirs de son corps,
» ou autre en communion avec lui, qui par droit lui
» doivent succéder. »

Il est donc évident qu'à côté de la main-morte personnelle co exitait la main-morte réelle, dont les inconvénients pouvaient être adoucis par les mêmes fictions de droit que la première, c'est-à-dire la formation en communauté des tenanciers vilains.

Pour nous la question ne peut faire doute, et l'ordon-

---

(1) *Coutumes d'Auvergne*, (Rédaction de 1510. Bourdot de Richebourg), Chap. XVII, §§ I et x. *Coutumes de la Marche* (Rédaction de 1521). Chap. XVII, § CXXV. — « En la Marche, toutes » personnes sont franches et de franche condition, et ceux qui sont nommés et réputés serfs ou » mortaillables au dit pays, c'est à cause des héritages qu'ils tiennent et possèdent, quand les dits » *héritages sont de la dite condition serve ou mortaillable.* » § CXLVIII. « L'homme *qui tient héritage de* » *serve condition*, ne peut vendre, donner, surcharger, n'autrement aliéner, sans le congé de son » seigneur, le dit héritage... etc. », § CLIV. « Le seigneur succède à son homme tenant *son héritage* » *serf ou mortaillable*, qui décède sans hoirs descendant d'iceluy, sinon que le dit homme qui tient » le dit héritage serf ou mortaillable, ait à l'heure de son décès aucuns parents qui *soient communs* » avec luy en meubles et immeubles; lesquels, en ce cas, sont préférés au seigneur en la dite » succession. »

(2) *Coutumes du Nivernais* (1534). Chap. VI, *des Bourdelages*, § XVIII. « Pour succéder au bourde-» lage sont requises deux qualités à la personne de celuy qui y veut succéder : la première, qu'il » soit héritier du défunt bourdelier ; la seconde, qu'il ait esté au tems de son décès commun avec » lui..... »

nance de 1549 qui est venu généraliser ce que certaines coutumes (1) seulement admettaient, n'a pas eu pour effet de créer un ordre de choses nouveau, mais bien de fixer un usage ancien et général. Quant aux coutumes qui ont été rédigées en 1510 et 1521 et que nous avons rapportées plus haut, elles ne font également que reproduire les usages depuis longtemps admis dans la province. C'est du reste ce qui résulte clairement de la place importante que la coutume de Nivernais semble donner aux bordelages, que son commentateur dépeint comme d'anciennes institutions.

« Aussi est ce païs (de Nivernais), dit Guy-Coquille (2),
» grandement soullé et chargé d'une redevance, qui
» s'appelle Bourdelage, dont la plupart des héritages du
» pays, tant ès champs qu'ès villes, sont encombrez.
» L'étymologie du mot faict cognaître quelle a esté l'ori-
» gine. *Bor*, en ancien Tudesque, signifie un domaine,
» métairie ou ferme ès champs; et de là est tiré l'ancien mot
» français *Borde*, qui signifie même chose. Quãd aucun
» riche avait un ou plusieurs domaines ès champs, il les
» baillait à un ou plusieurs laboureurs à perpétuité pour
» les labourer et faire valoir, et en payer chaque an une
» redevance en deniers, grains, volailles etc.... La
» dureté de la condition du dit bourdelage est fort grande;
» car un parent ne succède pas à un autre parent en tels
» héritages, s'il n'est commun en biens avec luy lors de
» son décès: ce qui est tiré des main-mortes en servitude
» personnelle. »

Comment étaient organisées ces communautés de serfs main-mortables et de vilains dont le but principal était d'éviter l'échute main-mortable?

La première condition exigée pour l'établissement de toute société taisible est l'habitation commune et la mise en commun des biens pendant un an et un jour. « Com-

---

(1) *Coutumes de la Marche, de l'Auvergne, du Nivernais.*

(2) Guy-Coquille. *Histoire du Nivernais*, écrite en 1595. (Edit. de 1612, p. 348). — *Questions et réponses sur la Coutume*, LVIII et CCLXXVI, édit. de 1633, pages 168 et 786.

» paignie se fet, nous dit Beaumanoir (1), par solement
» manoir ensanble à un pain et à un pot, un an et un jour,
» puisque li meuble de l'un et de l'autre sont mellé en-
» sanble.» La vie en commun, tel est le caractère essentiel
de la société taisible ; si ce caractère vient à disparaître,
soit parceque l'un des communiers fait logis séparé ou
réclame sa part du pain commun, aussitôt la communauté est dissoute (2). C'est là un point universellement
admis par les coutumes et par tous les commentateurs (3).

Une autre condition était généralement exigée pour
la formation de la société : c'était la parenté entre co-
parçonniers. Cette condition qui se trouvait formulée
dans certaines coutumes, devint générale à partir de
l'ordonnance du 8 juin 1549. (4)

Ces communautés ainsi formées fonctionnaient de la
façon suivante : les hommes nommaient eux-mêmes
leurs maîtres; les femmes choisissaient leurs maîtresses ;
il fallait seulement que la maîtresse ne fût ni la femme ni
la sœur du maître. Puis maîtres et maîtresses distri-
buaient les travaux et faisaient le partage des bénéfices.

(1) Beaumanoir, ch. XXI, § 5, t. 1.

(2) La cérémonie de la dissolution se faisait par la rupture du pain : «Le *chanteau* (le pain) *part* (sépare) *le vilain,*» — ou encore : « *Le feu, le sel et le pain partent l'homme main-morte.* » Loisel, *Institutes Coutumières.*

(3) *Coutumes de Bourgogne,* Tit. XV, §§ VII et XVI.

Cout. de Bourbonnais (1493), Tit. XVIII, § XIX.

Cout. de Poitou (1486), Tit. VIII, § CCLXXXIII.

Cout. de la Marche, Chap. XVII, § CLIII.

Cout. d'Orléans, Chap. X, § CLXXX.

Cout. de Sens, Tit XXIV, § CCLXXX.

Cout. de Troyes (Rédact. 1509), § CI.

Lebrun, *Traité des Communautés taisibles,* Édition de 1709, ch. 1 et 11.

Coquille, *Questions et réponses.* LXXXVIII, LXXXIX.

Beaumanoir, T. 1, Ch. XXI, §§ V et XXV.

Dunod, *Traité des main-mortes.* Edit. 1733, ch. III, sect. 1, sect. 11.

(4) *Coutumes de Bourgogne,* Tit. XV, § VII. « Les serfs ne se succèdent s'ils n'ont parents communs et demeurants avec eux... .» § XIV.

Coutumes de la Marche, § CLIV.

Coutumes du Bourbonnais, Tit. XVIII, § XIX. « Gens serfs et de serve condition succèdent à leurs dits *parents,* comme dit est; et aussi leurs *parents* de leur dite condition leur succèdent, s'ils sont communs en biens et demeurants avec eux..... »

Cout. d'Auvergne, Ch. XXVII, § III.

Cout. de Nivernais, Ch. VI, § XVIII; ch. VIII, §§ VII et IX.

Ordonnance du 8 juin 1549. — Dunod, *Traité de la main-morte,* Chap. 1 et chap. III sect. 1.

Le maître tenait à table la première place, et administrait les affaires de la compagnie (1).

« Le maître, dit Coquille, va aux affaires qui se pré-
» sentent ès villes ou ès foires et ailleurs, a pouvoir
» d'obliger ses parçonniers en choses mobilières qui
» concernent le fait de la communauté, et lui seul est
» nommé ès rôles des tailles et autres subsides. » (2)

« Toutefois, ajoute Coquille, la seule patience des par-
» çonniers que l'un d'eux administre, vaut préposition et
» mandement ; et si le maistre est révoqué de la maîtrise,
» il est expédient que la renonciation soit publiée comme
» au prosne ou en jugement. » Ces communautés par pot et feu commun formaient donc des espèces de sociétés universelles de gains, où les profits des biens et du travail commun constituaient une masse qui appartenait à l'association.

Tous les co-parçonniers étaient tenus solidairement au paiement du cens et des rentes seigneuriales.

La communauté se perpétuait toute seule, par la subrogation des nouveaux entrants. qui avait lieu de soi et sans convention particulière (3).

La simple volonté de vivre en commun maintenait la société ; mais aussi la volonté d'un seul des parçonniers pouvait la rompre, (4) et la volonté des autres communiers était inefficace pour conserver la société entre eux. « Communauté une fois départie ne peut être rassemblée

(1) M. Dareste de la Chavanne. *Histoire des classes agricoles en France*, Chap. VI sect. III.

(2) Coquille. *Questions et réponses.* XXVIII.

Coutumes de Berry, § XXIV. « Quand plusieurs sont communs en biens et demourans ensemble, et
» que l'un d'eux aie exercé le gouvernement et l'administration de la maison de la dite commu-
» nauté, il peut et luy est loisible vendre et aliéner les biens, meubles d'icelle communauté, sans y
» appeler ses co-parçonniers et sans le consentement d'iceux, pour employer en la dite communauté. »

(3) Les enfants des parçonniers faisaient, de plein droit, partie de la communauté de leurs parents. *Cout. du Nivernais*, Chap. VIII, art. 14. — Le *Livre Roysin* contient une disposition analogue.

« (4) Entre gens de condition, *un party tout est party* ; c'est-à-dire que, s'il y a plusieurs gens de
» condition en une communauté et l'un se part d'icelle par partage ou division de biens, tout le
» surplus, quant au seigneur, est réputé pour party, en telle manière que, si après l'un décède sans
» hoirs communs, le seigneur lui succède » .....

Cout. de Nivernais, ch. VIII § IX.

» pour succéder les uns aux autres, *sans le consentement*
» *exprès du seigneur* (1). »

En présence de cette disposition, Coquille ne peut
s'empêcher de protester contre sa rigueur: « Cest article
» est *rude*, dit-il, pource que les sociétés et communautés
» sont libres, et dépendent de la pure volonté. Mais les
» gens de condition n'ont pas leurs volontés libres et
» franches. Et est cet article comme une bride pour tenir
» les parçonniers à ce qu'ils ne soient faciles à se mou-
» voir pour faire partage. »

L'association pouvait se trouver rompue, soit parce que
l'un des associés demandait sa part des biens, soit parce
qu'il quittait la maison ou la table commune. (2) Dans
le premier cas, intervenait une cérémonie curieuse que
nous avons déjà signalée : le pain qui nourrissait la
famille étant le symbole de la communauté, le chef le
rompait en autant de chanteaux (morceaux) qu'il y avait
d'associés. Chacun prenait sa part, et de ce moment
la société était rompue : on en pouvait faire la liquidation (3). Dans le second cas, avait lieu ce que Coquille
appelle le partage par effet : « et j'entends, dit-il, par
» effet, quand ils tiennent ménage à part, et ont leur
» pain et leur sel à part par an et jour. »

Après cet exposé succinct de l'organisation et les caractères des communautés de main-mortable, au moyen-âge,

(1) *Coutume du Nivernais*, Article 15.

Coutume de Bonrgogne, Tit. 15, § 15. « Gens de main-morte communs en biens qui se divisent et
» séparent de la dite communion, ne peuvent jamais être réputés communs en biens après la dite
» séparation sans le consentement de leur seigneur ».

(2) *Coutumes de Bourgogne*, Tit. XVII. « La coutume par laquelle l'on dit que le feu et le
« pain partent l'homme de main-morte, est entendue quand gens de main-morte font leurs
» dépens chacun à sa charge et séparément l'un de l'autre, supposé qu'ils demeurent en une même
» maison ».

(3) *Coutumes de Chateaumeillan*, Tit. V. § XXV1!. « Quand les hommes et femmes serfs
» tiennent et font leur chanteau à part les uns des autres par an et jour. sans faire autre par-
» tage de biens, combien qu'ils soient demeurans ensemble sous un faict de maison, ils sont tenus
» et censez partis et divisez, et ne peuvent succéder ».

Cout. de la Marche, Chap. XVI. § CLlll. « Entre hommes tenans héritages serfs ou mortail-
» lables, *le chanteau part le villain* ; c'est à dire que, quand deux ou plusieurs des dits hommes,
" *parens ou autres*, qui paravant étaient communs, font pain séparé par manière de déclaration de
» vouloir partir leurs meubles, ils sont tenus et réputés divis et séparés, quant aux meubles, ac-
» quets, conquests, noms, debtés et actions ».

demandons-nous quels pouvaient être à cette époque leurs avantages et leurs inconvénients. On peut tout d'abord affirmer que, grâce à ces communautés, les populations rurales trouvèrent, au moyen-âge, le moyen le plus énergique de lutter contre les misères de leur condition matérielle, et même de leur condition morale. C'était par la communauté qu'elles éludaient les principales charges de la main-morte, et qu'elles s'assuraient la faculté d'entreprendre des exploitations un peu considérables qu'un individu isolé n'aurait pu entreprendre faute de capitaux. Enfin la communauté taisible servait à appliquer à l'agriculture ce grand principe de la division du travail, considéré par les économistes comme une des lois principales de l'économie politique (1). C'est de cette façon que les habitants des campagnes arrivaient parfois à s'enrichir, d'après les affirmations de certains auteurs. « Le travail de plusieurs personnes réunies, dit Dunod, » profite bien plus que si tout était séparé entre elles. » L'expérience nous apprend que dans le comté de Bour- » gogne les paysans des lieux main-mortables sont bien » plus commodes que ceux qui habitent la franchise, et » que plus leurs familles sont nombreuses, plus elles » s'enrichissent (2). »

Ces avantages n'en devaient pas moins couvrir des inconvénients résultant surtout de l'état même des choses. Ainsi il devait arriver souvent que l'un des communiers travaillait pour lui au détriment de la communauté. C'est du reste ce que nous pensons pouvoir conclure d'un rapport adressé à l'assemblée provinciale du Berry, en 1783, et qui relate cette disposition des associés à se tromper mutuellement. Enfin ces communautés devaient être surtout mauvaises au point de vue sanitaire, ainsi que le fait

---

(1) Coquille (*Questions et réponses sur la coutume*) nous dépeint l'application de ce principe dans les communautés de main-mortables : « Les uns servant pour labourer et pour toucher les » bœufs, animaux tardifs ; et communément faut que les charrues soient trainées de six bœufs; » les autres, pour mener les vaches et les juments aux champs ; les autres, pour mener les brebis » et les moutons ; les autres pour conduire les porcs, etc. »

(2) Dareste. *Hist. des classes agricoles*, ch. V.

justement remarquer M. Dareste : « Faut-il ajouter, dit-
» il, que l'agglomération de plusieurs familles dans une
» même habitation les exposait davantage aux épidémies
» et aux maladies de tout genre ; qu'il en était de même
» au point de vue moral ; que ce système dispensait de la
» prévoyance, introduisait l'usage des mariages préma-
» turés, anéantissait l'autorité paternelle et favorisait l'in-
» discipline domestique ? Si dans quelques communautés un
» peu riches les ménages avaient des chambres séparées
» autour d'un four et d'une cuisine commune, il arrivait sou-
» vent aussi que les communs habitaient tous ensemble une
» seule grande pièce, un four, comme disait Coquille, où
» s'apprête à manger pour tous, auprès duquel tous
» dînent et soupent, auprès duquel les femmes accouchent
» de leurs enfants (1). »

Quoi qu'il en soit de ces défauts, il est évident qu'à l'é-
poque féodale ils disparaissaient sous les nombreux avantages de la communauté taisible qui nous apparaît, à cette
époque, d'un usage presque général dans les campagnes.

Quelle fut la cause première de ce développement des
sociétés taisibles? Sous quelles influences prirent-elles
naissance? Cette question purement historique a soulevé
deux opinions diamétralement opposées. Les uns admettent avec M. Troplong que les associations de main-
mortables doivent leur origine à l'influence des seigneurs,
qui avaient le plus grand intérêt à voir le serf s'attacher à
la culture des terres par la pensée qu'il pourrait les transmettre aux siens. D'autres soutiennent que les sociétés
taisibles sont dues à la pure initiative des main-mortables. Cette dernière opinion est, à notre avis, la plus
vraisemblable, surtout si l'on considère que le développement des sociétés de main-mortables a eu lieu à la même
époque que l'affranchissement des communes. L'esprit
d'association qui, dans cette lutte du droit naturel contre
le droit féodal, avait donné la liberté aux bourgeois, ne

____

(1) Dareste de la Chavanne, Chap. VI sect. III.

pouvait-il pas offrir les mêmes ressources aux serfs et aux vilains pour assurer la libre transmission de leurs biens? Toutefois, ce ne pouvait être la force qui devait écarter ici les prétentions des seigneurs : la situation des main-mortables était trop infime pour leur permette de lutter. Ce fut devant une ingénieuse fiction juridique que le droit féodal dut succomber : *Unis, les vilains ne se succèdent pas entre eux; aucune héredité, ne s'ouvre, et partant point d'échute au profit du seigneur*. La féodalité était ainsi vaincue devant ces règles de la communauté, qu'elle se voyait obligée d'admettre dans les coutumes.

Nous ne prétendons pas nier que les seigneurs, instruits de leurs intérêts, n'aient pas favorisé dans la suite et pour une certaine mesure le développement des sociétés taisibles. Ce que nous soutenons, c'est qu'ils n'ont aucune part active dans la naissance de ces communautés. La preuve, nous la trouvons dans ce fait que les coutumes qui prévoient toutes les conditions nécessaires pour donner naissance à une communauté, ne parlent jamais de l'intervention du seigneur. Or n'est-il pas évident que, si les communautés de main-mortables étaient de création féodale, le seigneur n'aurait pas manqué de les tourner à son avantage, en intervenant à leur naissance et en exigeant que son consentement fût considéré comme une des conditions essentielles de leur formation?

Il n'en est rien : le seigneur n'intervient ni à la formation première, ni pendant la durée de la communauté; ce n'est que du jour où la société est dissoute, que ses droits renaissent : aussi ne manque-t-il pas de multiplier les causes de dissolution en invoquant la fameuse maxime : *Un party, tout est party*. Un seul des parçonniers vient-il à se retirer, la société est dissoute à l'égard de tous, et ne peut se reconstituer cette fois qu'avec l'approbation du seigneur (1).

---

(1) *Cout. du Nivernais* (1534) Ch. 8 art. IX et XV. — « Communauté de gens de la dite condition une fois départie par les moyens devant dits, ne peut par eux être rassemblée pour » succéder les uns aux autres sans le consentement exprès du seigneur. »

Enfin ce fait que ce sont les seuls co-parçonniers qui choisissent leur maître, non le seigneur, ne vient-il pas corroborer notre opinion ? En effet, il ne peut faire doute que, si les communautés taisibles avaient été l'œuvre des seigneurs, ils se seraient réservé au moins la nomination du chef de la communauté, afin de la diriger dans le sens de leurs intérêts et de mieux la tenir sous la main.

Au contraire, nous ne voyons pas l'influence seigneuriale se manifester dans l'organisation intérieure. La communauté s'organise elle-même; elle choisit ses maîtres qui ne tiennent en rien du seigneur et dont la responsabilité n'existe que vis-à-vis de leurs co-parçonniers. Voilà, nous le pensons, des preuves suffisantes pour conclure que ces sociétés ne sont dûes qu'à la seule initiative des main-mortables.

Ces communautés de main-mortables répondaient si bien à un besoin de l'époque qu'elles devinrent bientôt d'un usage général au moyen-âge. Un grand nombre subsistaient encore à la veille de la Révolution française. Quelques-unes même, grâce à la force de leurs institutions anciennes et à leurs avantages reconnus, ont subsisté jusqu'à nous.

C'est ainsi que dans le Nivernais et le Morvan on retrouve encore de ces associations de paysans, cultivant en commun un fonds appartenant à tous, et qui ont conservé jusqu'à notre époque la physionomie que le moyen-âge leur avait donnée (1). « Les anciennes communautés, nous » dit M. Leplay (2), qui ont conservé sans altération les » sentiments et les habitudes du moyen-âge, sont peut-être

---

(1) Voir à ce sujet : M. de Cheverry, *Fermiers en communauté du Nivernais*, (*Ouvriers des deux mondes*, Tome V) ainsi que les savantes recherches de M. Dupin sur la communauté des *Jaux*, (lettre à M. Etienne).

Dans le patois du Nivernais, qui reproduit en ce cas un terme du vieux français, le mot *Jau* veut dire coq. Peut-être faut-il voir là l'origine du nom patronymique des Jaux, soit parceque cette société n'admettait que les mâles au partage des biens, et excluait les femmes, soit qu'on ait pris, pour la désigner, le nom d'une de ces redevances en nature qui consistaient en gellines (poules) et en jaux.

(2) Leplay, *La réforme sociale en France*. Ch. V. § XLIII

» les monuments les plus curieux de l'histoire de nos
» rapports sociaux: elles sont fort répandues à l'extrémité
» méridionale du Morvan, vers la limite commune des
» départements de la Nièvre et de Saône-et-Loire. Il en
» existe près de cent, composées chacune de vingt-quatre à
» trente personnes, dans les quatre cantons de Luzy,
» d'Issy-l'Évêque, de Mesvres et de Toulon-sur-Arroux. »
Nous pourrions citer également d'autres associations
agricoles dont l'origine est ancienne, et qui montrent bien,
par l'usage qu'on en fait encore et par la faveur dont elles
jouissent dans certaines communes du Jura et du Dauphiné, les services, que pouvaient rendre à l'agriculture
les associations de main-mortables du moyen-âge.

Les associations fruitières ou fromagères du Jura et
du Dauphiné ne sont plus régies, il est vrai, d'après les
mêmes principes que les sociétés de l'époque féodale.
Elles se forment, non plus entre les personnes, mais entre
les capitaux. Leur but est de grouper les associés pour la
possession du matériel de fabrication et pour l'exécution
du travail à frais communs ; néanmoins on y retrouve
certains points communs avec les communautés du
moyen-âge. C'est ainsi, par exemple, que le gérant de ces
sociétés, semblable au maître de communauté, est chargé
de surveiller la fabrication des produits et d'aller *ès foire
et marchés* pour en faire la vente (1).

Pour en avoir terminé avec les sociétés taisibles, il ne
nous reste plus qu'à parler des communautés taisibles
d'hommes libres sur biens libres.

Ces sociétés se forment de la même façon, et exigent les
mêmes conditions que les sociétés taisibles de main-morte.
Toutefois comme leur but est purement économique et ne
consiste pas, comme ces dernières, à éviter la rigueur du
droit féodal, nous leur trouverons, en les étudiant, certains caractères distincts.

Il ne paraît pas certain que toutes les coutumes aient

(1) Voir les statuts d'une de ces associations dans une lettre de M. de Monteynard sur les
fromageries, adressée au Président de la société d'agriculture de Grenoble (1866).

admis les sociétés taisibles d'hommes libres sur des biens libres : c'est ainsi que nous en trouvons un certain nombre qui les restreignent à certaines catégories de personnes et dans certains cas (1).

Cette discordance frappante entre les coutumes qui augmente pour nous la difficulté de préciser le caractère exact et les conditions de ces sociétés, provient très probablement du plus ou moins de tendance de ces coutumes à admettre un système de preuves plus certaines que la preuve testimoniale. C'est ainsi que les coutumes du Bourbonnais et d'Orléans, qui admettent la société taisible dont nous parlons dans leur première rédaction, la prohibent dans leurs rédactions postérieures (2).

Pour qu'une société taisible se forme entre personnes libres, il faudra, ici comme dans les sociétés taisibles de main-morte, la vie sous le même toit, à même pot, sel et dépense durant un an et un jour. Mais en outre, la plupart des coutumes exigent la mise en commun et la communication des gains et des pertes (3).

(1) *Cout. d'Orléans* « Société ne se contracte entre aucuns qu'ils ne soient conjoints par le » mariage, sinon qu'il y ait entre eux convention expresse passée par écrit par devant notaire ou » sous leurs signatures. » Chap. XI, art. CCXIII.

Cout. de Blois, Ch. VIII, art LIX. « Société n'a pas de lien, sinon qu'elle soit par contrat » exprès accordée entre parties. »

Cout. de Meleun. Ch. XII, art. CCXXXIV. « Société et communauté de biens ne s'acquiert sous » couleur qu'aucunes personnes ayant fait leur demeurance ensemble, si elle n'est convenancée par » exprès entre eux et par contrat, auquel cas aura lieu et non autrement »

Cout. du Perche, Tit V, art LVIII. « Entre autres personnes que les mariés, il n'y a commu-» nauté par quelque demeurance que les personnes ayant fait ensemble, sinon qu'elle soit expres-» sément contractée. »

(2) *Cout. d'Orleans*, (1509), Ch. X § CLXXX.-(1583), Ch. IX, § CCXIII.

Cout de Bourbonnais, (1493) Tit. VII.(1520). Chap. XXII, § CCLXIII.

(3) *Coutumes de Poitou*, (Rédact. de 1486), Tit VIII, § CCLXXXIII. « Et chacun d'eux ait apporté » ses biens au fait commun de l'hostel. ils contractent taisiblement en compagnie. »

La rédaction de 1514 dans le § CCXXXI reproduit les mêmes termes.

Cout. de Berry Tit. VIII, § X. « Frères ou sœurs ou autres demeurant ensemble, vivans à » mesmes dépenses, ne sont reputez avoir contracté entre eux communauté. Toutefois, si avec » la dite habitation, demeurance et despense commune, y avait communication de gains, profits » et pertes, par an et jour, entre personnes capables à contracter société, par ce fait induite » société taisible entre eux, etc... »

Coutumes d'Angoumois, Ch. III, § XLI. « Contractent taisiblement à condition... qu'ils commu-» niquent tout ensemble et vivent de biens communs.... »

Beaumanoir, Edit Beugnot ch. XXI, T. 1, § VII. « Encore pot on bien appeler enter soit en » autre manière sans péril, si comme quant on ne mêle nuls des biens ensanlle... » § XXV, « Nus ne pot demander par reson de compagnie, combien que li biens soient mêllé ensanlle, s'il » n'ont esté au moins ensanlle an et jour... »

Certaines coutumes déclaraient qu'il suffisait d'une communion de biens entre hommes libres pour établir entre eux une société taisible. Ce serait alors d'après ces coutumes le seul cas où ce genre de société pourrait prendre naissance. C'est du moins ce qui paraît résulter d'un commentaire de Coquille sur la coutume du Nivernais (1).

Les communiers devront être parents. Toutefois, la plupart des coutumes ne tombent pas d'accord sur la fixation du degré de parenté. C'est ainsi que certaines ne permettent la communauté tacite qu'entre frères (2). D'autres l'admettent entre tous les parents sans distinction de degrés, (3). D'autres enfin, plus nombreuses, ne fixent

---

(1) Coquille, *Questions et réponses sur la Coutume.* LXXXIX.

« La coutume de l'an 1534, au titre des communautés, art. 1, dit : que *communauté ne s'acquiert* » *par demeurance de quelque temps que ce soit.* Mais si, outre la demeurance, les personnes *majeurs* » *de 25 ans* mettent tous leurs biens, meubles, gains et profits en commun par longtemps, comme » de 10 ans, ores que ce soit ès cas esquels notre coustume introduit communauté tacite, devra-t-on » présumer qu'il y a communauté de biens ? »

« De Vray, l'ancienne coutume de l'an 1400 semble parler plus distinctement que cette cy en ces » mots : *Si aucun fait demeurace en l'hostel de son parent, amy ou autre, par nourriture, service ou* » *autrement, il n'acquiert communauté par quelque teps....* etc. Et a considérer... que la société » dont est parlé au Droit civil des Romains: *Desiderat consensum et tractarum habitu ; sed consensus* » *non minùs facto quàm verbis demonstratur. Et ex lapsu temporis consensus præsumitur interve* » *nisse ejus qui rem ita passus est se habere.* Pourquoy me semble que si uniformément et par » même façou aucûs ont meslé sans distinction tous leurs meubles, fruits de leurs immeubles, » gains et profits ensemble par longtemps, que la communauté de tous biens meubles est ac- » quise entre eux. »

(2) *Coutumes de Bourbonnais,* Chap. XXII, § CCLXVII. « Communauté de biens ne se contracte » taisiblement entre personnes demourans ensemble par quelque temps que ce soit, s'il n'y a » convention expresse de société faite entre eux, fors et excepté entre deux frères... etc. »

Cout. de Nivernais, Ch. XXII, § 1. « Communauté de biens ne se contracte taisiblement entre » gens demourans ensemble par quelque temps que ce soit, s'il n'y a convention expresse. § 2. » Mais deux frères majeurs de 20 ans estans hors de puissance de père, qui ont demouré » ensemble par an et jour, tenans leurs biens par ensemble et faisans communication de gains, » il y a communauté taisible entre eux contractée. »
Cout. de Toulouse. (1285). Tit. VI, § IV.

(3) *Coutumes de Chartres,* Chap. X art. LXI.

Cout. de Dreux. Chap. X, art. LII. « Pour acquérir droit de communauté entre deux ou plusieurs, » trois choses sont requises; la première est qu'il y ait lignage ou affinité, et qu'ils soient personnes » de soy et usans de leurs droits ; la seconde, qu'il y ait an et jour qu'ils aient été ensemble à » dépens communs ; la tierce qu'il y ait apport et communication de biens par chacune des dites » parties, et volonté entre eux de communauté. »

aucune règle (1), et laissent la liberté la plus complète sur ce point.

Au milieu de ces divergences, il est cependant à signaler une communauté sur l'existence de laquelle toutes les coutumes, même celles qui prohibaient le plus formellement les sociétés taisibles, tombaient d'accord (2). Il s'agit de la communauté tacite qui se formait entre les enfants et le père ou la mère survivant après un an et jour d'indivision. Tous les commentateurs accordent à cette communauté tacite une mention spéciale (3).

» La quinte manière de compaignie comment ele se
» fest, nous dit Beaumanoir . (4), si est entre gens de
» poeste, quant uns homs ou une feme se marie deus fois
» ou trois au plus, et y a enfans de çascun mariage, et
» li enfant du premier mariage demorent aveques lor
» parrastre, sans partir et sans certaine convenence de
» tenir : en tel cas il poeut perdre et gaaigner aveques lor
» pere et aveques lor marrastre, ou aveques lor mere et
» aveques lor parrastre. »

Quant au caractère et aux conditions de cette communauté taisible, ils nous sont donnés par la coutume du Nivernais dans son article 4 (5). « Les enfans mâles de
» quatorze ans, et femelles de douze parfaits et accom-
» plis, après le trépas de leur père ou mère, ayant biens
» mêlés avec le survivant, acquièrent par an et jour com-
» munauté avec le père ou mère survivant et leurs com-
» muns parçonniers, en meubles faits, meubles et con-

---

(1) *Coutumes de Sens.* Tit. XXIV, § CCLXXX. « Quand *aucunes personnes*, usans de leurs droits,
» vivent ensemble à commun pot, sel et dépense par an et jour, ils sont réputez uns et communs
» en tous biens et conquest fait depuis la société contractée, s'il n'apert du contraire. »
Cout. de Poitou. Tit. VIII §§ CCLXXXIII et CCXXXI.
Cout de Berry. Tit. XIII § X.
(2) *Coutume du Nivernais,* Chap. XXII art. IV.
Cout. de Melun, Chap. 11. art. CCXX.
Cout. de Meaux, Chap. X. art. LX.
(3) Coquille, *Quest. et rép,* XCI et *Commentaire sur la Coutume du Nivernais* Art. IV Chap. 22.
Boucheul, *sur la Cout. de Poitou* Tit. III. art. CCXXI.
Lebrun, Chap. 1.
(4) Beaumanoir, T. 1, Chap. XXI n° 8.
(5) *Cout. du Nivernais,* Chap. XXII, art. 4.

» quêts à faire durant la communauté, s'il n'y a contra-
» diction d'une partie ou d'autre au contraire. Et s'ils ne
» sont âgés de l'âge susdit, ils n'acquièrent point de com-
» munauté; aussi l'on n'en acquiert point sur eux. »

Cette communauté, ajoute Guy-Coquille dans le commentaire de cet article, est anormale et hors la règle
commune des sociétés, puisqu'il n'y a convenance expresse ou tacite : « Ains est un droit attribué *par la loy*
» en haine du survivant père ou mère qui ne faict inven-
» taire, et en faveur des mineurs, les droicts desquels
» sont négligés : donques de la part du mineur, la com-
» munauté est volontaire pour la prendre par luy, si bon
» luy semble, puis qu'elle est introduite en sa faveur ; à
» ce moyen il y peut renoncer et demander raison et res-
» titution de ses droits escheuz. » (1)

Continuons maintenant l'énumération des conditions
générales nécessaires à la formation des sociétés taisibles.

Nous avons vu qu'il fallait l'habitation, la communion
de bien pendant un an et un jour, enfin que la plupart des
coutumes exigeaient la parenté. Étudions maintenant
quel doit être l'état et la capacité des associés.

Tout d'abord, les associés devaient être roturiers.
« Cette compagnie, dit Beaumanoir (2), dont nous avons
» parlé ci-devant, qui se fet par coutume entre les gens de
» poeste, ne se fet pas en ceste manière entre les gentix-
» homes. »

Cette restriction qui montre bien que les sociétés taisibles impliquaient une idée de lucre et de gain, était
admise par presque toutes les coutumes. Quelques unes
même s'exprimaient clairement à ce sujet (3).

---

(1) *La Coutume du Nivernais*, dans son art. 21 du titre des gens mariés assimile aux enfants
le gendre et la bru.

(2) Beaumanoir, Ch XXI n° 9.

(3) *Poitou*, Tit. VIII art CCXXXI. « Si deux personnes ou plusieurs de roturière condition... »
Saintonge. Tit. VII art. LVIII. « Quand deux ou plusieurs personnes usans de leurs droits... et
« de roturière condition. »

La Coutume de Troyes nous parait être la seule qui ait permis aux nobles de former ces
sociétés.

Art. CI. — Quand aucunes *personnes nobles*, ou franches personnes, usans de leurs droits, vi-

Quant à l'âge des personnes pouvant entrer dans les communautés taisibles, les coutumes ne sont guère d'accord. Celles d'Angoumois, de Saintonge et de Poitou (1) exigent l'âge de 25 ans. Les coutumes du Nivernais et de Bourbonnais (2) au contraire reconnaissent comme suffisamment capables les contractants âgés de plus de 20 ans. Le plus grand nombre exigent seulement de la part des associés qu'ils aient l'usance de leurs droits et la capacité de contracter.

Telles étaient les conditions nécessaires à la formation des sociétés taisibles d'hommes libres. Ces sociétés différaient surtout des sociétés taisibles de mainmortables en ce qu'elles n'exigeaient pas, en principe du moins, la mise en commun de tous les biens. De plus, elles ne s'appliquaient pas exclusivement aux travaux agricoles; elles pouvaient même être formées en vue d'une seule opération commerciale. En ce cas, il est à remarquer que, la condition de l'an et jour ne pouvant plus être exigée, le lien de droit ne prenait naissance que du jour où commençait l'opération. C'est, du reste, ce qui paraît ressortir du passage suivant de Beaumanoir (3).

« Nus ne pot demander par reson de compaignie, » combien que li bien soient mellé ensamble an et jour, si ce n'est ainsi c'on l'acompaigne par convenence ou par » *marceandise*; car en ces deus cas se fet le compaignie si » tost comme le convenence est fete, *ou si tost com le* » *marceandise est achetée.* »

Guy-Coquille (4), dans ses Questions et Réponses sur

« vent ensemble à commun pot, sel et dépeuse, en mélange de biens par an et jour, ils vont « réputés communs en biens meubles et conquests, s'il n'appert du contraire.

(1) *Coutume de Saintonge*, Tit. VII, § LVIII.

Coutumes de Poitou, § CXXXI,

Coutumes d'Angoumois Chap. III § XLI. — « Deux personnes ou plusieurs peuvent taisiblement » contracter société entre eux à ce que les conditions souscrites y soient : savoir est qu'ils et cha- » cun d'eux soient aagez de 25 ans, qu'ils soient usan de leurs droits, qu'ils soient de roturière con- » dition, qu'ils communiquent tout ensemble et vivent de biens communs, et qu'ils demeurent » par an et jour ensemble en la dite communauté. »

(2) *Nivernais* Ch. 22, art. 2. *Bourbonnais*. Ch. 22, 22 art. CCLXVIII.

(3) Beaumanoir (Édit. Beugnot) Liv. I Chap. XXI. Art. 25.

Cout. de Mont-de-Marsan, Société commmune. et division article 4.

(4) Guy-Coquille, *Quest. et rép*. LXXXVIII et LXXXIX.

la coutume du Nivernais est encore plus explicite : « Si
» dit-il, par les faits, avec le laps de temps, le consen-
» tement est présumé, ce consentement ne se doit pas
» entendre plus avant que les faits ont esté. Pourquoy si
» les frères majeurs de 20 ans ont seulement trafiqué
» ensemble en une sorte de marchandise ou autre négo-
» ciation, et n'ayant pas communiqué et mis ensemble
» tous leurs meubles, ou fruicts de leurs immeubles, ou
» ayant fait quelque négociation chacun à part, je ne diray
» pas que leur communauté ait esté générale en meubles
» et conquests, ains seulement en la négociation ou affaires
» qu'ils ont démenez par ensēble. »

En terminant notre étude sur les sociétés taisibles, nous
ne saurions trop faire remarquer le trait caractéristique
de ces sociétés qui aboutissait parfois à leur faire produire
en pratique des résultats bizarres. Les sociétés taisibles,
avons nous dit, se forment par l'habitation commune ; elles
n'exigent donc pas le consentement des parties, et écartent
ainsi l'élément essentiel de tout contrat. Il est vrai que les
coutumes le présumaient du seul fait de la vie commune ;
mais elles ne le prescrivaient pas formellement. La conséquence en était que souvent des personnes réunies en
fait, mais n'ayant nullement l'intention de se constituer
en société, tombaient ainsi malgré elles sous l'application
des règles coutumières. Beaumanoir (1) nous rapporte le
fait d'un homme riche qui, ayant pris chez lui ses parents
pauvres « *par cause de pitié* », s'aperçut après l'an et
jour qu'il était arrivé à les mettre à l'abri du besoin. « Si,
» ajouta-t-il, que noz avons vu aprover par jugement que
» cil qui n'aporta pas en la compaignie le valeur de
» quarante sous, et ne fu pas plus de deus ans, et ne se
» melloit de riens, ançois fu apelés avec un sien oncle
» par cause de pitié, por li nourrir, si demanda partie
» por le cause de le compaignie, et l'eut par jugement
« et emporta qui valut plus de deux cens livres. Et par cel-

<hr>

(1) Beaumanoir. Chap. XXI, art. 6.

» jugement, conclut le vieux jurisconsulte, pot on veir le
» peril qui est en recevoir tel compaignie. Et par soi gar-
» der c'on ne soit en tele maniere de ceus et que on ne
» laisse pas bien à fere ne à apeler entor soi ses povres
» parens por ceste doute qui est périlleuse, nos disons
» comment on les pot avoir entor soi sans péril. »

Le remède qu'il indique alors, consiste, dans la déclaration expresse qu'on ne veut pas contracter société, ou encore : « si comme quant on ne melle nus des biens en-
» semble, ou quant on tient par certains loiers (1). »

C'est du reste ce que déclarent également les jurisconsultes Boucheul et Lebrun (2), ainsi que la plupart des coutumes qui se montrent des plus explicites pour décider que la société taisible ne se forme que « *S'il n'apert du contraire* » (3)

Nous ne doutons pas que ce remède ait dû apporter une certaine atténuation dans les inconvénients des sociétés taisibles d'hommes libres ; néanmoins ces inconvénients étaient trop multiples pour permettre à ces sociétés d'avoir une grande inportance pratique.

N'ayant pas pour but d'adoucir la rigueur du régime féodal comme les sociétés de main-mortables, elles offraient peu d'application : aussi, dès la fin du moyen-âge, les voyons-nous tomber en défaveur pour disparaître entièrement vers le XVIe siècle. L'Ordonnance de Moulins (1566) vint constater leur désuétude.

Les sociétés taisibles d'hommes libres avaient en outre ce grave inconvénient qu'elles ne tenaient pas assez compte de la valeur et de l'initiative des individus. Leur rigueur était trop grande, et leur absolutisme trop com-

---

(1) Beaumanoir. Chap. XXI, art. 7

(2) Boucheul, Commentaire sur la *Cout. de Poitou*. Tit. 3 art. CCLXXXI. Lebrun. Chap II, art. V.

(3) *Cout. de Troyes*, art. Cl et Cll. *Poitou*. Tit VlII, art CCLXXXlll. « Ils contractent taisible-
» ment compagnie, supposé que aucune chose n'ait été convenancée autrement entre eux. »
Cout. de Sens, Chap. XXIV art. CCLXXX et CCLXXXI.
Chartres, art. LXI.
Cout. de Saintonge. Tit. VII, art. LVlll.

plet. L'associé ne devait pas seulement abdiquer son individualité ; il devait encore abdiquer ses goûts et ses
convenances. Non seulement il lui fallait vivre de la dépense
commune, mais encore sous le même *faict* de maison, du
même pain, du même sel et du même pot. Ces associations allaient donc trop directement à l'encontre de ce
besoin d'individualité que tout homme trouve en lui
C'était là un vice essentiel qui devait les faire disparaître·
du jour où l'avantage qu'elles offraient, c'est à dire le
moyen de conserver ses biens, n'existait plus.

COMPAIGNIES CONVENANCÉES

Ce ne sont plus des sociétés d'un caractère particulier comme les précédentes, que nous abordons maintenant. Les compaignies convenancées ne résultent pas, comme les sociétés taisibles, de certaines circonstances de fait ; elles exigent le consentement exprès des associés. « Se » fet le compaignie, nous dit Beaumanoir (1), si tost » comme le convenance est fete. » De plus, leur but économique tout a fait différent de celui des précédentes, se manifeste dans l'exploitation plus facile et plus large d'un commerce quelconque au moyen de l'association. Les compaignies convenancées étaient donc de véritables sociétés dans l'exacte acception du mot. Aussi voyons-nous dans les coutumes qu'il n'existait, à leur égard, aucune règle particulière, et qu'elles restaient soumises aux principes généraux du contrat de société contenus dans les textes du droit romain.

Ces sociétés, très répandues au moyen-âge, constituaient le mode principal d'association en usage chez les commerçants. Elles avaient donc devant elles un vaste champ d'application, que venaient malheureusement diviser les obstacles de toute sorte qui entravaient le commerce de cette époque. Aussi est-il remarquable que les nombreuses sociétés convenancées que nous rencontrons, manquent toutes d'un certain caractère de grandeur et de

(1) Beaumanoir. Chap. XXI, art. 25.

généralité. Aucune ne nous apparaît formée dans un but d'intérêt général et accessible à tous. En pouvait-il être autrement en présence de la difficulté des communications et du peu de commerce intérieur (1) ? La société commerciale ne pouvait donc s'étendre au delà des bornes restreintes d'une province, d'une ville ou même d'un certain cercle d'individus. Chaque province consommait ce qu'elle produisait, presque sans chercher à s'enrichir par l'échange de ses denrées avec les provinces voisines. Les foires seules, qui arrivaient à certaines époques, réunissaient les marchands des divers pays, mais ne pouvaient toutefois produire qu'un mouvement commercial bien restreint.

Dans tout le moyen-âge on ne remarque comme associations commerciales vraiment importantes, que les sociétés de marchands qui se chargeaient des transports par eau sur la haute Seine, la basse Seine et la Loire. Ces associations qui avaient toutes leur siège dans une des grandes villes riveraines de ces fleuves, se faisaient surtout remarquer par l'étendue de leurs entreprises. Malheureusement elles étaient animées de ce même esprit qui prédomine dans toutes les associations de cette époque, c'est à dire, l'égoïsme. Elles se restreignaient entre certains individus, dans certaines localités, n'ayant en vue que leur intérêt particulier, sans se préocuper jamais de l'intérêt de tous, et de plus étant en lutte continuelle les unes vis à vis des autres.

Il est remarquable que cet esprit exclusif, qui se montre dans les sociétés de commerce, se reproduit également dans la commune. C'est ainsi que, lors du mouvement des communes, nous voyons les bourgeois de chaque ville se réunir entre eux pour obtenir la liberté ; mais nous ne connaissons pas d'exemple de villes se réunissant entre elles pour arriver au même but. La Révolution s'est fait sentir en même temps sans être concertée,

<hr>

(1) Le commerce extérieur n'était pas plus étendu ainsi Le port de Marseille était le seul qui envoyait des vaisseaux dans la Méditerranée, et qui entretenait des relations commerciales avec l'Orient.

parce qu'on obéissait à un mouvement trop naturel
pour qu'il ne fût pas général ; mais chaque ville resta,
dans ce mouvement, étrangère aux luttes de ses voisines.
Il ne fallait rien moins que la renaissance du pouvoir
royal pour relier ensemble tous ces efforts égoïstes et
individuels, et arriver ainsi à ruiner le régime féodal.

Les sociétés de commerce surtout étaient animées de
cet esprit d'individualité. Pour en faire partie, il faut être
bourgeois de la ville où elles ont leur siège. L'exploitation qu'elles ont en but, est privilégiée et sanctionnée par
le pouvoir royal. Elles seules possèdent le monopole de
telle branche de commerce ou d'industrie, dont elles
fixent rigoureusement les limites. Chez les corporations
ouvrières, le même spectacle se représente. Peu importe
aux corporations du moyen-âge l'intérêt général de
l'industrie : elles ne voient que leur intérêt particulier, et
ne cherchent qu'à prendre le plus de dispositions possibles pour lutter avantageusement les unes contre les
autres.

Quoi qu'il en soit, il est certain que les compaignies
convenancées jouirent, au moyen-âge, d'une importance
considérable surtout dans le petit commerce (1). Aussi
ne faut-il pas nous étonner des développements que Beaumanoir lui consacre dans son commentaire de la coutume
de Beauvoisis. C'est ainsi qu'il a soin d'indiquer les cas
où elle se contracte, le moment où elle naît, celui où
elle prend fin, les opérations qui en sont la suite, enfin
toutes les lois qui la régissent (2).

La *Compaignie* pouvait être générale ou particulière,
c'est à dire avoir pour but une suite d'opérations indé-
terminées ou même une seule de ces opérations. « Com-
» paignie se pot fere en mult de manières, si comme noz
» avons jà dit, et encore en dirons noz. Car compaignie

---

(1) Beaumanoir. T. I Chap. XXII § I... « Si comme plusors personnes pocit avoir part en
» la justice d'une ville ou en un molin ou en un pressoir ou en une pesquerie ou en aucun autre
» héritage qui est constens à retenir. »

(2) Beaumanoir. Tit. I. Chap. XXI, § XXV

» se fet aucune fois en une sole coze ou en deus ou trois,
» selonc ce qu'il est convenencié. Si comme deus com-
» paignons prendent une ferme à trois ans, ou si comme
» ils prendent ferme et une vente de bois ou autres
» marceandises certaines ; porce, se tele compaignie se
» fet, ne sont il pas compaignon de toz lor biens, mais
» des cozes tant solement de quoi il s'acompaignerent. Et
» quant le coze faut, et il ont conté ensanlle de la perte ou
» gaaing qu'il y orent, le compaignie est faillie, ne il ne
» poent riens demander li uns à l'autre par reson de com-
» paignie, fors que de ce dont il furent compaignon » (1).

Ainsi, quand le but de la société est atteint, ou que la compaignie n'a plus de cause par suite de la perte de la chose, l'association est rompue. Ce ne sont là que de pures applications des règles du droit romain qui forme, du reste, le droit commun en cette matière (2).

De même, chaque associé peut gérer les affaires sociales et engager ainsi ses co-associés.

« On doit croire, nous dit Beaumanoir, que çascuns de
» cis qui furent compaignon d'une coze ou de plusors,
» fet le mix qu'il pot et au plus grant pórfit, por li et por
» son compaignon, dusques à tant que li contraires est
» prové ; et por ce doit estre tenu ce que çascun des
» compaignons fet, soit au vendre soit au paier les cozes
» nécessaires por le compaignie, ou en recevoir les
» paiemens qui par le reson de la marceandise sont fet.
» Et se cil qui paie ou rechoit, oevre autrement qu'il ne
» doit, ses compains li pot demander por tant comme il
» monte à sa partie, et bien li pot deffendre qu'il ne s'en-
» melle plus, fors que de tant qu'à se partie afiert » (3).

Les parts des compagnons pourront être inégales. Ainsi un des associés pourra payer entièrement la somme

(1) Beaumanoir. T. I. Chap. XXI, § XXX.
(2) *Institutes*, Liv. III, Tit. XVI. §. 6.
Dig. Liv. XVII, T. II, L. 63, § 10 et loi 65 § 10. « *Societas solvitur ex personis, ex rebus*....
« *ideoque sive homines sive res.. interierit.. distrahi videtur societas.. intereunt.. res verò, cùm*
« *aut nullœ relinquatur, aut conditionem mutaverint.* »
(3) Beaumanoir T. I, Ch. XXI, § 31.

nécessaire à l'entreprise, tandis que l'autre, ne payant rien, fera seulement l'apport de son industrie, et aura droit ainsi à une part égale dans les bénéfices : « por ce que li » uns a plus de paine en aministrer les besonges de la » compaignie que li autres, si que il est bien resons que » se partie soit mellor selon ce qu'il a plus paine » (1).

Les associés doivent, en principe, contribuer aux pertes proportionnellement à leur part dans les bénéfices : «quand » accompaignemens est fes de quelque coze que ce soit, » et perte torne en compaignie, çascun des compaignons » doit paier de la perte, selonc ce qu'il emportait de » gaaing s'il y fust, se convenence ne le tant, si comme » il est dit desus » (2).

Enfin la théorie romaine sur la responsabilité des associés quant aux conséquences de leurs actes de gestion s'appliquait également aux compaignies convenancées. L'associé n'était responsable que de son dol (3).

Les compaignies convenancées, avons nous dit plus haut, étaient d'un usage fréquent dans les petites entreprises et pour les spéculations de médiocre importance; il n'en était cependant pas toujours ainsi, et nous en avons la preuve dans la réunion des marchands de l'eau dont nous nous proposons maintenant de dire quelques mots. Ce ne sera plus une association de quelques individus, ayant pour but une exploitation quelconque, souvent restreinte, que nous allons rencontrer ici, mais une vaste

---

(1) Beaumanoir. T. I. Ch. XXI, § XXXIII. Ce paragraphe est le commentaire de la loi 5 *Pro socio* au Digeste : « *Societas autem coire potest, et valet etiam inter eos, qui non sunt æquis faculta-* » *tibus, cùm plerumque pauperior opera suppleat, quantum ei per comparationem patrimonii deest.* »

(2) Beaumanoir. T. 1. Ch. XXI, § XXXV. Le juriconsulte reproduit encore ici la disposition de la loi 29 § I. *Dig* au titre *Pro socio*, en vertu de laquelle un associé peut être dispensé de toute contribution aux pertes. Cette disposition a disparu de nos lois depuis la promulgation de l'article 1855 du Code Civil.

(3) Beaumanoir, T. 1 Chap. XXI, § XXXII. « Se plusor compaignon sont ensamble et li uns pert » aucune coze de ce qui à la Compaignie apartient, si come s'il done le cose por moins que ele ne » vaut, ou s'il a receu deniers, et on li tault ou emble et de ses cozes avec, ou se il fet aucun[e] » négligence sans malice : si compaignon ne poent fere demande contre li, puisque il meismes » damace en le coze ; car on doit croire que nus ne fet volentiers son domace à essient ; et por » ce, se doit on penre garde à l'acompaigner à qui on s'accompaigne, car cil qui pert par le » négligence de son compaignon, ne s'en doit penre qu'à sa folie. Mais puisqu'll l'ara veu trop » négligent, deffendre li pot qu'il ne le face plus, et ouvrer en le manière qui est dit dessus. »

réunion de marchands formant un corps constitué, et se proposant comme but l'entreprise des transports par eau.

Ces *Compaignies* ou *Hanses de marchands de l'iaue* qui rappellent beaucoup les collèges de naviculaires et de déchargeurs des ports que nous avons déjà remarqués dans la législation romaine (1), leur étaient, le fait est certain, bien supérieures comme importance et comme organisation intérieure.

Elles se rencontraient dans la plupart des villes riveraines des fleuves. Une charte de 1207 (2) marque l'existence de la Hanse de Rouen. Une compagnie analogue existait également entre les marchands fréquentant la Loire (3).

A Amiens, il y avait une Hanse sur la Somme, de Corbie à la mer (4).

Paris enfin en possédait une, dont l'influence était considérable, et sur l'organisation de laquelle il faut nous arrêter.

Cette compagnie puissante, qui était composée de négociants et principalement de mariniers et de marchands de vin, portait à Paris différents noms: Hanse des marchands, marchandise de l'yaue de Paris, marchandise de Paris, ou simplement marchandise. On l'appelait encore Compagnie française pour la distinguer de la Hanse de Rouen qui s'était appelée Compagnie normande (5).

(1) *Dig*. Liv. III Tit. IV. L. I. — « *Item collegia Romæ certa sunt, quorum corpus confir* » *matum est: veluti pistorum naviculariorum qui in provinciis sunt.* »

(2) *Charta Rothomagensis* de l'an 1207, citée par Depping, Introduction au *Livre des métiers* page XXVII.

(3) Mantellier, *Origine de l'association des marchands fréquentant la Loire*. Rapports lus à la Sorbonne, 1865.

(4) Comm. d'Amiens. I. 208.

(5) Ordonnances relatives aux métiers de Paris, XLVI, *Livre des métiers* d'Etienne Boileau (p. 449), sentence prononcée en 1268 par le prevot des marchands·

Idem (année 1291) p. 450, « Et ce prononça Jehan Arode, à ce tens prévost de la marchandise » de l'yaue de Paris ».

Idem (année 1298) p. 455... « Et fut ceste sentence donnée par Etienne Barbète, à ce tens » prevost des marchans, selon l'usage et la coutume de la marcheandise. »

Idem (année 1298) p. 452... « Venus par iauc de Sienue au port du Louvre, sanz compaignie » françoise. »

On ignore la véritable origine de cette compagnie. Leroy, dans sa *dissertation sur l'origine de l'Hôtel de ville* (1725), prétend que la hanse des marchands de l'iaue était déjà constituée sous Tibère. Il en trouve la preuve dans la découverte d'un autel consacré à Jupiter, sous cet empereur, par les nautes parisiens. Il n'y a là rien d'invraisemblable ; ce fait étant surtout acquis à l'histoire que, sous la domination romaine, une société de marchands exploitait la navigation de la Seine.

La hanse parisienne se rattacherait donc aux collèges romains. Quoi qu'il en soit, aucun document ne la mentionne et ne constate son existence jusqu'au XIIe siècle. Ce n'est qu'à partir de cette époque que nous trouvons une charte de Louis VI, lui cédant le droit qu'il avait de lever 60 sous sur chaque bateau qu'on chargeait de vins à Paris pendant la vendange (1).

Pour que la hanse parisienne obtînt cette faveur royale, il fallait, comme le fait remarquer M. Deppiug (2), qu'elle eût déjà une grande prépondérance dans les affaires de la cité, et que, dès lors, elle existât depuis longtemps. C'est ce que vient, du reste, confirmer une charte de Louis VII qui qualifié d'antiques les droits de la hanse parisienne (3). Malgré l'absence de documents jusqu'au XIIe siècle, il nous est donc permis d'induire des chartes citées plus haut que cette compagnie existait longtemps avant cette époque, et qu'elle était très probablement la continuatrice directe de la société des nautes parisiens de la domination romaine.

Mais quels étaient ces droits des marchands de l'yaue que l'autorité royale reconnaissait avec autant de facilité ?

Les marchands de Paris s'étaient regardés comme

---

(1) LX sol. quos tempore vendemiarum de unáquaque navi vino oneratâ Paris. capiebamus, mercatoribus itâ in perpetuum dimittimus condonamus... etc... *Charte de Louis VI* (1121).

(2) Depping, *introduction au Livre des métiers* d'Etienne Boileau, p. XXIII.

(3) Cives nostri Paris. nos adierunt rogautes ut consuetudines suas quas tempore patris nostri Ludovici regis habuerent, eis.. confirmaremus. Consuetudines autem eorum tales sunt ab antiquo. *Charte de Louis le Jeune*, de l'an 1170.

Histoire de l'administration en France. — M. Dareste de la Chavanne, Ch. XVIII.

Histoire des classes ouvrières en France. — M. Levasseur, Liv. III, Chap. VIII.

propriétaires du droit de navigation sur la Seine jusqu'à une certaine distance de leur ville. En conséquence ils avaient arrêté que tout bateau chargé de denrées ou de marchandise qui remontait la Seine, devait s'arrêter au pont de Mantes. Il ne pouvait dépasser ce point, ni être déchargé, si celui qui l'avait expédié n'était pas bourgeois hansé de Paris, c'est à dire s'il n'était pas bourgeois de Paris faisant partie du corps des marchands de l'eau. Dans ce dernier cas, il fallait qu'à son arrivée dans le ressort de la Hanse, il déclarât son intention de vendre les denrées ou marchandises qu'il apportait ; et alors le prévot des marchands lui désignait un marchand de Paris pour être son *compagnon*. Il devait dénoncer le prix réel de sa cargaison à ce compagnon, qui avait le droit d'en prendre la moitié à ce prix, ou de laisser vendre le tout pour partager ensuite le bénéfice avec le propriétaire. Il profitait aussi de la moitié des avantages de l'opération sans en courir les risques. Si le bourgeois non hansé manquait à cette obligation, le bateau et son chargement étaient saisis et vendus au profit du roi et de la hanse (1).

On conçoit que de pareils réglements devaient donner lieu à la fraude ; aussi une juridiction spéciale, composée du prévôt, des marchands et des Echevins, siégeant au Parloir aux bourgeois, était-elle seule compétente pour juger en premier ressort toutes les difficultés relatives à l'exercice des privilèges de la hanse. Il existait néanmoins un droit d'appel devant le parlement (2). Des employés subalternes, appelés *serjants de l'yaue*, étaient chargés de surveiller les fraudeurs et de constater les contraventions.

(1) Voir, *Introd. au Livre des métiers* p. 449 et suiv. les jugements prononcés par le Prévôt.

(2) Cùm civibus parisiensibus, per regale privilegium, sit concessum quod nullus qui vinum adducet Parisios per aquam possit exonerare ad terram, nisi fuerit stationarius et residens Parisius, sub testimonio proborum hominum Paris, et Abbas Sancti Germani Antissiod. tria dolia vini adduci fecisset Parisios, et ad terram exonorasset ad usum suum, ut dicebat, et dicti cives dicta tria dolia vini tanquam commissa arrestassent, super quo conquerebatur dictus Abbas; anditis hinc et indé prœpositis, et viso dicto privilegio, prononciatum fuit, guod dictus Abbas licitè potuit facere quod fecit, et Abbati liberabitur vinum suum prœdictum, (Arrêt du Parlement coté par Depping, p. 452. — *Livre des métiers*.

Cette obligation imposée aux marchands du dehors de faire participer ceux de Paris aux profits de leurs expéditions dans la Seine, mettait ces derniers à même de retenir les denrées et marchandises qui leur convenaient, et leur donnait des bénéfices sans avoir à faire aucune avance de fonds.

C'était ce privilège, regardé par Leroy dans sa dissertation sur l'Hôtel de ville de Paris, comme *un des plus excellents de cette ville*, que la hanse avait pour but d'exploiter.

Elle y apportait du reste toute la rigueur minutieuse et tyrannique qui est dans la nature des corporations privilégiées. Quiconque osait, dans les limites de la Hanse, embarquer ou débarquer la moindre marchandise sans compagnie française, ne pouvait échapper à sa police; son bateau était saisi. Il avait beau plaider, la conclusion était toujours la même; la confiscation pour enfreinte aux privilèges de la marchandise de l'eau (1).

Un marchand de Paris avait-il favorisé la fraude? Aussitôt il était appelé devant le Prévôt, qui le chassait de la compagnie et le faisait rentrer ainsi dans la classe du commun peuple (2).

Le privilège de la Hanse Parisienne consistait donc dans le monopole de la navigation sur la Seine. Aucun bateau ne pouvait traverser Paris, s'il n'était hansé.

Un tel monopole ne donnait pas lieu seulement à des conflits entre la hanse et les particuliers ; il en soulevait encore, et le plus souvent, entre les différentes hanses (3)

---

(1) Voir les *Sentences de confiscation. Livre des métiers*, p. 449.

(2) Ainsi, en 1305, Symon Pacquet, mercier, est chassé de la confrérie aux marchands « pour » fausse avouerie de une compagnie que il avait eue avecques Crespin le Valois d'une navée de » sel et de huit quarres de foin ». — Leroy, pièce n° 45,

(3) Les ordonnances royales et les registres du parlement en offrent de nombreuses traces :
Louis VII, Ord. de 1170, *Ordonn*. T. ll, p, 436 et T. IV, p. 270.
Philippe-Auguste. Ord. de 1204, *Ordonn*. T. Xl, p. 290 et T. XV, p. 50.
Philippe-le-Bel, Ord. de 1293 (voir Lavasseur, Liv. lll, Ch. Vlll).
Louis le Hutin, Ord. de 1315 *Ordonn*. T. ll, p. 435 et T. lV p. 208, Ordonn. de 1415. Ord. T. X, p. 257 et 848.
Arrêt du parlement 1258. *Olim* l § XXVlll, p. 50.
Arrêt de 1270. *Olim* l § Xl, p. 368.
Arrêt de 1318. *Olim* § XL, p. 1252.

C'est ainsi que la compagnie normande, dont le privilège consistait en un droit exclusif de navigation sur la Seine de Rouen à la mer, eut, avec la compagnie française, des démêlés qui durèrent plus d'un siècle (1).

Les rois, cherchant toujours à favoriser leurs bourgeois de Paris, n'osaient opposer à l'origine aucune résistance aux empiétements de la Hanse qui arriva ainsi à jouer un rôle considérable dans la cité et à se faire considérer comme la communauté marchande tout entière (2). « En » comparaison des objets de son ressort, nous dit Dep- » ping (3), les autres affaires mercantiles n'étaient que peu » de chose et on dut arriver insensiblement à considérer les » chefs de la marchandise de l'eau comme les prévôts de » tout le commerce parisien, comme les chefs même de la » bourgeoisie qui ne se composait en effet que de mar- » chands et d'artisans. »

Dans les chartes de la fin du XII⁰ siècle et du com- mencement du XIII⁰ les rois ne paraissent consi- dérer encore les chefs de la marchandise de l'eau que comme ceux d'une association particulière ; mais dans les chartes de la fin du XIII⁰ siècle, ceux-ci sont qualifiés de prévôts et échevins des marchands de l'eau; et un peu plus tard, on les voit à la tête de tout le commerce, de toute l'industrie de Paris ; enfin ils deviennent les chefs de la Commune qui, comme on le voit, a commencé à Paris par une confrérie de marchands et s'est élevée par le commerce de rivière à la considération et à la consistance municipale. Il y a des raisons de croire que c'est par ce motif que la ville de Paris avait et a encore pour ses armes un vaisseau. (4),

La hanse parisienne subsista comme telle jusqu'au

(1) Voir à ce sujet Depping *Introduction* au *Livre des métiers*, p. XXVI et suiv.

(2) Une ordonnance de Charles VI du 27 janv. 1352 réunit la Prévôté des marchands et la Prévôté de Paris.

(3) Depping, *Introduction au Livre des métiers*, p. XXXI.

(4) M. Levasseur. *Hist. des classes ouvrières en France*, Liv. III, Ch. VIII, et Leroy, dans sa dissertation sur *l'origine de l'Hôtel de ville* partagent cette même opinion sur l'origine des armes de Paris.

XVII⁰ siècle et ne fut abolie qu'en 1672 par Louis XIV
qui, en supprimant la confrérie, en conserva cependant
les droits au profit du Trésor (1).

ASSOCIATIONS SYNDICALES

———

Les associations de marchands n'avaient pas seulement
pour but le commerce et l'industrie : elles avaient encore
d'autres applications pratiques qui font regretter leur peu
de généralisation.

On sait qu'à l'époque féodale, les routes et les cours
d'eaux navigables devaient être entretenus par les seigneurs sur les domaines desquels ils passaient. C'était
pour subvenir aux frais de cet entretien que des droits de
péage existaient à l'entrée de chaque province. Ils étaient
le plus souvent onéreux, et rendaient même parfois le
transport des marchandises impossible. Loin de diminuer,
ces droits de péage s'étaient multipliés de plus en plus
pendant tout le moyen-âge. Presque tout seigneur en
avait établi sur sa terre.

En présence de tels abus, les rois de France avaient
essayé vainement d'intervenir. Louis XII parvint en partie à mettre un terme à une telle usurpation (2), en prescrivant

_(5) Lamarre, _Traité de la police_ IV. 14._

(2) _Ordonnance de Blois_, 1474.

« De ne mettre pàs les seigneurs aucun nouveaulx subsides sur les marchandises allant par les
» rivières... art. 141. — Et pour ce que avons été avertis que plusieurs seigneurs et gentix
» hommes mettent chacun jour peiages et nouveaux subsides sur les marchandises qui se mettèt
» sur les rivières et fleuves navigables, à la grande charge de nostre peuple. Pour ces causes, nous
» avons ordonné et ordonnos que chascune fleuve ou rivière navigable, les marchands fréquentans
» les rivières et fleuves pourrót faire bourse commune, et imposer sur leur marchâdises aucue
» somme de deniers pour la tuition et défíce de leurs marchâdisess le tout en la forme et manière
» de la bourse établie par les marchans fréquentas la rivière de Loire.

aux marchands, pour subvenir aux frais d'entretien des fleuves et des routes, de former entre eux une bourse commune, semblable à celle établie par les marchands de la Loire. Or la société des marchands de la Loire traitait avec les particuliers et les villes pour tout ce qui avait rapport aux ouvrages d'entretien des rives de ce fleuve, et pour tous les travaux nécessaires aux besoins de la navigation. Elle agissait ainsi d'elle-même et sans contrôle (1).

Un texte de Beaumanoir nous montre que ces sortes d'associations étaient déjà pratiquées vers le XIIe siècle. « L'autre manière de compaignie qui se fet par reson de
» communalté, si est des habitans ès viles ou il n'a pas
» communes, c'on apele *viles bateices*. Et ceste com-
» paignie si se fet es fres et es cous qui lor convient
» metre ès cozes qui lor sont communes, et desquelles il
» ne se poent consjuirrer sans damace si comme de lor
» moustiers refere et de lors cauciès (chemins) ramender,
» de lor puis et de lor gués maintenir, et des autres cozes
» qui sont faictes sur l'accord du commun, si comme de
» cozes qui sont mis en ples por lor coustumes garder ; en
» toz tez cas et en autres senblavles font tez manières de
» gens compaignie ensemble, et convient que çascun
» pait son avenant des frais selonc droit ne nus de tez,
» manières d'abitans ne se pot oster de compaignie, s'il
» ne va manoir hors du lieu et renonce as aisemens.
» Et s'il s'en part en ceste manière, si convient il qu'il
» face compaignie aveques cix du lieu ou il va ma-
» noir (2). »

Ces associations du XIIIe siècle, dont l'esprit rappelle certaines dispositions de la loi 1865 sur les associations syndicales montrent une fois de plus combien profondément l'esprit d'association avait pénétré chez les hommes du moyen-âge. Le principe de l'obligation de tous à contribuer aux dépenses nécessitées pour l'entretien des

(1) M. Mantellier. — *Origine de l'association des marchands fréquentant la Loire.* — Mémoires lus à la Sorbonne (1865).

(2), Beaumanoir, Chap. XXI. T. 1, § 27.

choses d'intérêt commun était déjà parfaitement compris à cette époque quoiqu'il se trouvât dans un milieu contraire à son développement.

FOIRES ET BOURSES

Au moyen-âge, les marchands ne faisaient guère le commerce isolément; pour que chacun puisse ne compter que sur soi-même, il faut une société mieux policée que celle de cette époque, présentant plus de sécurité pour les personnes et les biens. Aussi les marchands s'unissaient-ils en compagnies ayant certains lieux et certaines époques fixes pour se réunir. Les réunions de marchands eurent à l'époque féodale la même importance que les foires qui existent de nos jours en Asie, et dans l'Europe orientale, où les usages anciens trouvent encore leur raison d'être, eu égard au peu de progrès qu'y a fait la civilisation.

Surs de trouver dans les foires une protection efficace, un grand choix de marchandises à acheter, et un débit facile pour leurs produits, les marchands n'hésitaient pas à s'y rendre. Aussi les foires tenaient-elles une grande place dans le commerce du XIIIe siècle, et les rois et seigneurs qui y trouvaient eux-mêmes une source de profit, grâce aux droits qu'ils prélevaient, cherchaient-ils à en multiplier le nombre sur leurs terres.

Le nombre des foires était très considérables (1) et

(1) La plus ancienne pièce relative aux foires qui se trouve au *Recueil des ordonnances*, est une charte de 1118 (T. IX, p. 178) qui institue une foire à Toury en Beauce.

Une foire assez importante existait à Montagnac, à en juger par le nombre d'ordonnances auxqu'elles elle a donné lieu. *Ord.* T. XI, p. 232. Une autre à Rouen : Ord de 1468, 1483, 1498, 1504, 1506. D'autres à Amiens, février 1476. Arras ; ord. février 1463 : à Bayonne Ordonnance du 1462 ; à Caen, Ord. de nov 1470... etc. Foires de Lyon, Ord. de 1443 ; 2 mars 1462 ; 14 novembre 1467 : 27 av. 1475 ; juin 1494 ; novembre 1496 et juillet 1498.

chaque ville en avait une au moins par an. Les plus cé-
lèbres étaient, au XIIIe siècle les foires de Leudit (1), de
Beaucaire et de Champagne qui attiraient le marchand de
tous les points de l'Europe. Aussi furent-elles jugées
dignes d'une législation particulière. Arrivés sur le
terrain, étrangers et sujets du royaume nommaient entre
eux par élection des *maîtres et gardes des foires* qui
faisaient la police avec l'aide d'agents subalternes (2) ils
remplissaient un rôle à peu près analogue à celui de nos
tribunaux et chambre de Commerce; c'est ainsi qu'ils
sanctionnaient les contrats de vente, exerçaient la justice
des foires, et rendaient des arrêts dont on n'appelait qu'au
parlement.

Dans ces foires, les marchés se faisaient directement ou
par l'intermédiaire de courtiers. Les contractants y jouissaient des franchises les plus absolues et les créances y
étaient entourées de sûretés toutes spéciales (3). Le marchand qui n'avait pas aquitté sa dette se voyait flétri et il
ne pouvait reparaître en foire qu'après son entière libération. La confiance qu'inspiraient les contrats passés en
foire était telle que le sceaux des foires de Champagne
sur un contrat de vente était considéré comme une précieuse garantie que beaucoup de gens cherchaient à
obtenir, même frauduleusement (4).

Parmi les privilèges des foires, nous ne pouvons passer
sous silence une institution curieuse qui pourrait bien

---

(1) *Ord.* de 1215. — *ord.* T. VI, p. 147.
Ord. du 5 mai 1899. — *ord.* T. VIII, p. 21.
Ord. du 17 juin 1486. — *ord.* T. XIX, p. 647.

(2) *Ord. Royale* 1317. *ord.* 1 p. 648.

(3) *Ovdon.* de juillet 1309 et de janvier 1311, *ordonnances.* T. 1

(4) Il y eut à ce sujet plusieurs condamnations prononcèes par le parlement, voir Olum 11, 303,
XIV ann. 1290 ; 470, V. et et T III 154, XXXIII, ann, 1304, Levasseur hist. des classes ouvrières.
T. 1, Liv. III. Ch X *Ordonn* de 1311. T. 1, p. 387. *Ordonn.* de 1311. — *Ordonn.* T. 1. p. 487.
Art. VI. « Car plusieurs créanciers leurs dettes et contraux faicts hors des foires de Champagne
» et plusieurs fois en autres lieux, font escrire aussi comme faits en cers des foires, par lettres de
» foire de Champagne ou autres, laquelle chose il faut pour avoir les privilèges des foires de
» Champagne à recouvrer leurs deltes... et ceux qui tilx lettres escriront ou scelleront à
» escient, encourent pour ce fait la peine dessus dite et soient punis de paine de faux.

être considérée comme l'origine des Bourses de commerce.

Pour laisser plus de liberté aux échanges, le prêt à intérêt, proscrit partout ailleurs avec la plus grande sévérité, était permis dans les foires. Le commerce de l'argent pouvant donc s'exercer dans les foires, des sortes de Bourses avaient été créées où les marchands réunis traitaient ces sortes d'opération, et fixaient le taux de l'intérêt.

Il est certain qu'une Bourse de cette espèce fonctionnait dans les foires de Lyon : elle est même signalée formellement par Guy-Coquille. Il est presque certain qu'il devait en être de même dans les foires de Champagne ; car l'ordonnance de Philippe-le-Bel (1) qui prohibe le prêt à intérêt, le permet cependant entre marchands des foires de Champagne, et se borne à la seule fixation du taux qui ne pourra être dépassé. De même, dans l'ordonnance du 9 février 1419 sur les foires de Lyon, il est dit en l'article 3 que *leur sont accordés mêmes privilèges* qu'aux foires de Champagne et de Brie : or, il est certain qu'une Bourse de commerce existait dans les foires de Lyon ; il devait donc en être de même, on peut le supposer, dans toutes les autres villes importantes. Un (2) curieux passage de Guy-Coquille nous renseigne sur la manière dont se traitaient les affaires dans ces Bourses de commerce. Nous ne pouvons mieux faire que de le citer : « Selon la » grande ancienneté, il n'y avait taux certain ès intérest, » ny ès rentes constituées à prix d'argēt, ainsi qu'il est » rapporté ès deux *Extravagantes regimini de emptione* » *et venditione.* »

« En l'ordonnance des usures faites par le Roy Philippe » le Bel de l'an 1311 se dit, qu'en ce temps l'intérest ès

(1) *Ord.* de juillet 1311, T. 1 p. 487.

Art. — « Car nous mettons et establissons paine de corps et de biens, laquelle encourront à » nostre volonté par seul le faict, qui hors des foires de Champagne contre notre défense tel griez » usures feront.... etc.... »

(2) Guy-Coquille. *Questions et Réponses* sur la *Coutume de Nivernais* CCXXIII

» foires de Champagne était à deux et demy pour cent de
» foire en foire. Par la mesme ordonnance appert que les
» foires étaient six fois l'an ; c'est à quinze pour cent par
» an. Depuis, l'intérest ès cas permis et les rentes consti-
» tuées à prix d'argēt ont eu cours à dix pour cent par an.
» Cela se retient encore aujourd'hui en pays de Normandie.
» L'intérest qui se paye ès foires de Lyon, n'a son taux
» certain. Car estant les dites foires tellement establies,
» qu'en icelles se rapporte l'estat du commerce des de-
» niers de toutes les bōnes villes de chrestienté et d'ail-
» leurs, les marchands, vers la fin de chacune foire,
» s'assemblent au lieu à ce destiné (1) ; et, selon le rapport
» qui se fait de divers endroits, les marchands par advis
» commun arrestent cōbien vaut l'argēt, c'est à dire quel
» est l'intérest du séjour des deniers. Cest arrest est
» rapporté par devāt le conservateur des privilèges des
» foires, qui, suivant ce rapport, établit le dit intérest,
» qui se trouve quelquefois à deux pour cent par foire,
» qui est huit pour cent par an ; car il y a quatre foires
» ordinaires par chacun an ».

____

(1) Ce lieu portait par fois le nom de *Place du Change*, *Ord.* de 1563. *Ordonn* T. 1 p. 691.

CORPORATIONS

Nous arrivons maintenant, avec les corporations d'arts et métiers, à l'étude de celle de toutes les associations du moyen-âge qui a joué le plus grand rôle dans l'industrie de cette époque, et dont l'importance s'est maintenue intacte pendant le cours de plusieurs siècles jusqu'à la Révolution de 1789.

L'ancienne corporation, comme l'a très bien définie M. Vavasseur (1), était une association de résistance, instituée dans les divers genres de commerce ou d'industrie, pour en réserver le monopole à ceux qui étaient admis à en faire partie. Elle avait le droit de poursuivre toute concurrence en dehors d'elle, et les indemnités qu'elle obtenait profitaient à la communauté.

Cette forme d'association, à qui des privilèges spéciaux avaient été reconnus, constituait donc au milieu de la grande société féodale une sorte de féodalité mercantile et industrielle, animée du même esprit égoïste et autoritaire.

Quelle est l'origine historique de la corporation ? C'est là une question délicate, et sur laquelle il est difficile de donner une solution bien exacte, en présence du peu de renseignements que fournissent les textes à ce sujet. Pour nous, la corporation trouve son origine dans ce mouvement instinctif qui porte le faible à s'associer pour résister plus efficacement à la force brutale. Il faut être fort pour vivre au sein d'une société où la force fait

(1) Vavasseur. — *Les anciennes corporations d'arts et métiers*. Travail lu en séance de l'Institut historique de France le 25 avril 1869.

seule le droit. Un individu isolé, sans nom, n'ayant d'autre fortune que le travail de ses mains, devait nécessairement succomber : une société seule pouvait résister. Aussi les artisans d'une même industrie, poussés par une plus grande conformité d'intérêts, ayant entre eux des rapports plus étroits, et subissant l'assujettissement des mêmes taxes et des mêmes mesures de police, en arrivèrent-ils à former entre eux des groupes qui prirent le nom de *Métiers*. Les corps de métiers s'instituèrent donc d'eux-mêmes, dans l'ombre, sans bruit, sans révolte, humbles comme les artisans qui les composaient, et soumis comme eux au pouvoir dominant. Puis, prenant peu à peu de la hardiesse et de la force, à mesure que leurs membres s'enrichissaient par le travail, elles se montrèrent au grand jour en véritables corps organisés ayant leurs chefs, leurs assemblées et leur hiérarchie.

Protectrice d'abord de la personne des ouvriers, l'association présentait de nombreuses ressemblances avec la ghilde germaine, dont nous avons parlé plus haut. Mais avec le progrès des siècles ayant moins à veiller à la sureté de ses membres, elle finit par changer de caractère en changeant de but. Devenue protectrice de l'industrie, elle donna ses soins aux travaux entrepris par le métier ; elle rédigea ses réglements, nomma ses prudhommes pour les faire exécuter, et devint enfin la source de ces corporations puissantes d'arts et métiers dont, au XIIIe siècle, le registre d'Etienne Boileau nous donne l'énumération.

Il y a de nombreuses analogies entre la corporation du moyen-âge et le collège romain. C'est ainsi que nous avons rencontré, en étudiant l'esprit d'association à Rome, des collèges de marchands, de serruriers, de fondeurs, de banquiers, à qui la puissance publique donnait existence dans l'état, et qui jouissaient de nombreux privilèges, à peu près semblables à ceux des corporations. Ces collèges avaient leurs rites particuliers, leurs statuts, leurs patrons, leurs syndics, comme la maîtrise ou la jurande.

Toutefois, est-ce là une preuve suffisante pour décider que la corporation du moyen-âge est fille du collège romain? Nous ne le croyons pas. Le collège d'artisans dans la Gaule romaine (*Collegia opificum*), dont l'existence se liait souvent à celle des cités et des communes, ne renfermait pas en lui cette confraternité intime entre tous les membres de la corporation, confraternité dont on ne rencontre les précédents que chez les convives du même banquet dans la ghilde germaine. La formalité du serment, qui n'existait pas dans le collège romain et qu'on trouve comme un élément essentiel de l'institution dans la corporation du moyen-âge, vient ajouter une preuve nouvelle en faveur de la doctrine que nous soutenons. En résumé, les quelques points de ressemblance qui peuvent se rencontrer entre la corporation d'arts et métiers au moyen-âge et le collège romain, ne peuvent suffire pour édifier toute une théorie sur l'origine romaine de la corporation.

Sans remonter aux collèges romains, qui, sous le flot des invasions barbares, durent disparaître en partie de la Gaule, il est peut-être plus naturel de chercher dans la ghilde germaine le principe et l'origine de l'association. Dans les deux institutions nous retrouvons le même esprit de confraternité et d'assistance mutuelle, la même pratique germaine du serment. Ces analogies nous paraissent assez frappantes pour nous permettre d'affirmer que la corporation procède des mêmes principes que la ghilde, dont elle n'est en somme que l'application à une époque différente.

Quoi qu'il en soit de la véritable origine des corporations, il est un fait incontestable : c'est qu'elles étaient mises en pratique bien avant le XIIIe siècle, époque à laquelle leur existence est attestée par les édits royaux destinés à les réglementer.

Dans le régime féodal, le seigneur de la terre était considéré, en quelque sorte, comme le maître des métiers. Voulait-on en exercer un sur la terre qui relevait de lui, il fallait s'engager à lui payer une certaine redevance. Il fallait acheter le droit de travailler, qui devenait ainsi un objet de fiscalité. Le roi de France agissait tout ainsi à Paris, et cette vente des métiers était même pour lui une source importante de revenus (1).

La surveillance à exercer sur ces métiers était confiée aux hommes qui les exerçaient à la cour. Ainsi, les boulangers étaient soumis au pannetier du roi, les marchands de vin à l'échanson, les drapiers et tailleurs au chambrier, etc.... Plus tard, lorsque les titulaires de ces charges cessèrent d'exercer matériellement leur métier à la cour, ils n'en conservèrent pas moins la surveillance de leur métier respectif, et le droit d'en vendre l'exercice. En outre de cette surveillance, les artisans de chaque métier étaient encore soumis comme bourgeois à la juridiction du prévôt de Paris, qui siégeait au Châtelet. C'était devant lui que les métiers portaient leurs contestations. On comprend dès lors les conflits nombreux qui devaient s'élever, et combien étaient longues et difficiles les solutions à donner dans chaque affaire, les us et coutumes étant les seules règles à observer pour chaque profession. Ce fut pour obvier à ces difficultés qu'à son retour de la croisade, Louis IX, préoccupé de l'industrie parisienne, chargea le prévôt Étienne Boileau de consigner dans un registre les règlements des différents corps de métiers avec les privilèges qui leur avaient été accordés par les rois ou par la coutume. Il ne faut donc pas considérer, comme on l'a fait quelquefois, l'œuvre d'Étienne Boileau comme une œuvre législative. Le prévôt n'avait rien à innover : il était simplement chargé de fixer par un texte écrit les us et coutumes des corporations (2).

(1) En 1160, nous voyons Louis VII donner cinq métiers, savoir ceux de mégissiers, boursiers, baudriers, savatiers et sueurs à la femme d'Yves Lacôche et à ses héritiers (cité par Depping. p. lXXlX, note 5.

(2) La portée de cette rédaction du registre des métiers est fort bien indiquée dans la préface placée par Etienne Boileau lui-même en tête de son œuvre ;

« Pour ce que nous avons veu à Paris, dit-il, en nostre tems mout de plais, de contens par la

Voici, d'après M. Depping (1), comment Etienne Boileau
procéda : « Il établit au Châtelet des registres pour y ins-
« crire les règles pratiquées habituellement pour les
« maîtrises des artisans, puis les tarifs des droits prélévés
« au nom du roi sur l'entrée des denrées et marchandises,
« puis les titres sur lesquels les abbés et autres seigneurs
« fondaient des privilèges dont ils jouissaient à l'intérieur
« de Paris. Les corporations d'artisans, représentées par
« leurs maîtres jurés ou prudhommes, comparurent l'une
« après l'autre devant lui au Châtelet, pour déclarer les
« us et coutumes pratiqués depuis un temps immémorial
« dans leur communauté, et pour les faire enregistrer
« dans le livre qui désormais devait servir de régulateur,
« de cartulaire de l'industrie ouvrière. Un clerc tenait la
« plume et enregistrait sous les yeux du prévôt les dépo-
« sitions des traditions et pratiques du métier. »

Le *Livre des métiers* d'Etienne Boileau contient donc
les us et coutumes des métiers, tels qu'on les suivrait à
cette époque (1264) à Paris, et tels qu'ils ont été déclarés
par les notables de chaque communauté. Il résume ainsi,
et c'est en cela qu'il mérite d'autant plus notre attention,
les vues, les idées et l'expérience de plusieurs siècles.

Il est à remarquer que toutes les corporations qui
existaient à Paris au XIIIe siècle, ne se trouve pas men-
tionnées au *Livre des métiers*. Ainsi nous n'en ren-

» delloiale envie qui est mère de plais et d'effrénée convoitise qui gaste soy maisme, et par le
» non sens as joues et as poisachans (*ignorans*), entre les estranges gens et ceus de la ville, qui
» aucun mestier usent et hantent, pour la réson de ce qu'il avaient vendu as estranges aucunes
» choses de leurs mestier qui n'estaient pas si bone ni si loiaux que eles deusent. . . et que
» fausses œuvres n'i fussent faites ne vendues à Paris, ou que mauvaises coustumes n'i fussent
» accoutumées ; et pour ce que li offices au bon juge est d'abatir et de fixer les plez à son pooir, et
» de vouloir touz faire bons, non pas tant seulement par paour de peine, mes par amonestement de
» louier, nostre intemptions est à esclairer en la première partie de cette œvre au mius que nous
» porrons, tous les mestiers de Paris, lear ordonnances, la manière des entrepresures (*contra-
» ventions*) de chascun mestier, et leur amendes,.... Quant ce fut fait, concoilli, asamblé et
» ordonné, nous le feimes lire devant grant plenté des plus sages, des plus léauz et des plus
» anciens homes de Paris et de ceux qui plus devoient savoir de ces choses, liquel tous
» ensamble loèrent moult ceste œvre et nos quemandames à tous les mestiers de Paris que ils ne
» feisent ne si alaisent encontre, et que se il le faisaient à leur tort, que il l'amenderaient à la
» volonté le Roy....

(1) Depping. Introduction au *Livre des métiers*, p. lXXXij.

controns qu'une centaine, parmi lesquelles ne figure même pas la puissante corporation des bouchers, peut être la plus ancienne de toutes (1). Les corporations des tanneurs et des vitriers semblent également n'avoir pas comparu au Châtelet.

La corporation dont les statuts figurent les premiers au *Livre des métiers* est celle de talmeliers ou boulangers (2). Les détails qui sont consacrés aux statuts des talmeliers, montrent souvent que ce métier devait être un des plus importants. Cependant il est curieux de remarquer que parmi tous ces détails, les statuts ne prescrivent rien sur la qualité et le poids du pain. Ce ne fut que plus tard, et pour obvier aux plaintes du peuple que les poids et les qualités des diverses sortes de pain furent réglés (3).

A côté des talmeliers figurent les pâtissiers ou oublayers (4) : on les appelait ainsi parce qu'au XIIIᵉ siècle, la pâtisserie étant encore dans l'enfance, ne consistait que dans la fabrication des gaufres, des nieules et des feuilles légères appelées *oublies*.

Les taverniers formaient au XIIIᵉ siècle une corporation puissante qui avait également ses statuts et payait des taxes considérables (5). Ainsi, pour chaque pièce de vin qu'il entamait, le tavernier était assujetti à un impôt que percevait le corps des marchands. On usait alors d'un moyen assez original pour constater le nombre des pièces entamées : les marchands du XIIIᵉ siècle, n'ayant à leur disposition ni journaux, ni affiches pour publier,

---

(1) En 1134, une charte rendue par Louis-le-Gros qualifie de *vieux* les étaux des bouchers de Paris. « *Stellam unam inter veteres stella carnificum.* » Une autre charte de Louis VII, en 1162, confirmée par une charte de 1358, appelle leurs coutumes anciennes (*Longo tempore carnifices quasdam antiquas habuerunt consuetudines. — Ordonn.* T. III, p. 258). En 1282, Philippe-le-Hardi les avait maintenus dans leurs privilèges. (*Ordonn.* T. III) ; au XVᵉ siècle, sous la conduite de Caboche, la corporation de la *Grande Boucherie* joue un rôle dans la lutte des Bourguignons et des Armagnacs. Supprimée momentanément en 1416, elle renait en 1418 pour subsister jusqu'au décret du 16 février 1791. M. Levasseur, *Hist. des classes ouvrières* liv. IV. Chap. 1.

(2) *Liv. des métiers* d'Etienne Boileau. Tit. 1, p. 4.

(3) Lamarre, *Traité de la police.* T. II, liv. V. Tit. XII.

(4) *Reg. des Mét.* Tit. II, p. 350.

(5) *Reg. des Mét.* Tit. VII, p. 28.

comme de nos jours, ce qu'ils avaient à vendre, ne pouvaient user que de la seule ressource de faire crier par la ville ce qu'ils avaient à offrir au public ou à lui annoncer. On criait les décès, les effets perdus, les denrées et tant d'autres choses. Cette nécessité de recourir à ce seul moyen de publicité avait donné lieu à une importante corporation qu'on appelait les *Criages de Paris* (1).

Les taverniers ayant très probablement coutume de se servir des crieurs pour annoncer au public qu'ils allaient entamer une pièce de vin, l'autorité pensa qu'il y avait là un excellent moyen pour elle de constater la perce des tonneaux, afin de prélever des droits. On en arrivait à transformer les crieurs en employés du fisc. Tout tavernier fut donc obligé d'avoir un crieur attitré, dont la charge était de constater la quantité de vin débité par jour. Ce droit de criage parut alors si commode qu'il resta en usage pendant plusieurs siècles.

Le *Livre des métiers* mentionne encore la corporation des *regratiers* et marchands de comestibles (2). Cette corporation en formait deux, ainsi que celle des poissonniers : il y avait les poissonniers pour la vente de la marée (3), et les poissonniers pour la vente du poisson d'eau douce (4).

Parmi les métiers qui façonnaient les métaux, nous voyons figurer les corporations des orfèvres, des batteurs d'or, des joailliers. Plusieurs corporations façonnaient le cuivre, le laiton, le fer, l'acier et le plomb pour les ustensiles de ménage, pour la serrurerie, la bouclerie, la harnacherie, l'épinglerie, etc.

Les ouvrages en bois ne faisaient pas moins l'objet de nombreuses corporations. C'est ainsi, qu'au XIIIᵉ siècle, le luxe se portant principalement sur les objets de

(1) Depping. Introduction au *Livre des Métiers* d'Etienne Boileau, p. IX et suiv.

(2) *Registre des Métiers*. Tit. IX, p. 31. Tit X, p. 33.

(3) *Registre des Métiers*. Tit. C., p. 268.

(4) *Registre des Métiers*. Tit. XCIX, p. 263.

dévotion, nous trouvons jusqu'à trois corporations de fabricants de chapelets (1) (*Patenostriers*).

Les nobles du moyen-âge mettant aussi leur luxe dans l'équipement, le nombre des métiers s'occupant de l'attirail compliqué qu'exigeait le harnais d'un cheval, était énorme (2). Ainsi nous rencontrons des selliers, des chapuisseurs, des cuireurs, des bourreliers (3), des lormiers (4) (fabricants de mors), des blasonneurs, etc.

Pour la confection des objets en cuir, nous trouvons des corporations de baudroyeurs, de corroyeurs, de basaniers, de çavatiers, de cordouanniers et de gantiers. Chacune de ces corporations travaillait une qualité de cuir différente.

Plusieurs corporations se partageaient donc les diverses branches d'une industrie. On comprend dès lors les démêlés nombreux que devait engendrer un pareil état de choses. Ainsi, les foulons (5), les teinturiers (6) et les drapiers (7) étaient sans cesse en procès. Les drapiers voulaient teindre, pour avoir tout le bénéfice de leurs opérations; et les teinturiers, voyant que les drapiers faisaient de bonnes affaires, cherchaient toujours à faire des travaux pour leur compte, et même à tisser les laines qu'ils teignaient. Le grand nombre des ordonnances des prévôts de Paris sur cette matière montrent assez combien il était difficile de fixer la limite, de chaque métier. Les chaussetiers et les fripiers ou *ferpiers*, comme on parlait alors, furent longtemps en conflit, jusqu'à ce que le prévôt eût enfin réussi à les mettre d'accord, en

---

(1) Patenostriers d'os et de cor (corne) *Reg. des Mét.* p. 66. Tit. XXVII.

Patenostriers d'ambre et de geet (jayet) *Reg. des Mét.* Tit. XXIX, p. 71.

Patenostriers de corail et de coquilles. *Reg. des Mét.* XXVIII, p. 68

(2) *Reg. des Mét.* Tit. LXXVIII, p. 206.

(3) *Reg. des Mét.* LXXXI, p. 220.

(4) *Reg. des Mét.* LXXXII, p. 222.

(5) *Reg. des Mét.* Tit. L, p. 118.

(6) *Reg. des Mét.* Tit. LIV, p. 135.

(7) *Reg. des Mét.* Tit. LIII, p. 130.

réglementant dans une curieuse ordonnance la différence entre de vieilles chausses et des chausses neuves (1).

Quand aux chapeliers (2), ils formaient quatre corporations ; on n'en comptait pas moins de pelletiers.

De toutes ces corporations c'était encore celle des merciers qui était la plus florissante. Tout ce qui pouvait flatter le goût, tout ce qui convenait aux habitudes du luxe d'alors, se trouvait réuni chez eux. Pour donner une idée de ce commerce de la mercerie, nous ne pouvons mieux faire que de citer un passage d'un livre intitulé « *Dit d'un mercier* », où un poète du moyen-âge a rimé l'énumération des marchandises de la mercerie (3).

> « J'ai les mignotes ceinturètes,
> » J'ai beax ganz à damoiselètes,
> » J'ai ganz forrez, doubles et sangles,
> » J'ai de bonnes boucles à cengles ;
> » J'ai chainètes de fer bèles,
> » J'ai bonnes cordes à vièles,
> » J'ai les guinples ensafranées,
> » J'ai aiguilles encharnelées,
> » J'ai escrins à metre joiax,
> » J'ai borses de cuir à noiax, etc. ».

Chez le mercier, le riche se pourvoyait des soieries du Levant et de l'Italie, d'ermine et de vair ; les femmes élégantes y trouvaient enfin tous les objets nécessaires à la parure. On comprend qu'un tel corps de métier devait jouir d'une certaine influence, que devait encore accroître la fortune de la plupart de ses membres. C'est ainsi

(1) « Nous Guillaume Thibout, prévost de Paris, oyes et diligemment entendues leurs resons,
» tout ce que l'une partie vost dire contre l'autre, et en sus le conseil de sages homes, ordonasme que
» les ferpiers fesanz chauces viez ne puissent ploier ne atachier ne mettre empresse ne signier ne
» mestre en fourme de chauces neuves les viez chauses que sont de velles ribes, encès les atta-
» cheront au lonc à une seule atache pour pendre à la perche, et qui ne le puisse mestre en leurs
» atans pour pendre fors que à la perche et à la corde. Ce fut fet l'an de grâce mil CCIIIJXX et
» dix-huit, le vendredi devant les Brandons. » *Registre des Métiers.* — Ordonn. p. 412,

(2) *Regist. des mét.* Tit. XCl, p. 148, XCII, XCIII. XCV.

(3) *Dit d'un mercier*, à la suite des *Proverbes et dictons populaires*, publiés par M. Chapelet. Paris, 1831. — Cité par Depping.

qu'au XVIe et au XVIIe siècle, la mercerie en était arrivée à tenir le premier rang pour la fortune, dans le corps des marchands. « Si bien, dit Sauval (1), qu'on ne doit pas » s'étonner que ce corps soit si nombreux, et plus riche » tout seul que les autres cinq corps de marchands. »

Nous ne voyons figurer au *Livre des métiers* aucune corporation de libraires. Le *Livre de la taille de 1313* mentionne cependant à Paris trois vendeurs de livres ; mais il est à croire que leur commerce était assez peu lucratif ; car deux étaient à la fois *librières* et taverniers, et la femme du troisième était fripière (2).

La chirurgie n'était pas plus importante à cette époque que la librairie. Réduite à peu d'opérations, elle était pratiquée ordinairement par les barbiers. Ce ne fut que vers la fin du XIIIe siècle qu'on sentit qu'il était important de s'assurer si tout barbier était capable d'opérer ; aussi trouvons-nous dans une ordonnance de cette époque qu'il fut élu « *six des meilleurs et des plus loiaux cyrurgiens de* » *Paris, liquel ont juré sur sains, devant le Prevost, que* » *eux bien et loiaument encercheront et examineront ceux* » *qu'ils créront et cuideront qu'il ne soient digne d'ou-* » *vrer* (3). »

Tous ces corps de métiers, quoiqu'ayant pour objet des industries différentes, étaient soumis à un ensemble de règles presque identiques qui constituaient le fond même de toute association de marchands. Ce sont ces règles qu'il nous faut maintenant exposer, pour donner une idée exacte de l'organisation intérieure d'un corps de métier.

---

(1) Sauval, *Antiquités de Paris*. T. II, art. des six corps de marchands.

(2) « *Livre de la taille de* 1313. — Thomas de Sens, libraire et tavernier, taxé à 18 deniers ; » mestre Thomas de Nante, et sa femme fripière, 80 sous ; Nicolas Langlois, libraire et tavernier » 12 sous. »

On comprend d'ailleurs que le métier de vendeur de livres ait été peu fructueux au XIIIe siècle. L'imprimerie n'ayant été inventée qu'au XVe siècle, les vrais libraires d'alors étaient les copistes, auxquels on achetait directement leurs œuvres, rares du reste et très coûteuses.

(3) *Ordonn. Reg. des mét.* Tit. XXX, p. 419. — *Sur le métier de chirurgie* :

Ordonn. de octobre 1372 ; Déc. 1376, mai 1390, (Paris). — Février 1490, (Angers). — Mars 1376 (Beaune). — 1451, 1453, 1457 (Bordeaux). — 1453 (Rouen). — 1463, 1457 (Toulouse). — 1552, 1360, 1364, 1370, 1423, 1441, 1470, 1494, 1498. (Paris). *Ordonn.* T. XIV et Tome III.

Les membres d'une corporation se partageaient en maîtres, valets et apprentis. Ces différents degrés, qui formaient une hiérarchie toute aussi exclusive que la hiérarchie féodale, divisaient donc les membres en classes bien distinctes au sein même de l'association.

Les maîtres formaient l'aristocratie du corps de métier. Pour arriver à ce faîte suprême du métier, il fallait remplir certaines conditions, souvent onéreuses. Il fallait faire agréer un chef-d'œuvre, et payer en outre des lettres de maîtrise : c'était là ce qu'on appelait, suivant les termes des statuts, acheter le métier du roi.

Cependant il n'en fut pas toujours ainsi. Au XIIIe siècle, la plupart des métiers n'exigeaient pour la maîtrise qu'une simple redevance, versée, lors de l'admission, à la caisse de la corporation, Ces métiers étaient dits libres (1). Leurs statuts s'exprimaient ainsi : « *quiconque veut estre* (potier, cordier, mercier, etc.,) *estre le puet, se il set le mestier et il a de coi* ».

Certains cependant étaient soumis à la Hanse parisienne des marchands de l'eau (2). Le plus grand nombre enfin relevait du domaine royal, et devait s'acheter du roi : « *nus ne puet estre* (fripier, talmelier, heaumier etc.,) disent les statuts de ces métiers, *se il n'achate le mestier du roy* (3).

---

(1) Etaient libres: les meuniers, les blatiers, les potiers, les cordiers (Tit. II. p. 18; Tit III p. 20 ; Tit. XII, p. 40 ; Tit. XIII, p. 41) ; (les merciers, Tit. LXXV page 192); les différents, métiers de fileresses de soie, (Tit. XXXV et XXXVI) ; les crespiniers de soie, (Tit. XXXVII, p. 85) ; les fabricants de lacets de soie, (Tit. XXXIV) les cristalliers et joailliers, les batteurs d'or d'argent, d'étain, en plaque ou en fil, les orfèvres, (Tit. XXX ; Tit. XXXI ; Tit. XXXIII, p. 71 à 77 ; Tit XI, p. 38.)

(2) Appartenaient à la marchandise de Paris.

« *Les mesureurs de blé.* — Nus ne puet estre mesurières de blé et de nul autre manière de » grain, de quelque manière que ce soit, se il n'a le congiet du prevost des marcheans et des » jurés de la confraerie. Tit. IV. — *Reg. des métiers.*

« Les *Jaugeurs* : — Nns ne puet estre jaugeur à Paris, si il ne l'a empêtré du Prevost et des jurés de la confraérie des marcheans de Paris (Tit. VI, p. 27.)

« *Les crieurs de Paris.* — Nus ne puet estre crieur de Paris, se il n'en a empêtré le congié au » Prevost des marcheans et as eschevins de la marcheandise. (Tit. V, p. 24.)

(3) *Registre des métiers*, 2e partie. Tit IV. — Ces métiers sont les talmeliers, les regratiers de pain, le cordonniers, les selliers, les mégissiers, les baudroyers, les couteliers. les drapiers et tapissiers.

Quant au chef- d'œuvre, il était toujours exigé dans tous les corps de métiers. Il y avait toutefois exception dans quelques uns pour les fils de maîtres, qui étaient exempts de ce que l'on appelait alors l'*expérience*.

Le chef-d'œuvre consistait en la confection d'une pièce par le candidat selon toutes les règles du métier (1). Il devait travailler seul, sans aucun secours, au siège de la corporation, sous les yeux des maîtres élus qui décidaient s'il y avait lieu ou non à prononcer la réception. Lorsque le chef-d'œuvre était reçu, le récipiendaire, dans une cérémonie symbolique, devait entendre lire « *mot à mot » et divisé* (2) les statuts du métier et jurer (3) *sur sains » que il le mestier gardera et fera bien loiaument as us et » as coustumes du mestier.* » Alors il passait maître, et, les droits de réception une fois acquittés, son nom était inscrit sur le registre de la société (4).

Au dessous des maîtres on rencontre les ouvriers ou compagnons que l'on appelait aussi *Vallés* au XIIIe siècle. Pour être ouvrier, il fallait avoir été apprenti pendant un certain laps de temps, dont la durée variait suivant les métiers.

Les statuts de certaines corporations exigeaient de plus

---

(1) M. Léon Gauthier, dans son *Histoire des corporations ouvrières*, donne des détails intéressants sur le sujet ordinaire des chefs-d'œuvre dans les différents métiers ; « Pour les gantiers » c'était une paire de mitaines à cinq doigts, de peau de loutre à poil, un gant à porter l'oiseau » et trois autres paires de gants à coudre et parfumer en bonnes odeurs. » Les bourreliers » avaient à faire un harnais complet de limon ou de carosse ; les pâtissiers ; « six plats » complets en un jour ; et les fabricants d'oublies ou oublayers « cinq cents grandes oublies, » trois cents de supplications, deux cents de four et six pâtés. »

Chez les boulangers et les meuliers, les candidats n'avaient pas à confectionner de chef-d'œuvre. On y suppléait par des cérémonies au moins bizarres. Au bout de quatre ans, le valet boulanger venait le signifier au maître de la corporation, après avoir acheté son brevet, accompagné de ses futurs confrères, et portant un pot rempli de noix et de petits gâteaux ; il le brisait contre le mur, faisait sa déclaration et était proclamé admis. L'aspirant meulier n'était reçu qu'après avoir reçu du dernier élu quelque coups de bâton sur les épaules.

(2) *Ordonn. royale* de 1321, *Ord.* T. I, p. 759.

(3) *Regist des mét.* Tit. XVI, p. 47.

(4) *Regist. des mét.* Tit. V. p. 24.
   —   —   Tit. XL, p. 91.
   —   —   Tit. XXXIX, 99.
   —   —   Tit. II, p, 19.
   —   —   Tit. XXXVII, p. 89.

que l'apprenti qui désirait passer ouvrier, fît preuve de
connaissances dans un chef-d'œuvre. Enfin, il fallait remplir certaines conditions de moralité (1).

L'ouvrier, une fois reçu, dépendait absolument des
maîtres du métier. On n'était reçu que pour une profession
et pour une ville. L'ouvrier devait travailler pour son
patron depuis le lever jusqu'au coucher du soleil (2). Il
ne pouvait louer ses services à un autre maître. Il n'avait,
et c'est là un des plus graves reproches qu'on puisse
adresser à la corporation, ni la ressource de s'expatrier,
ni celle de changer d'occupation dans les temps de
chômage. Il faut toutefois faire remarquer que le maître,
qui pouvait prendre autant d'ouvriers qu'il lui plaisait,
pourvu qu'ils fussent du métier, ne pouvait les renvoyer
que s'il y avait une cause valable et légitime.

Quant aux apprentis, ils ne faisaient, pour ainsi dire,
pas partie de la corporation : ils aspiraient à y entrer;
mais ils n'y avaient encore aucun droit par eux-mêmes, et
ils jouissaient seulement de la protection que leur accor-
daient les réglements.

Le nombre des apprentis était limité dans la plupart
des métiers : chaque maître ne pouvait en avoir que deux
ou trois (3). Toutefois il existait une exception à cette
règle en faveur des fils de maîtres, qui, quelque nombreux
qu'ils fussent, avaient toujours le droit de se faire instruire dans le métier de leur père. L'apprentissage, dont

(1) *Regist. des métiers*. — *Ord.* des prévôts, may MCOCXX. Tit. II, p. 350.

(2) *Ordonn des Prévôts*. — *Reg. des met*. T. XXII, p. 397 et 399. — « Et les varlets ont en
» convenant à leurs maistres qu'ils le serviront bien et bel, aux us et aux coustumes qu'ils les
» ont servis ça en arrière dès le temps le roy Philippe, comme de journées de vespres faire et de
» commendaige, et toutes les heures du jour que les maistres les vouldront avoir por leur argent..
» Ce adjousté, que les dits varlets venrront tous les jours ouvrables à heure du soleil levant à
» leur loyal povoir et feront leur journée jusqu'au vespre. Et la vesprée durera jusqu'au soleil
» couchant. En tesmoins de ce avons mis à cette lettre le scel de la prévôté de Paris, l'an de
» grâce mil lJ LXXVlJ, au mois de novembre. »

(4) *Regist. des métiers*. Tit. XXXV, p. 81.
    —   —   Tit. XXXVI, p. 83. — Llll, p. 130
    —   —   XXXVll, 85. — XXXVlll, p. 88.
    —   —   LXXV, a. 192. — LXXVlll, p. 206.

la durée et les conditions (1) étaient fixées par les statuts, était rarement gratuit. L'apprenti étranger devait toujours payer son droit d'admission, qui était de cinq sous dans la plupart des métiers de Paris (2).

L'apprenti était soumis en tout à la volonté de son patron. Il ne pouvait le quitter avant l'expiration du temps requis pour l'apprentissage ; s'il s'enfuyait, il était poursuivi et ramené chez son maître, qui avait droit de demander son expulsion de la corporation (3).

De son côté, le maître était tenu envers son apprenti de lui apprendre le métier, de le nourrir et de l'habiller, enfin de le tenir « *honorablement come filz de preudome.* »

Maîtres, vallés et apprentis, tels étaient les trois éléments qui composaient le corps de métier. Tous trois concourent à un but commun, la prospérité de l'association ; et cependant il est évident que tous ne jouissent pas des mêmes droits. C'est ainsi qu'on a pu remarquer que presque tout dans les règlements est en faveur des maîtres qui jouissent de bénéfices et d'immunités parfaitement établis. Les disposition mêmes de ces statuts qui au premier abord peuvent paraître nuisibles à leurs intérêts, ne font au contraire que les servir dans l'application. Nous en avons la preuve dans ce seul fait de la restriction du nombre des apprentis et dans la durée de l'apprentissage, Certes l'apparence est flatteuse : le maître, ayant moins d'apprentis, pourra mieux les instruire. De plus, l'apprenti aura

---

(1) *Reg. des mét.* Tit. XXIV, p. 62.

— — Til. XXVIII, p. 69.

Reg. des mét. Tit. XIII, p. 41

— — Tit. XIX, p. 53. — XXI, p. 57.

— — Tit. LXXXIII, 224.

L'apprentissage de l'ouvrier tréfileur d'archal ne durait pas moins de 12 ans.

(2) Par exemple, le droit était de 5 sous pour le patenôtriers, (*Reg. des mét.* T. XXVIII, p. 68) pour les chapuiseurs (*ibid.* LXXIX. 216), et se payait à la confrérie. Chez les garnisseurs, l'apprenti payait cinq sous à son maître, et trois aux gardes du métier.

Un grand nombre de statuts contiennent des articles semblables : « li apprentis ne puet touchier » au mestier devant dit qu'il ait paié ses V s. à la confrérie et li mestre ses V. s. *Reg. des mét.* LXXIX, p. 216

(3) *Reg. des mét.* XVII, p. 49 ; LXXI, 182. ; XCI, p. 249.

de longues années devant lui pour se perfectionner dans le métier.

Mais, allons au fond des choses, et nous trouverons bien vite que ces dispositions sont toutes dans l'intérêt du maître qui conserve ainsi plus longtenps une aide gratuite, et qui restreint en même temps le nombre des aspirants à la maîtrise. L'apprentissage de l'ouvrier tréfileur d'archal, par exemple, ne durait pas moins de 12 ans. Le temps de l'apprentissage était donc suffisamment prolongé pour que les services d'un ouvrier consommé, sous le nom d'apprenti, devinssent une source d'importants bénéfices pour le maître (1).

Comme toute société a besoin de chefs et d'administrateurs, le corps de métier avait aussi les siens. Ces administrateurs choisis parmi les maîtres du métier, portaient le nom de prudhommes ou de consuls.

Quelques corporations n'avaient qu'une seule espèce de magistrats ; la plupart en avaient deux : les magistrats supérieurs qui, désignés le plus souvent sous le nom de maîtres du métier, possédaient les pouvoirs, et les magistrats inférieurs, gardes ou prudhommes, qui n'étaient que les assesseurs des premiers ; ils exerçaient la surveillance, faisaient les visites et dénonçaient les fraudes aux magistrats supérieurs (2).

Ces chefs de la corporation, peu importe qu'ils fussent d'une ou de deux espèces, avaient, en général, pour mission de représenter leur compagnie, de présider à toutes les solennités et de vérifier les produits. Tout produit reconnu de bonne qualité était revêtu du sceau de la corporation. N'avait-on pas, au contraire, suivi les us et

---

(1) Turgot (*Préambule de l'Édit sur les maîtrises*) condamne sévèrement « la cherté et la
» longueur des apprentissages, et la servitude prolongée du compagnonnage, institutions qui ont
» encore pour objet de faire jouir les maîtres gratuitement, pendant plusieurs années, du travail
» des aspirants. »
Levasseur *Hist. des classes ouvrières.* — T. I, p. 211.

(2) *Ord.* de 1321. — *Ord.* T, I, p. 759.
Regist. des mét. Tit XVII, p. 250.
—   —   Tit. XVIII, p. 69

coutumes du métier dans sa confection, il était détruit.

Tout fabricant répondait par corps, devant les gardes du métier, de la conformité de ses produits au règlement ; un tonnelier devait signer ses tonneaux, comme le tanneur son cuir, comme le drapier son drap. Il était défendu aux filandiers de mêler le chanvre et le lin, aux fabricants de chandelles, de mélanger la graisse de bœuf avec le suif de mouton, aux fabricants de bougies, de mélanger la vieille cire avec la nouvelle. Le droit de police des gardes du métier était tel qu'une simple enfreinte à ces réglements constatée par eux, leur donnait le droit arbitraire de détruire les objets fabriqués (1). Enfin, comme les prudhommes de notre siècle, ils avaient un droit de punition, et connaissaient des difficultés soulevées entre maîtres et compagnons.

Le nombre des prudhommes n'était pas fixé par une règle générale ; il variait suivant les métiers. Dans la plupart ils étaient deux ou quatre (2). Cependant on en rencontrait trois ou six (3). Certaines corporations n'en

(1) Dans le statut de talmeliers nous trouvons décrite la manière dont procédaient les prud-hommes pour exercer leur surveillance : « Quant li mestre et li juré vont parmi la ville, pour » prandre le petit pain, ils praudront un sergent du Chastelet ; et os fenestres où ils treuvent le » pain à vendre, li mestre prant le pain et le baille as jurés, et les jurés reguardent se il est » souffisans ou non ; et se il est souffisans, li juré le remestent seur la fenestre ; et s'il n'est souffisans, » li juré mettent le pain en la main au mestre ; et partant li mestre set bien que li pain n'est mie » souffisans, et puet prandre tout li remanans de cele mesme fournée... » Tit. 1, p. 12. — *Ordonn.* de 1317. *Regist des mét.* p. 370.

(2) L'inspecteur général de police, Roland, qui fut ministre de la Révolution, fait un récit navrant des excès auxquels donnait encore lieu cette odieuse tyrannie, même aux approches de la Révolution de 1789. « J'ai vu, dit-il, couper par morceaux, dans une seule matinée, quatre-» vingts et jusqu'à cent pièces d'étoffes. J'ai vu renouveler cette scène chaque semaine » pendant nombre d'années. J'ai vu confisquer des marchandises avec amendes ; j'en ai vu » brûler en place publique les jours de marché ; j'en ai vu attacher au cerceau avec le nom du » fabricant, et menace de l'y attacher lui même en cas de récidive. J'ai vu tout cela à Rouen. » Et pourquoi ? Pour une matière inégale ou un tissage irrégulier, pour quelque fil mal enchaîné, » pour une couleur de faux teint, quoique donnée pour telle. J'ai vu faire des descentes chez les » fabricants, avec une bande de satellites, bouleverser leurs ateliers, répandre l'effroi dans leur » famille, couper les chaînes sur le métier, puis saisir, assigner etc.... »

(3) Il y en avait deux chez les haubergiers, les boucliers de fer, les potiers, les cordiers, les patenôtriers, les batteurs d'or....; quatre chez les foulons, les chandeliers de suif.

(4) Il y en avait trois chez les corroyeurs, six chez les maréchaux.

avait qu'un seul (1) ; d'autres en avaient jusqu'à douze (2).

La mode d'élection ne variait pas moins : les uns étaient nommés à l'élection par leurs pairs, d'autres par les officiers de la maison du roi; d'autres enfin tenaient leur pouvoir du Prévôt de Paris, ou d'un accord entre les membres de la corporation et le Prévôt.

Les prudhommes étaient généralement renouvelés chaque année (3).

Le nombre des métiers qui conservaient encore au XIIIe siècle le droit d'élire leurs prudhommes, était assez restreint, la royauté cherchant ici, comme pour les communes, à substituer partout son autorité propre à celle des chefs élus.

C'est ainsi que sept corps de métiers, qui étaient inféodés à certaines charges de la maison du roi, voyaient leurs prudhommes choisis par les fonctionnaires de ces charges. Le grand panetier, le grand chambrier, le grand chambellan, le maître queu, le maître maçon et le maître charpentier du roi avaient droit de nommer les prudhommes des corps de métiers dépendant de leurs fonctions. Les autres métiers relevant pour la plupart du Prévôt de Paris, c'était ce magistrat qui nommait ou cassait à son gré leurs maîtres jurés (4).

Quelques corporations (5) seulement choisissaient elles-mêmes leurs jurés, qui devaient obtenir l'assentiment du Prévôt.

Les fonctions de jurés du corps de métier n'étaient pas réservées aux hommes seuls ; dans certaines industries

---

(1) Chez les boîtiers et les chapeliers de fleurs.

(2) Chez les talmeliers et les regrattiers de fruit. Cité par M. Levasseur. — *Histoire des classes ouvrières en France.*

(3) Chez les fèvres, par exemple, l'élection se faisait ordinairement à la Chandeleur.

(4) *Registre des métiers.* Tit. X ; Tit. XIII ; Tit. XVI, *cristalliers*, Tit. XXX ; *batteurs d'or*, Tit. XXXI; *tapissiers.* T. LI ; *foulous*, Tit. LIII ; *teinturiers*, Tit. LIV ; *chauciers*, Tit. LV ; *ymagiers tailleurs de cruciflx*, Tit. LXI ; *tabletiers*, Tit. LXVIII ; *gantiers*, Tit. LXXXVIII ; etc. — Nous ne citons ici que les principaux.

(5) *Ordonn.* de 1291, p. 359, VII.

Ordonn. de 1293, XX, p, 892 et les titres LVII ; XXXIV ; XXII ; LXXII *du Registre des métiers.*

les femmes pouvaient les exercer : par exemple, dans le *mestier des tisserandes de quevrechiers de soye* (1) (modistes); et dans celui des *ouvrières des tissus de soye* (2), nous trouvons des *mestresses* et des *preudes fames*.

Quiconque était élu, ne pouvait se dispenser d'accepter. Il devait jurer de remplir son devoir, et de veiller aux intérêts communs, même aux dépens de son temps et de ses intérêts particuliers.

En retour, il jouissait de certains privilèges honorifiques, et souvent pécuniaires (3).

La corporation ainsi organisée avait une existence légale : elle jouissait de droits actifs et passifs ; elle pouvait enfin être propriétaire. Nous voyons qu'en 1183 Philippe Auguste donnait aux drapiers de Paris, moyennant un cens annuel de cent livres parisis, vingt-quatre maisons confisquées sur les juifs. En 1219, Raoul Duplessis vendait une maison à la même corporation (4). On pourrait encore citer, au sujet des ventes et achats d'immeubles, nombre de transactions intervenues pendant le XIII° siècle entre les corporations et des particuliers.

Le corps de métier avait une caisse commune qu'entretenaient les différents droits payés soit pour être admis dans le métier, soit pour passer d'un grade à un autre, les cotisations des associés, et les amendes infligées pour les contraventions.

Une partie des fonds était destinée aux dépenses communes, une partie à des œuvres de bienfaisance (5).

---

(1) *Reg. des métiers*, Tit. XXXVII, p. 89.

(2) *Reg. des métiers*, Tit. XLIV, p. 101.

« (3) Doivent li 1 j. preudome devant dit avoir de chascun V solds d'amende. XII den. parisis *par* » la main du Prévost de Paris, pour les mises et pour les couz et pour les dépens qu'il y font, » *Reg. des métiers*, T. XVI, 48 voir Tit. XXXIV, 79.

(4) *Bibliothèque de l'école des Chartes*, T. V, p. 476, cité par Lavasseur. *Hist. des classes ouvrières*, Liv. 3, Ch. III.

(5) C'était dans la caisse commune qu'on puisait pour venir en aide « *auz porres vieilles gens* » *du mestier descheuz par fait de marchandise et de veillance* »

Les gantiers affectaient une somme sur leurs amendes, pour soutenir les confrères dans le besoin. — *Reg. des mét.* Tit. LXXXVIII.

Les orfévres en consacraient une à donner « un disner as porres a l'ostel Dieu de Paris ». *Reg. des mét.* Tit. XI, p. 89.

Mais la plus grande source de dépenses pour les corporations étaient ces procès sans fin qu'amenait la délimitation des différents genres d'industrie, délimitation qu'il était la plupart du temps impossible de faire respecter.

Déjà au XIII⁰ siècle nous assistons à certains de ces procès interminables plaidés devant le Parlement, dont dont quelques-uns se sont éternisés pendant plusieurs siècles (1).

Le plus curieux de ces procès est peut-être celui que s'attirèrent les *çavetiers* pour avoir voulu se donner le droit de faire leurs propres souliers, ceux de leurs enfants et de leurs femmes. Les cordonniers leur firent voir, en justice, qu'ils n'avaient droit que de raccommoder les vieilles chaussures. L'échoppe devant céder le pas à la boutique.

Il y avait à cet égard une surveillance continuelle d'une corporation sur l'autre : les lormiers, par exemple, plaidèrent pendant un demi siècle contre les bourreliers pour empêcher ces derniers d'exposer en vente des mors, des chanfreins et des gourmettes (2).

Des querelles du même genre entre les fourbisseurs et les garnisseurs de pommeaux de selle (3), entre les foulons et les drapiers (4), les chaussiers et les fripiers (5), remplissent les recueils d'arrêts du Parlement.

---

(1) Un procès entre les tailleurs et les fripiers était encore pendant au XVIII⁰ siècle, après avoir duré plus de trois siècles. Cité par M. Levasseur, *Hist. des classes ouvrières* Liv. V. Ch. VI.

(2) *Ord. des Prévôts* de 1299, *Reg. des mét.* p. 420. *Olim* T. III An, XX, p. 133 *Ord.* de Philippe le Bel en 1303.

(3) *Olim*, T. II, arrêt, V, p. 462 VII, p. 463 et X p. 468.

(4) *Olim*, T. I, arrêt XVIII, p. 845
  — T. II, arrêt IXII, p. 8I
  —   arrêt XXX, p. 95.
  —   arrêt XXXVIII, p. 151.
  — T. III, arrêt XIV, 234.

(5) *Ord. des Prévôts* de 1298. *Reg. des métiers*, p. 412.

DES CONFRÉRIES ET DU COMPAGNONNAGE

A coté de la corporation existaient, au moyen-âge, deux autres manifestations de l'esprit d'association, dont il nous faut maintenant parler. En première ligne nous citerons la *Confrérie* qui se confond avec la corporation vers le XIVᵉ siècle ; enfin le *Compagnonnage,* association ouvrière formant à elle seule une institution originale et tout a fait distincte de la corporation.

La *Confrérie* était une association s'adressant, non plus à l'artisan proprement dit, comme la corporation, mais à l'homme et au chrétien. Faire de tous les hommes du même métier comme une seule famille unie par la foi sous le patronage d'un même saint, et par le plaisir dans de joyeuses et fréquentes assemblées, tel était le but qu'elle se proposait. Malheureusement ce but n'était presque toujours atteint qu'imparfaitement.

Dans le midi, la confrérie nous apparaît de bonne heure comme la forme la plus ordinaire des associations ouvrières (*la Caritat*). Dans le nord, au contraire, elle est plus lente à se manifester, et elle ne forme encore que l'exception au XIIIᵉ siècle (1). Le registre d'Etienne Boileau qui est de cette époque, ne mentionne que trois ou quatre métiers ayant une chapelle. Ce ne fut qu'au XIVᵉ siècle, sous l'influence des sentiments religieux, que la confrérie se développa, et devint enfin la loi générale des corps de métiers, qui lui offraient un cadre tout préparé.

______

(1) La confrérie des drapiers date de 1188. — « *Dès environ l'an mil cent quatre-vins et huit* » *au mois de décembre, la confrairie de la dite draperie a esté commencée et depuis continué et bien* » *honestement et loyaument et en l'obéissance de nos devanciers rois de France et de nous tenue e* » *gouvernée.* » *Ord. III. 382, juillet 1362.*

Nous voyons que dans beaucoup de villes quiconque appartenait au métier, faisait partie de la confrérie.

Un saint et une chapelle étaient, pour ainsi dire, le fonds nécessaire à toute confrérie. Chacune choisissait le saint qui convenait le mieux à la profession qu'exerçaient ses membres.

Le drap qui servait aux enterrements, et le cierge qu'on portait aux grandes processions, formaient les deux objets indispensables dans la confrérie, et dont l'entretien était la source des recettes les plus fructueuses. Il se présentait même souvent que la confrérie se trouvait désignée dans les actes par les noms de ces objets ; ainsi on disait : « il » est du cierge des boulangers, du drap des chaussetiers.»

» De fréquentes occasions, nous dit M. Lavasseur (1), » rassemblaient les artisans à la chapelle : c'était des » messes dites en l'honneur du patron (2), le mariage ou » l'enterrement d'un des membres de la confrérie, ou même » de quelque proche parent d'un membre. Ou se faisait un » devoir d'assister à ces cérémonies qui formaient à pro- » prement parler, l'objet des confréries. C'était en vue » d'une mutuelle assistance religieuse et d'une communauté » de prières qu'elles avaient été fondées ; les refuser à un » confrère, eût été une impiété et un manque de foi : aussi » nul ne pouvait-il, sous peine d'amende, s'abstenir sans » avoir une excuse légitime, et sans l'avoir fait con- » naître (3). »

Les confréries, comme les corporations, avaient une caisse entretenue par les dons et la cotisation des membres de la confrérie. Les ressources se trouvaient employées, soit en secours donnés aux membres de l'association, soit en œuvres pieuses, et principalement en fêtes religieuses dans lesquelles s'etalait toute la vanité des corps de métiers. Les frais étaient donc considérables; et l'artisan avait la plupart du temps à supporter de lourdes

---

(1) Levasseur. — *Hist. des classes ouvrières.* Liv. IV. V, p. 472.
(2) *Ord.* V. 185, mai 1389 ; XIII, 78, mars 142., art. 8. Cité par M. Levasseur.
(3) *Commune d'Amiens* 11, 27 ann. 1407. Cité par M. Levasseur.

charges, tandis qu'il ne recueillait de l'association que de faibles avantages.

La confrérie, avons-nous dit, se confondait le plus souvent avec la corporation: elle en partageait alors toutes les idées égoïstes et jalouses. Le compagnonnage, au contraire, se distinguait parfaitement du corps de métier. Animé d'un principe plus large d'association, il forme une exception remarquable au milieu des sociétés restreintes que nous avons rencontrées dans cette étude. Partout et en toute circonstance, le compagnon a droit à l'assistance des compagnons du même *devoir*, c'est à dire de la même doctrine que lui. Partout il peut les appeler à son aide, et il est certain que cette aide ne lui fera jamais défaut.

A cet égard le compagnonnage rendit à ses adeptes des services qu'ils n'avaient pu attendre des corporations. Celles-ci n'existaient qu'entre les marchands et artisans de la même ville; leur pouvoir expirait aux portes de la cité, et laissait sans appui ceux que leurs besoins, leurs affaires, leurs goûts appelaient à voyager. Le compagnonnage combla cette lacune, en assistant les ouvriers qui, n'ayant pas d'établissement fixe, allaient louer leurs bras partout où ils espéraient trouver un bon salaire (1). Il fut donc pour les ouvriers une association de défense mutuelle contre l'arbitraire des maîtres, et une protection occulte qui, les suivant de ville en ville au milieu des péripéties du *Tour de France*, leur facilitait le travail et la vie.

L'institution des divers corps de compagnonnage aurait pris naissance, à en croire la légende des compagnons, lors de la construction du temple de Jérusalem par Salomon. Quelque exagérée que paraisse cette légende qui s'est perpétuée de nos jours, elle mérite néanmoins certaine attention ; car elle sert de base aux distinctions qui existent entre les différents corps de compagnons.

(1) *Hist. des classes ouvrières en France* M. Levasseur. T. l, p. 509.

Les charpentiers qui s'appellent encore *Enfants de Salomon*, formaient l'un des principaux ordres de cette chevalerie du travail instituée par le grand roi lui-même.

Les tailleurs de pierre marchaient sous la bannière de *Maître Jacques*, un des compagnons distingué par Salomon.

Il y avait enfin un troisième ordre, les *Enfants du Père Soubise*, nom d'un moine bénédictin qui en aurait été le créateur vers le milieu du XIIe siècle.

Quoi qu'il en soit de toutes ces légendes, il est néanmoins évident que l'origine du compagnonnage est fort ancienne, et qu'elle se perd dans la nuit des temps. Déjà au XIIIe siècle les sociétés de compagnons existent avec toute leur influence; et Beaumanoir qui écrivait à cette époque, les mentionne dans ses ouvrages. Mais ce fut surtout vers le milieu du XIVe siècle qu'elles jouèrent un rôle important dans l'histoire des classes ouvrières, rôle qu'elles conservèrent pendant les siècles qui suivirent, et même jusqu'à nos jours où, sous d'autres noms et d'autres apellations; elles présentent encore les mêmes caractères et les mêmes symboles (1).

Cette forme d'association du compagnonnage tenait lieu, au moyen-âge, de la société de secours mutuels des temps modernes. Elle lui était même supérieure dans certains cas pour les ouvriers voyageurs.

Un compagnon, en quête de travail, arrivait-il dans une ville, il n'avait qu'à se rendre chez *la Mère*, nom par lequel on désignait l'hôte chez qui se réunissaient d'ordinaire les compagnons. Là il rencontrait un camarade, *le Rouleur*, qui le guidait partout, le présentait aux maîtres qui avaient de l'ouvrage à donner, et l'aidait de ses conseils pour son engagement. Si le compagnon trouvait toutes les places occupées, le plus ancien camarade lui devait céder la sienne. Enfin il n'était jamais abandonné

---

(1) Du Cellier. — *Hist. des classes laborieuses en France* . Chap. VI. IX et X.
Levasseur. — *Hist. des classes ouvrières*. Liv. IV. Ch. VI.

par les siens. Se trouvait-il sans argent, on lui en fournissait (1); on le soignait s'il tombait malade. Était-il lésé dans ses droits, tous les compagnons prenaient sa défense; mais aussi ils savaient en faire justice, s'il s'écartait des voies de l'honneur et de la probité (2).

Malheureusement, le compagnonnage ne sut pas rester dans les bornes de son institution première : constitué exclusivement entre ouvriers, il entra bientôt en lutte avec les patrons dont il cherchait à diminuer les privilèges. Les grèves nombreuses, engendrées pendant le moyen-âge par cette lutte, produisirent le résultat nécessaire de toute coalition ouvrière, des violences tyranniques contre l'ouvrier indépendant qui enlevèrent ainsi au compagnonnage une grande partie de son prestige et les avantages qu'il semblait promettre (3).

(1) Si l'un des compagnons est en chemin, et n'a de quoy pour passer son dit chemin, les autres compagnons seront tenus de lui bailler ou prester jusques à la somme de deux écus. — *Statuts des pâtissiers.* — Pierre Vinçard, *Les ouvriers de Paris*, p. 81

(2) Chaptal, *de l'Industrie française.* T. II, p 312.

(3) *Beaumanoir.* T. I, § II. Ch. XXX, (Des meffés) s'exprime ainsi au sujet de ces grèves :
» *Alliance qui est fete contre le commun porfit, si est quand aucune manière de gens flancent ou*
» *créanient ou convenancent qu'ils n'ouvreront plus à si bas fuer (prix) comme devant, ains*
» *croissent le fuer de lor auctorité et accordent qu'ils n'ouvreront por mais et mettent entre-eux peines ou*
» *menaces sor les compagnons qui lor alliance ne tenront ; et ainsi, qui ce lor sofferait, serait ce*
» *contre le droit commun ne jamés bons marchiés d'ouvrages ne serait fes ; car cils de çascun mestier*
» *s'efforceraient de penre plus grans loiers que reson, et li commun ne se pot souffrir que li ouvrages*
» *ne se fet.*

« *Et por ce si tort que tix aliances viennent à la connaissance du souverain ou des autres seigneurs,*
» *ils doivent jeter la main (arrêter) a toutes les persones qui se sont assenties à tix aliances, et tenir*
» *en longue prison et d'estroite ; et quant ils ont eu longe paine de prison, on peut lever de çascune*
» *personne soixante sous d'amende.* »

COMPAGNIES DE MERCIERS

Le compagnonnage, avons-nous dit, était né des besoins de l'époque, qui forçaient souvent les ouvriers à se déplacer. Mais ils n'étaient pas les seuls qui eussent à subir, au moyen-âge, cette rude nécessité des voyages. Si le petit marchand qui revendait les objets apportés par les forains, ne se voyait pas obligé de quitter sa ville, il n'en était pas de même du marchand en gros. Ce dernier, en effet, devait aller faire ses achats au loin, fréquenter les foires et revenir en suite colporter de ville en ville les marchandises qu'il avait achetées. Se trouvant souvent sur les grandes routes, il éprouvait donc les mêmes inconvénients, et avait besoin des mêmes protections que le compagnon du tour de France. L'association seule pouvait venir à son secours : elle y réussit dans la formation des *Compagnies de merciers* (1).

Ce fut surtout à la fin du XIIIe siècle que les marchands français, désirant étendre le cercle de leurs relations et prendre une place dans le commerce forain, presque entièrement aux mains des juifs et des marchands étrangers, constituèrent cette sorte de compagnonnage. Il est toutefois à remarquer que l'existence de ces sociétés ne fut légalement constatée par les ordonnances royales que vers le XVe siècle. Une ordonnance de 1448, venant confirmer une ordonnance précédente, énumère les droits et privilèges des compagnies de merciers.

Chaque association de merciers comprenait plusieurs

(1) Sous le nom de *Merciers* on désignait, au moyen-âge, les marchands quelconque, « *Merce-cerius qui merces vendit.* » Gloss. de Ducange. T. lll, au mot *Mercerius*.

provinces (1), et était gouvernée par un magistrat appelé
Roi des merciers (2).

Ce roi des merciers, dont en faisait remonter l'origine
jusqu'à Charlemagne, tenait en ses mains les pouvoirs de
toutes les confréries de merciers qui existaient dans la
province, et donnait ainsi à leurs membres une protection
plus large et plus efficace. « Il semble même, nous dit
» M. Levasseur (3) parlant des rois des merciers, que
» leur influence se soit étendue au delà des limites de
» leur juridiction, et que les lettres d'un roi des merciers
» aient été pour les négociants du XIV⁰ siècle un
» passeport qui leur assurait la liberté du commerce sur
» tous les marchés de l'Europe. Du moins, ajoute le
» savant auteur, il existe une charte(4) par laquelle un mar-
» chand de Saint-Saturnin-du-Port, roi des merciers dans
» le diocèse d'Uzès, confère à un autre marchand du
» diocèse d'Auch le droit de commercer dans tous les
» pays, et d'y jouir des privilèges des merciers; la charte
» est datée de la foire de Bagnols, et les trois marchands
» qui assistent comme témoins le roi des merciers, sont,
» l'un de Paris, l'autre de Besançon, et le troisième de
» Savoie. »

L'autorité du roi des merciers s'exerçait sur tous les
membres de la compagnie, et il connaissait non seulement des affaires commerciales, mais encore «des injures
» et violences de tous autres qui pourront toucher infa-
» meté au regart de ceulx et celles du dit mestier de

---

(1) *Ordonn*. de Charles VI en 1407. *Ord.* T. IX. p. 3.

Ordonn. de Charles VIII en 1448, article 52 et dernier.

Les ordonnances ne créent pas les sociétés de merciers ; elles se bornent simplement à en reconnaître l'existence, et à en sanctionner les règlements ; c'est, du reste, ce qui résulte des premiers mots de *l'Ordonnance*.... « *Nous avoir reçue en l'umble supplication de Pierre Aubin, roy* » *des merciers.. . etc....* »

(2) Nous rencontrons des compagnies de merciers en Touraine, dans l'Anjou et le Maine ; il y en avait également dans le nord et dans le midi de la France.

Ordonn. de 1448. — Art. 52 : « Nous le roi, icelui des merciers.... etc...

D'autres articles donnent également ce titre au chef des merciers.

(3) Levasseur. *Hist. des classes ouvrières en France*. T 1, p. 511.

(4) *Charte de* 1360. Ducange. V°, Mercerius. — Cité par M. Levasseur.

» merciers » (1). Les marchands qui, dans leurs voyages, étaient victimes de quelque violence de ce genre, n'avaient donc qu'à s'en plaindre à leur roi, qui leur faisait obtenir satisfaction. Le but de l'association se montre ici dans toute son évidence. Les contraventions étaient punies par des amendes fixées par le roi des merciers, et dont le produit se partageait entre lui et le roi de France.

Le roi des merciers avait seul le droit d'admettre des membres nouveaux dans la corporation. Il était aidé dans son administration par des délégués qui le représentaient dans chaque confrérie particulière, et qui jugeaient en son nom. Les associés qui étaient presque tous de riches marchands, formaient une véritable aristocratie du commerce qui rappelait en certains points la hiérarchie féodale : c'est ainsi qu'ils se donnaient entre eux le titre de chevaliers, et jouissaient les uns vis-à-vis des autres de certains droits de préséance.

Ces chevaliers du commerce se reconnaissaient entre-eux à certains signes, et se prêtaient assistance, comme les chevaliers d'armes.

Les compagnies de merciers subsistèrent ainsi non sans éclat jusqu'au XVIe siècle. Sorties de l'impuissance même qu'éprouvait la société féodale à protéger ses membres, elles rendirent pendant plusieurs siècles de grands services aux relations commerciales, en leur assurant une certaine sécurité. Mais lorsque le pouvoir royal se fut affermi, il se montra bien vite impatient de renverser une pareille institution, dont les chefs jouissaient d'un pouvoir considérable. Un édit de 1597 vint abolir la charge de roi des merciers (2) Les compagnies de marchands subissaient en cela la destinée commune aux créations diverses de l'esprit d'association au moyen-âge. Elles devenaient la proie des empiètements successifs de la royauté.

Tout d'abord protectrice des associations qui se for-

(1) Art. 44. — *Ordonnance* de 1448.
(2) *Edit de St-Germain-en-Laye*, 1597. Art. 3 et 4 (Isambert. T. XV p. 155).

maient sous son égide, la royauté encore faible les encourageait et les soutenait, comme elle avait soutenu les bourgeois luttant contre leurs seigneurs, au XIIe siècle. Mais ce pouvoir, se fortifiant peu à peu avec le cours des siècles, finit par changer de politique, et ne chercha plus qu'à s'asservir par tous les moyens possibles les associations qu'il avait couvertes de sa protection à l'origine.

Au XIIe siècle, les communes sont indépendantes. Elles fixent leurs taxes ; elles choisissent elles-mêmes leurs magistrats municipaux. Au XVIe siècle tout est changé, et les communes ne nous apparaissent plus que comme une dépendance de la royauté qui les administre à son gré par ses gouverneurs et ses intendants.

Les autres associations eurent à subir les mêmes transformations. C'est ainsi que la *Hanse parisienne*, libre à son origine, paya de son indépendance les faveurs royales. Réunie à la Prévôté afin d'accroître son développement elle se voit asservie entièrement au pouvoir royal, qui finit par la supprimer en 1672.

Les associations de corps de métiers suivent les mêmes phases. A l'origine, elles ne dépendent que d'elles-mêmes. Créées par la seule volonté de leurs membres, elles ne sont que des associations particulières, pouvant se dissoudre et se réglementer à leur guise. Du jour de la rédaction du *Livre des métiers*, on sent déjà ce caractère perdre de sa force. La royauté intervient dans cette réglementation, et par cela même elle lui donne une certaine apparence d'institution publique dont elle fera plus tard une réalité, pour s'asservir les corporations et se créer ainsi une source importante de revenus.

C'est ainsi qu'au XIIIe siècle nous voyons que, tout en reconnaissant aux corporations le droit de régler leur organisation, les rois ne manquent pas d'établir en leur faveur certains droits de *Hauban* et de *Tonlieu*. Plus tard, au XIVe siècle, ils exigent la présence d'officiers royaux dans les assemblées de métiers (1). Au XVe

____

(1) *Ordonn*. de Charles V du 27 janvier 1362.

siècle, ils vont plus loin, et font relever toutes les corporations de leur pouvoir, en s'arrogeant le droit de créer
un maître dans chaque métier (1). Enfin au XVIe siècle
et au XVIIe siècle (2), la corporation est soumise directement à l'autorité royale, qui seule peut créer ou abolir les règlements qui doivent former la loi du corps
de métier. Aucune corporation ne peut plus se former
sans autorisation du roi. Ce fut dans cet état d'asser-
vissement que la Révolution les trouva et en décréta
l'abolition en 1791 (3).

Nous avons étudié l'organisation intérieure des corporations au XIIIe siècle ; nous venons de dire quelques
mots sur ses transformations jusqu'au XVIIIe siècle. Il
ne nous reste plus, en terminant qu'à nous demander le
jugement que nous devons porter sur les associations
industrielles.

Il est inutile de revenir sur les nombreuses polémiques
qui se sont élevées parmi les économistes au sujet des
corporations. La question n'ayant plus aujourd'hui qu'un
intérêt purement historique, nous devons laisser de côté
tout parti-pris, toute opinion préconçue, et nous efforcer
d'apporter dans notre appréciation la plus grande
impartialité.

Selon nous, pour être jugée sainement, la vie des
corporations doit être divisée en deux périodes. De ce
défaut de distinction entre les différentes phases de la

Ord. T. III, p. 581.

Ordonn. du 25 septembre 1372 qui confie au prévôt de Paris l'inspection des métiers. Isambert
T. V, p. 376.

(1) *Ordonn*. de 1467. — *Ord*. T, XVI, p. 671.
—   —   1461. — *Ord*. T. XV. p. 8.
—   —   1471. — 1472. — 1481.
Ord. de juillet 1498 *Ord*. T. XXI.

(2) *Ord de Villers Cotteret*, 1er août 1539 art. 185 à 191; Isambert. T. XII bis, p. 638.
Ord. *de Moulins* 1566 — Isambert. XIV, p. 210.
Ord. *de Blois*. 1579. — Isambert, T. XIV.
Ord. de 1581. — Isambert XIV, p. 460.
Ord. de 1597 — Isambert T. XV, p. 135.

(3) Abolies déjà auparavant par les six édits rendus par Turgot au commencement de l'année
1776, les corporations avaient été rétablies par l'édit d'août 1776.

vie des corporations provient peut-être la source de tous les arguments pour et contre qui se sont fait jour sur la question. Dans la première de ces périodes, les avantages de la corporation sont évidents; ses abus, au contraire, sont rares. Dans la deuxième période, l'utilité de la corporation s'amoindrit, et les abus prédominent : alors elle devient pernicieuse pour le progrès industriel. La première de ces périodes comprend le moyen-âge ; la seconde s'étend de la Renaissance aux temps modernes.

Sorties des besoins intimes et des faiblesses mêmes de l'époque féodale, les corporations se sont constituées d'accord avec les nécessités de l'époque. Sous le règne de la violence et de la force, l'artisan ne pouvait que végéter, s'il restait isolé ; la corporation vint l'aider à surmonter les obstacles qui entravaient le travail. Séparés, les gens de métiers seraient sans doute demeurés dans une position analogue à celle des paysans cultivateurs. Mais ils formèrent un ordre nouveau, et devinrent ces bourgeois des bonnes villes qui contribuèrent, par la révolution des communes, au renversement du régime féodal, et qui devaient plus tard jouer un rôle important dans l'histoire de la France sous le nom de Tiers-Etat.

A l'époque des invasions et des guerres intestines qui caractérisent le moyen-âge, ce fut autour de la corporation que les artisans se serrèrent, trouvant ainsi au sein de cette association la force et la protection nécessaires pour produire.

Simple protectrice de l'industrie, la corporation contribua cependant à la relever au XIIIe siècle, pour la soutenir ensuite pendant toute la période désastreuse qui finit avec la Guerre de cent ans.

Enfin il ne faut pas oublier que, dans ces temps de barbarie et d'ignorance où la concurrence, loin d'établir un juste équilibre entre les profits du vendeur et les besoins de l'acheteur, aurait fait du vendeur la victime de tout homme assez puissant pour l'opprimer, la corporation servait à remédier à cet inconvénient, par l'union même de ses membres dans une société de défense mutuelle. L'acheteur lui-même se trouvait protégé contre sa propre ignorance par la réglementation sur la bonne fabrication.

Tels étaient les nombreux avantages de la corporation au moyen-âge, avantages qui ne faisaient que découler de la situation de la société d'alors. Aussi les voyons-nous disparaître, lorsqu'avec la Renaissance, l'ordre se rétablissant, l'instruction et le goût du travail commencèrent à se faire jour à travers les rangs de la société. Alors l'industrie individuelle avait besoin de prendre son essor et la corporation ne peut plus présenter que des inconvénients que vient encore accroître l'esprit égoïste et dominant de ses membres. Jaloux de conserver les droits qu'ils se sont arrogés, les maîtres font des corps de métiers une sorte de forteresse dans laquelle ils se retranchent. Ils imaginent les longs apprentissages, le chef-d'œuvre et les droits divers qu'ils rendent de plus en plus onéreux. Le droit de travailler devient un privilège. Malheur à celui qui tente une innovation ou un perfectionnement dans le métier qui doit l'aider à vivre! Un ouvrier cherche-t-il à gagner humblement sa vie en travaillant pour son propre compte sans être reçu maître? La corporation le poursuit, saisit ses marchandises, ses outils et le contraint à rentrer dans l'atelier d'un patron.

Un commerçant exerce-t-il quelque profession nouvelle ayant une certaine analogie avec la sienne? Se sert-il de quelque instrument dont elle seule ait le privilège ? Elle saisit et fait fermer la boutique.

Enfin, nous l'avons fait remarquer plus haut, deux corporations ne peuvent avoir entre elles de rapports sans qu'il en sorte des querelles et des procès sans fins (1). Monopole et routine : tel est le fond de toute corporation dans cette deuxième période. Tout progrès doit s'arrêter devant les règles établies et il semble étonnant qu'une institution que ne soutenaient que l'intérêt de quelques-

____

(1) Levasseur. — *Histoire des classes ouvrières en France*. T. II, p. 446.

uns et une fiscalité mal entendue, ait pu même subsister jusqu'au XVIIIe siècle.

Nous en avons fini avec l'étude des différentes manifestations de l'esprit sociétaire au moyen-âge. Nous ne croyons pouvoir mieux faire en terminant que de jeter un rapide coup d'œil sur les résultats immenses qu'il produisit à tous les points de vue sur la société française à cette époque.

La féodalité voit ses droits et sa puissance atteints dans les associations de bourgeois combattant pour l'affranchissement des communes. La main-morte s'adoucit grâce aux sociétés taisibles qui permettent ainsi aux paysans de faire le premier pas vers l'indépendance et la fortune.

Les Hanses de marchands, par la sécurité relative qu'elles offrent, facilitent les transports, tandis que les compagnies convenancées et les compagnies taisibles d'hommes libres activent les opérations commerciales et facilitent le mouvement des capitaux. Les foires donnent une certaine impulsion aux relations commerciales et les favorisent même par les immunités dont elles jouissent.

Les corporations, enfin, tout en protégeant l'artisan, conservent les procédés de métiers et affirment ainsi la renaissance de l'industrie.

Partout au moyen-âge, l'esprit d'association produit les résultats les plus pratiques, préparant ainsi l'unification et la fortune de la France que va bientôt régénérer le souffle vivifiant de la Renaissance.

Les découvertes et les voyages lointains qui ont lieu à cette époque, donnant alors un nouvel élan à la spéculation, ouvriront pour l'association un champ plus vaste d'application que le temps et le cadre restreint de cette rapide étude ne nous permettent pas d'aborder.

DROIT ROMAIN

DROIT ROMAIN

DU CONTRAT DE SOCIÉTÉ.

CHAPITRE I.

DES ÉLÉMENTS ESSENTIELS A LA FORMATION DU CONTRAT DE SOCIÉTÉ.

La société est un contrat consensuel par lequel deux ou plusieurs personnes s'engagent à mettre en commun des valeurs quelconques ou leur industrie, afin d'en retirer un profit commun appréciable en argent et licite (1).

Trois éléments essentiels à la formation du contrat de société ressortent de cette définition.

1° Le consentement des parties ;

2° Un apport réciproque ;

3° Un but consistant dans l'intention de faire en commun des bénéfices licites.

Nous allons préciser dans ce chapitre les caractères propres à chacun de ces éléments.

____

(1) Jean Voët, dans ses Pandectes, (liv. XVI, tit. 11) définit la société : *Societas est contractus juris gentium, bonæ fidei, consensu constans super re honestâ de lucri et damni communione.*

SECTION I.

Du Consentement.

Le contrat de société est un contrat consensuel; il se forme *solo consensu*. Cela veut dire qu'à la différence des contrats *verbis, re et litteris*, il n'exige rien en dehors du consentement considéré ici comme une cause suffisante d'obligation (1). Il n'est besoin ni de paroles consacrées comme dans la stipulation, ni d'écrit rédigé comme dans l'*expensilatio*, ni de la livraison de la chose comme dans les contrats *re;* il suffit que ceux entre qui l'affaire se fait, consentent pour qu'il y ait contrat, la seule volonté des parties rendant la société parfaite (2).

Peu importe que le consentement des parties se manifeste expressément ou tacitement, il est pleinement efficace. C'est du reste ce que déclare Modestin, à la loi 4 du titre *pro socio* (3) au Digeste : « *Societatem coire et re, et verbis, et per nuntium posse nos, dubium non est.* Gaïus (4) ajoute qu'entre personnes absentes le consentement peut être transmis par lettres : « *Inter absentes* » *quoque validè negotia contrahuntur, veluti per epis-* » *tolam* » etc... Les lois 44 et 52 à notre titre au Digeste nous donnent des exemples de sociétés formées tacitement ; mais le jurisconsulte Ulpien, de qui sont ces textes, a bien soin de faire remarquer qu'il n'y a société tacite que si telle a été l'intention des parties.

Le consentement des parties doit donc porter sur l'intention de faire des apports en vue de participer au résultat d'une opération faite dans l'intérêt commun. C'est par cette intention, *animus contrahendœ societatis* ou *affectio societatis* ou *tractatus* (LL. 31 et 32 *hoc titulo*) qui ne

---

(1) Gaïus, III, § 136. — Just. Instit. III, § 22.

(2) Dig. L. 2 p. et § 1-44-7.

(3) Dig. L. 17, t. 2. Ces mots *et re* veulent dire par la force des choses c'est-à-dire tacitement.

(4) Gaïus III, § 136.

peut être recherchée que dans les faits, que l'on distingue la société d'autres contrats.

Un fonds de terre contigu aux héritages de deux voisins est en vente; l'un des deux propose à l'autre d'acheter ce fonds et de lui en céder ensuite la portion qui touche son propre bien; puis, à l'insu de son voisin, il va acheter le fonds lui-même. Pourra-t-il le conserver pour lui et refuser de partager avec son voisin? C'est là une question de fait, dit Julien; si l'on n'a voulu que contracter un mandat, libre au mandant de renoncer; mais si l'on a entendu faire une société, l'associé acheteur ne peut se soustraire à l'action *pro socio* (1).

Cet *animus contrahendœ societatis* sert aussi à distinguer la société de la communauté ou indivision (2). Les principes de droit étant différents dans les deux cas, les conséquences pratiques qui en découlent, sont différentes aussi.

L'indivision est un état des personnes et des choses, qui se produit dans une situation donnée : on peut citer comme exemples l'indivision existant entre co-héritiers, co-légataires ou co-donataires. Elle peut résulter également ment d'une convention; c'est ce qui aura lieu, pour citer l'hypothèse fournie par les Institutes (3) lorsque des matières fluides auront été mélangées du consentement des propriétaires sans intention de former une société. La société au contraire est un contrat, qui ne se forme que par la volonté des co-contractants. Ce sera donc l'intention des parties qui montrera s'il y a société ou simple communauté.

Voici les conséquences les plus importantes :

(a) Le communiste peut vendre sa part indivise, et son acheteur se trouve substitué à son lieu et place. Ceci ne peut avoir lieu en matière de société : celui qui a vendu

<hr>

(1) L. 52 p. *Pro socio.*

(2) LL. 31, 32, 37. *Pro socio.*

(3) Instit. de Just. II, 1, § 27, 28.

sa part d'associé, ne cesse pas de l'être; et l'acheteur ne le devient pas. *Emptor socii socius meus non est.*

(*b*) Si un communiste vend la moitié de sa part, l'acheteur devient le communiste de son communiste. : l'associé qui vend la moitié de sa part, ne rend pas l'acheteur associé de son associé (1). *Socii mei socius meus socius non est.*

Cette règle nous paraît être une conséquence de l'*intuitus personæ* qui préside à la formation de la société. Telle n'est pas l'opinion adoptée par M. Accarias dans son précis de droit romain, t. II, p. 493. D'après M. Accarias, cette règle, dont le sens est que je puis bien associer un tiers à mes droits dans la société, mais non pas lui créer des droits ou des obligations par rapport à mes associés, s'expliquerait suffisamment par le principe général qui restreint toute convention entre les parties.

(*c*) La mort d'un communiste ne fait pas cesser la communauté; elle continue avec ses héritiers (2); il en est différemment de la société.

(*d*) Les communistes ont toujours le droit de sortir de l'indivision, et la loi française n'a fait que reproduire le principe romain; les associés ne peuvent pas et d'une manière intempestive renoncer à la société (3).

Dans le contrat de société comme dans tout contrat, le consentement, pour être valable, doit être donné librement, c'est-à-dire qu'il doit être exempt d'erreur; de dol et de violence. Enfin, il doit émaner d'une personne capable de contracter.

Le consentement doit être exempt d'erreur: *si dissentiant, aliud alio existimante, nihil valet ea societas quæ in consensu consistit* (4).

Il doit être donné de bonne foi; le dol ou la fraude vicient le contrat.

---

(1) LL. 19-20 *Pro socio*. 17-2. Dig. — L. 47, § 1 *de reg. juris*. 50-17, Dig.
(2) L. 35-17-2. Dig.
(3) Dig. liv. X. tit. III, 1. 14, § 2.
(4) L. 57 de oblig et act. 44 7. Dig.

La loi 3 §3 *pro socio* nous dit à ce sujet: *societas si dolo malo aut fraudandi causa coita sit, ipso jure nullius momenti est, quia fides bona contraria est fraudi et dolo.* Ce texte de Paul semblerait consacrer ici une dérogation au droit commun en matière de dol. La société sera nulle *ipso jure*, dit le jurisconsulte, c'est-à-dire radicalement nulle pour tout le monde. Il ne dépendrait donc plus ici de la victime de maintenir ce contrat ou d'en demander la nullité?

Nous ne croyons pas voir dans la loi 3 une dérogation à la règle admise en matière de dol (1). Nous pensons que dans cette loi Paul se préoccupe d'une société dont le but serait illicite « *dolo malo coita sit* » c'est-à-dire où tout associé est coupable, et alors il déclare que le contrat est *nullius momenti.*

Le consentement doit émaner d'une personne capable. En général, tout le monde est capable de former le contrat de société, les pérégrins comme les citoyens, ce contrat étant, en effet, du domaine du droit des gens.

Il nous faut cependant dire quelques mots sur la validité des sociétés dont font partie les fils de famille et les esclaves. Quand un fils de famille entre dans une société, que ce soit par l'ordre ou à l'insu de son père, il est toujours tenu personnellement de l'action *pro socio.* En outre, le préteur donne contre le père l'action *quod jussu* ou les actions *de peculio* et *de in rem verso*, suivant que le fils est entré dans la société sur son ordre ou à son insu.

Quant à l'esclave qui entre dans une société, il ne peut être tenu personnellement de l'action *pro socio*, puis qu'il n'a pas de capacité personnelle comme le fils de famille. Mais son maître sera tenu de l'action *quod jussu* ou des actions de *peculio* et de *in rem verso*, suivant que l'esclave sera entré dans la société sur son ordre ou non.

Des modalités pouvaient affecter le contrat de société. Il pouvait être pur et simple, à terme ou sous condition (2).

(1) L. 13, § 27, L. IV, 19, tit. 1.
(2) Dig. Loi. I, liv. 17, tit. 2.

— 126 —

« *Societas coiri potest vel in perpetuum, id est dum vivunt, vel ad tempus, vel ex tempore, vel sub conditione.* » La société ne pouvait être contractée *in æternum*, c'est-à-dire pour durer toujours (1). «*Nulla societatis in æternum coitio est.*» La société la plus longue était celle qui devait durer aussi longtemps que la vie des associés. Le contrat reposant en effet sur *l'intuitus personæ*, c'est-à-dire sur la confiance réciproque des associés, on comprend que la mort de l'un d'eux en amène la dissolution. Il n'est pas même permis de convenir qu'à la mort de l'un des associés son héritier prendra sa place (2) (exception toutefois pour la société vectigalienne).

Nos anciens jurisconsultes ont beaucoup discuté sur la question de savoir s'il était possible d'insérer une condition dans le contrat de société.

Cujas (3), entre autres, a cru qu'il était impossible de former une société conditionnelle ; car, dit-il, les associés étant obligés de se transférer réciproquement la propriété d'une part indivise de leurs apports, et ces apports pouvant consister en *res mancipi*, des mancipations devaient nécessairement intervenir entre eux. Or la mancipation était un *actus legitimus* qui n'admettait pas la condition ; donc la société ne pouvait pas être contractée sous condition.

Justinien admet bien la societé conditionnelle (4) ; mais, sous cet empereur, la tradition a remplacé la mancipation, et la tradition n'est pas incompatible avec la condition.

L'opinion émise par Cujas est repoussée par les considérations suivantes : *l'actus legitimus* n'admettait pas plus le terme que la condition ; et cependant la question ne faisait pas de doute pour le terme : donc si la mancipation n'empêchait pas la société d'être à terme, elle ne pouvait pas l'empêcher davantage d'être sous condition. Remarquons

(1) Dig. L. 70, *hoc titulo*.
(2) LL. 35 ; 59 pr.; 52, § 9, *hoc titulo*.
(3) Cujas, t. VIII, 799, n° 6.
(4) L. 6. Code IV-37. Paul résolvait la question dans le sens de l'affirmative. (L. 1. Dig. *pro socio*.)

en outre que la condition frappait, non pas la mancipation, mais la société, et que même, la condition eût-elle frappé indirectement la mancipation, ce n'eût été, dans tous les cas, qu'une condition tacite, et la condition tacite ne viciait pas l'*actus legitimus* (1).

Un autre commentateur des lois romaines dans notre ancien droit, Doneau (2), se fondait sur la potestativité dont le contrat serait entaché, pour repousser la validité de la société conditionnelle. Les obligations, dit-il, sont nulles, quand elles sont contractées sous une condition dont l'exécution dépend de la volonté seule du débiteur (3). C'est précisément ce qui a lieu dans le cas d'une société conditionnelle; car s'il est permis de renoncer à une société déjà formée, à plus forte raison peut-on renoncer à une société éventuelle.

Les auteurs modernes ne sont pas moins partagés dans les explications qu'ils fournissent sur ce point.

M. Demangeat explique en ces termes la controverse que signale Justinien (4): « Comment s'expliquer que des doutes aient pu exister à cet égard? Je me l'explique simplement par cette idée, que l'incertitude sur le point de savoir si une personne, faisant un certain acte, le fait pour elle-même, ou, au contraire, le fait en qualité d'associé, que cette incertitude peut amener des résultats bizarres ou de grandes complications. On ne comprendrait pas qu'un mariage eût lieu sous condition; probablement certains jurisconsultes avaienl vu quelque chose d'analogue dans le contrat de société ».

M. Bufnoir (5), dans son *traité de la condition,* avoue qu'il est difficile de donner une raison plausible. Il pense que le consentement des parties, étant ici essentiellement ce qui donne naissance au contrat, doit se produire ou

(1) L. 77 (*de regulis juris*). Dig. liv. 50, tit. 17.
(2) Doneau, t. VIII, p. 717.
(3) L. 8. Dig. *De oblig. et act.*
(4) Demangeat, t. 11, p. 368.
(5) Bufnoir, Traité de la condition. p. 114.

persister au moment même de la formation du contrat, c'est-à-dire à l'avènement de la condition, ce qui exclut toute efficacité juridique du consentement donné conditionnellement.

M. Accarias pense qu'on pourrait peut-être dire que la société romaine, étant fondée sur le *jus fraternitatis,* excluait la possibilité d'une condition ; car la fraternité existe ou n'existe pas ; et dès lors, elle ne saurait être conditionnelle.

Quoi qu'il en soit de ces explications qui n'offrent qu'un intérêt historique, il est certain que dans le droit classique on admit sans hésiter la possibilité de la condition (1).

Si la société n'est affectée ni de terme ni de condition, elle est pure et simple et commence à l'instant de la convention ; elle se prolonge indéfiniment (*id est dum vivunt*) comme nous l'avons vu.

SECTION II.

De l'apport.

Le second des éléments constitutifs du contrat de société est l'apport. Cet apport peut consister en argent ou autres choses corporelles, en un droit de créance, d'usufruit (*pecunia*), soit même dans le travail, l'industrie ou le crédit de l'associé (*opera, industria, gratia*).

On peut soupçonner d'après un texte du Code (2), qu'il y eut quelque doute sur la question de savoir si un associé pouvait n'apporter aucune valeur pécuniaire. Mais si la pratique hésita, il est certain qu'elle n'hésita pas longtemps, comme le prouve la société contractée entre Fannius Cherea et le comédien Roscius (3). Du reste le doute n'est

---

(1) L. 1. de Paul. *Pro socio.* Dig.
(2) L. 80, *pro socio.* — L. 1, *pro socio,* livre 4, tit. 37 C.
(3) Cic. *Pro Rosc. comedo.*

plus possible en présence du texte formel des Institutes (1) : *Ita coiri posse societatem non dubitatur ut alter pecuniam conferat, et tamen lucrum inter eos commune sit; quia sœpè opera alicujus pro pecuniâ valet.*

Toute chose susceptible d'une évaluation pécuniaire peut faire l'objet d'un apport.

Cette nécessité de faire un apport est de l'essence même du contrat de société; rien n'est plus naturel : le but de la société étant de réaliser et de partager des bénéfices, il est rationnel d'exiger que tous ceux qui prétendent à une part dans ces bénéfices, y aient contribué par leur industrie, ou aient mis quelque chose dans la masse commune. Un contrat qui présente un caractère de libéralité, d'avantage purement gratuit pour l'une des parties, ne vaut pas comme société; car, comme dit Ulpien (2) *donationis causâ societas recte non contrahitur.* Vaudra-t-il comme donation ?

Avant Justinien, il est certain qu'une convention où l'on aurait accordé à celui qui n'apportait rien une part dans les gains, ne devait pas être envisagée comme donation, la donation ne pouvant à l'époque classique résulter d'un simple pacte (3). A partir de cet empereur, la convention de donner étant devenue obligatoire (4) et ayant été munie d'une action (*condictio ex lege*), il faut admettre que la libéralité gratuite ainsi vaudra comme donation, pourvu, toutefois qu'elle soit faite à une personne capable, et que la formalité de l'insinuation qui, au delà de 500 solides depuis Constantin, a remplacé les règles de loi Cincia, ait été remplie. Toutefois, et même depuis la constitution de Justinien, dans le cas qui nous occupe, il ne pourrait y avoir donation, si une société de ce genre était formée entre époux. En effet, les donations demeurant prohibées

---

(1) Institut. lib. 3, tit. 25, § 2. — Instit. lib. 52, § 7, *pro socio*, Dig. — Instit. Dig. 1. 6. *pro socio.* — L. 5, § 1, p. tit. — L. 58, p. tit.

(2) Dig. liv. XVII, tit. II liv. 5 § 2.

(3) Dig. liv. XXIV, tit. 1, liv. 82.

(4) Code liv. 8, tit. 54, loi 85, § 5.

entre époux (1), la dispense d'apport n'aurait d'autre résultat que d'éluder la loi qui les prohibe. Une semblable clause ne pourrait valoir que comme donation à cause de mort, d'après le sénatus-consulte de Caracalla.

L'apport d'un corps certain peut avoir lieu soit en propriété, soit en usufruit, soit en quasi-usufruit, soit en jouissance seulement.

S'agit-il de l'apport en propriété ; si le corps certain est une *res nec mancipi*, la translation s'opèrera par tradition ; si c'est une *res mancipi*, on en transfèrera la propriété par la mancipation ou l'*in jure cessio*.

L'apport une fois réalisé, la chose est aux risques de la société, et si elle vient à périr, l'auteur de l'apport n'en participera pas moins aux bénéfices qu'on réalisera plus tard ; en effet, ayant effectué son apport, il a rempli son obligation, et la perte de la chose qui survient par la suite, ne peut rien changer à sa situation.

L'apport consiste dans l'usufruit d'un corps certain ; L'auteur de l'apport reste nu-propriétaire ; si donc la chose existe encore à la dissolution de la société, il y aura lieu à un prélèvement en nature ; si au contraire, elle vient à périr pendant la durée de la société, elle périra pour l'associé nu-propriétaire, *res perit domino*, qui néanmoins aura droit au partage des bénéfices réalisés jusqu'au moment où la société a pris fin.

Si l'apport consiste en jouissance, il faut appliquer les règles du louage (2). L'associé étant tenu de procurer à la société une jouissance successive, il est dans la position du bailleur. Il doit faire jouir, mais il reste propriétaire ; de sorte que, si la chose vient à périr, il se trouvera libéré vis-à-vis de ses associés ; mais en même temps il perdra tout droit dans les bénéfices ; s'il s'agissait de quasi-usufruit sur des choses fongibles (3), *quæ ex pondere, numero, mensurave constant*, choses qui, dans l'inten-

<hr>

(1) Dig. liv. XXIV, tit. 1. 32, § 21.
(2) Dig. liv. XIX, tit. 2, 1. 33.
(3) Instit. liv. 2, tit. IV, § 2.

tion des parties doivent être restituées en pareille qualité et quantité, ces choses seraient aux risques de la société, suivant les principes généraux du quasi-usufruit

SECTION III.

Du but de la société.

La société doit avoir un but à atteindre : c'est le bénéfice commun que les associés se proposent de réaliser. Toutefois, ce but doit être de poursuivre un avantage licite, appréciable en argent, et commun aux associés.

1° Le but doit être licite. La societé dont le but ne serait pas licite, serait radicalement nulle, parce que la bonne foi est de l'essence de la société, et qu'elle est dès lors entièrement contraire à la fraude et au dol : *quia fides bona contraria est fraudi et dolo.* Les textes sont formels à ce sujet (1). *Si maleficii societas coita sit,* nous dit Ulpien, *constat nullam esse societatem. Generaliter enim traditur rerum inhonestarum nullam esse societatem.* Puisqu'une société de cette espèce serait nulle, si elle n'a pas encore fonctionné, chacune des parties reprend sa mise par l'action *communi dividundo.* Si la société a eu un commencement d'exécution, il est certain que les gains faits par un de ses membres, en conséquence d'un vol ou d'un autre délit dont il se serait rendu coupable, ne devraient pas être rapportés à la société ; mais, ajoute la loi 53 (2) *in fine,* si la chose acquise à ce titre est déjà entrée dans la société, le gain sera commun : *planè si in medium collata sit, commune erit lucrum.* Cette loi 53 a un champ d'application plus large ; elle vise non pas seulement le cas où la société a été formée dans un but déshonnête, mais encore celui où, la société étant formée dans un but licite, un des associés commet un

---

(1) Dig. liv. XVII, tit. 2, l. 57. — Dig. liv. XVII, tit. 2, l 3, § 3. — Dig. liv. XXVII, tit. 3, l. 1, § 14. — Dig. liv. XVIII, l. l. 35, § 2.

(2) L. 53, liv. XVII, tit. 2. Dig.

délit. Ulpien déclare alors que la société ne pourra bénéficier du profit retiré de l'acte délictueux.

2° Le but de la société doit être appréciable en argent.

Néanmoins, comme le fait remarquer M. Accarias (1), « il ne faut pas croire que toute société procède d'un » esprit de spéculation. Sans doute, c'est par cet esprit » très licite et très fécond que naissent et vivent celles » qui ont pour but des opérations commerciales; mais » à coup sûr, on ne le rencontre ni dans les sociétés de » tous biens ou de tous gains, ni même dans certaines » sociétés à titre particulier où les parties se proposent » seulement de diminuer, en s'unissant, les frais qu'en- » traînerait pour chacune une action isolée». Le but commun peut donc être tout autre qu'une spéculation. Le Digeste nous en fournit de nombreux exemples : ainsi, il y a société dans le cas où deux voisins s'unissent pour la réparation d'un cours d'eau (2): *Item, si in communem rivum reficiendum impensa facta sit, pro socio esse actionem ad recuperandum sumptum Cassius scripsit;* pour la construction d'un mur, *ad onera utriusque sustinenda;* pour l'achat en commun d'un terrain, *ne luminibus suis officeretur* (3).

3° Enfin l'avantage devra être commun à tous les associés. Un contrat n'a pas les caractères de la société par cela que les diverses parties ont un intérêt dans ce contrat. Ce qui est le propre de la société, c'est la communauté d'intérêt. Donc pas de société sans l'espoir d'en partager les bénéfices. C'est ainsi que nous voyons l'action *pro socio* n'être pas ouverte, lorsque les parties poursuivent chacune un but distinct et particulier. Deux voisins ont chacun un bœuf pour labourer leurs champs; ce bœuf ne leur suffit pas : aussi conviennent-ils entre eux qu'ils se prêteront successivement leur bœuf. Dans ce cas, dit

---

(1) Précis de Dr. Rom , t 2, p. 492.

(2) Dig. liv. XVII, tit. 2, loi 52, § 12.

(3) Dig. loi. XVII, tit. 3, loi 52, § 35.

Justinien aux Institutes (1), il n'y a pas société, car il n'y
pas de but commun. Si les bœufs avaient été employés
à labourer un champ commun, il y aurait eu contrat de
société, parce qu'il y aurait eu intérêt commun. On voit
donc que l'apport commun existe bien ici, mais que,
l'avantage que les parties doivent retirer de leurs conventions n'étant pas commun, il n'y a pas de société.

Il n'y a de partageable que le gain réalisé dans les opérations pour lesquelles les parties ont entendu s'associer.
Par exemple, deux *argentarii* qui se sont mis en société
pour faire le commerce de la banque, ne sont pas tenus
de mettre en commun leurs bénéfices résultant d'opérations étrangères à ce commerce (2).

Bien que les associés poursuivent les bénéfices, il peut
arriver qu'ils soient trompés dans leurs espérances, et
que la société se liquide par des pertes. Alors la perte
est commune comme le serait le gain lui-même.

Une convention qui aurait pour but de réserver à l'un
le profit, l'autre supportant la perte, contiendrait une
libéralité et non une société. Ulpien nous déclare que la
société ne se contracte pas verbalement dans le but de
faire des donations (3) et qualifie du nom de société
léonine une telle convention, dont le but serait d'enrichir
l'un au détriment de l'autre. « *Aristo refert Cassium
respondisse societatem talem coiri non posse, ut alter
damnum sentiret: et hanc societatem leoninam solitum
appellare.....: iniquissimum enim genus societatis
est.... (4).*

Donc la participation pour chaque associé aux bénéfices sociaux est une condition essentielle du contrat.

Mais il suffirait que cette participation fût conditionn-
nelle. C'est ainsi qu'il y a société valable dans le cas de la

---

(1) Instit. § 2, lib. III, tit. XXV. La loi 85. § 1. liv. XIX, tit. 2. Dig. fournit un autre
exemple.

(2) Dig. liv. XVII, tit. II, loi 52, § 5.

(3) L. 5, § 2. *Pro socio*, Dig.

(4) L. 29, § 2, hoc titulo.

loi 44 à nôtre titre. J'ai chargé une personne de vendre une pierre précieuse sous la condition, que si elle reçoit dix, elle me remettra la somme entière, et que, si au contraire elle reçoit davantage, elle gardera le surplus. Il est évident que, si ce mandataire atteint le prix fixé et ne le dépasse point, tous les bénéfices seront pour son mandant et que les siens se réduiront à zéro. Quoi qu'il en soit, Ulpien n'hésite pas à voir là une société « *si animo contrahendœ* » *societatis id actum sit, pro socio esse actionem.* »

Cette solution paraît toutefois controversée par un texte (1) du même jurisconsulte, où, examinant la même espèce, il donne une solution différente. Ce ne sera pas ici l'action *pro socio* qui servira à faire exécuter le contrat, mais l'action *prescriptis verbis*. En effet, dit-il, il n'y là ni mandat, ni société; ni mandat, parce que la convention renferme la promesse d'un salaire ; ni société, car il ne paraît pas que le vendeur soit admis au partage des bénéfices de la vente, attendu que l'autre partie s'est réservé un prix déterminé.

Comment expliquer cette contradiction? Certains auteurs ont prétendu qu'il fallait s'en tenir à la loi 13, plus d'accord, selon eux, avec les principes. La nature du contrat, a-t-on dit, dépend de régles invariables et non de l'intention des parties : le contrat de société exige la participation aux bénéfices ; si elle n'existe pas, il ne peut pas y avoir de société; dès lors il faut rejeter la loi 44.

Je crois au contraire qu'il faut mieux s'en tenir à la loi 44 qui admet la société. En effet, si la participation aux bénéfices n'est qu'hypothétique pour le mandataire, il est néanmoins évident qu'elle existe, et cela est suffisant.

Le contrat de société peut contenir des conventions relatives au partage des bénéfices et des pertes entre les associés. Il nous faut donc examiner quelle sera la liberté laissée sur ce point aux parties contractantes.

On peut valablement convenir que les associés auront

____

(1) L. 13, liv. XIX, tit. V. Dig.

des parties différentes dans les bénéfices qui resteront après la réduction des dettes, et des portions différentes dans les pertes (1). Ulpien (2) regarde même comme valable la clause en vertu de laquelle un des associés ne prendrait part dans aucune perte, tout en partageant des bénéfices. Le jurisconsulte fait cependant remarquer qu'une telle clause ne pourrait être observée qu'à la condition que l'industrie de l'un des associés vaille autant que le capital de l'autre. « *Plerique enim tanta est industria socii ut plus societati conferat quàm pecunia.* » L'un perdant alors son industrie, l'autre son capital, la règle de l'égalité ne sera pas violée.

Les parties seraient également maîtresses de stipuler un forfait, c'est-à-dire de décider que l'un des associés aurait une certaine somme pour tout droit dans la société. La loi 44 *pro socio* nous en fournit une preuve. Le Digeste en offre une autre (3) : Flavius victor et Vellicus Asianus étaient convenus qu'ils achèteraient des terrains à bâtir avec des fonds fournis par Flavius Victor, que Vellicus Asianus y élèverait des constructions, et qu'après les avoir vendues, le premier retirerait les fonds qu'il avait avancés, plus une somme fixe, et que le second garderait le reste.

Ulpien nous enseigne (4) que si la convention n'a point réglé les parts de chacun dans la société, ces parts seront égales. Les parties sont alors réputées avoir voulu que chacune d'elles ait une portion virile. Cela ne souffre aucune difficulté, quand les mises ont été égales; il en serait ainsi, alors même qu'elles eussent été inégales. La loi 29 est formelle : *æquas eas esse contat.*

De ce principe nous pouvons déduire qu'il y a corrélation complète entre la participation aux bénéfices et la participations aux pertes ; c'est-à-dire que, si les parties, ayant déterminé le droit de chacun dans les bénéfices ne

(1) L. 30. *Pro socio.* Dig.
(2) L. 29, § 1. hoc tit. Dig.
(3) L. 52, § 7. *Pro socio.*
(1) L. 29, p. hoc tit. — (3) Instit. III, 25, § 8.

se sont pas expliquées sur les pertes, alors la participation aux pertes sera égale à celle des bénéfices.

C'est toujours sur la perte ou le gain final que doivent se calculer les parts des associés. *Neque enim lucrum intelligitur,* nous dit Paul (1), *nisi omni damno deducto.* Les bénéfices de la société, ce sont les profits qui survivent au paiement des dettes; il ne serait pas permis de former une société dans laquelle on conviendrait de ne point suivre cette règle de liquidation.

Enfin les associés, sans déterminer en rien la distribution des pertes et des gains, ont pu convenir qu'on s'en rapporterait à cet égard à un arbitre. Cet arbitre peut être ou n'être pas désigné d'avance dans le contrat (2). C'est là une différence entre la société et la vente (3). Pour la société, en effet, on se montre moins rigoureux, le juge ayant pouvoir suffisant pour choisir l'arbitre que les associés n'auraient pas désigné dans le contrat.

Le partage opéré par un arbitre est susceptible de recours devant le juge; les parties peuvent, s'il a été fait contrairement à leur intention, c'est-à-dire s'il n'a pas été fait proportionnellement aux mises, l'attaquer et en demander la réformation. Cela est conforme à la nature du contrat et à l'intention des parties (4).

Si l'arbitre choisi par les parties dans le contrat venait à mourir avant d'avoir réglé les parts de chacun, ou s'il se refusait à les régler, il n'y aurait pas de société, parce que, nous dit Celsus (5), l'intention des parties était qu'il n'y eût société que suivant l'avis du tiers arbitre: « *nihil* » *agitur: nam idipsum actum est, ne aliter societas sit* » *quam ut Titius arbitratus sit* ».

(1) L. 80. *Pro socio.* Dig. — Inst. III, 26, § 2.
(2) L. 76. *Pro socio.* Dig.
(3) L. 15. Code IV, 38.
(4) LL. 78 et 79. *Pro socio.*
(5) L. 75. *Pro socio.* Dig.

CHAPITRE II.

DES DIFFÉRENTES CLASSES DE SOCIÉTÉ.

Les Institutes de Gaïus et de Justinien ne reconnaissent que deux espèces de sociétés : la société *totorum bonorum*, et la société *unius alicujus negotiationis* (1) Au Digeste, Ulpien en reconnaît quatre d'abord ; puis il en émet une cinquième : *Societates contrahuntur sive universorum bonorum, sive negotiationis alicujus, sive etiam rei unius* (2) ; et ailleurs.... *videtur coita esse universorum quæ ex questu veniunt....* (3)

Nous pouvons donc diviser les sociétés en cinq classes savoir :

1° La société *totorum bonorum* ;
2° La société *universorum quæ ex questu veniunt* ;
3° La société *alicujus negotiationis* ;
4° La société *vectigalis* ;
5° La société *unius rei*.

Nous allons dire quelques mots de chacune de ces sociétés qui toutes se caractérisent par leur objet.

SECTION I.

De la société totorum bonorum.

Comme son nom l'indique, cette société comprend tous les biens possédés par les associés, biens corporels, biens incorporels, biens présents, biens à venir, l'industrie, les hérédités, les legs et mêmes les indemnités payées à l'un des associés pour des faits purement personnels. Elle

(1) Gaïus. Comm. III, § 148. — Instit. liv. III, tit. XXVI.
2) Dig. liv. XVII, tit. II, 1. 5.
(3) Dig. lib. XVII, tit. II., 1. 7.

paraît avoir été très usitée à Rome (1) et peut-être a-t-elle été la première forme d'association des rudes laboureurs du Latium. Cela expliquerait, comme le fait très judicieusement remarquer M. Accarias dans son Précis de Droit romain (t. II p. 4 94), pourquoi elle vient en première ligne dans le titre *Pro socio* au Digeste, et pourquoi nombre de texte s'y réfèrent sans prendre même la peine de l'exprimer (2). Cela nous dirait aussi pourquoi le *jus fraternitatis* est considéré comme inhérent à toute société; on aurait maintenu par routine une idée qui avait été d'une vérité générale au début; car il est incontestable que toutes les sociétés à titre universel procédent d'un sentiment d'affection réciproque. Du reste il y aurait erreur à croire que de telles sociétés ne conviennent qu'à une civilisation peu avancée. Il y a des situations dans lesquelles elles se conserveront toujours, et il est fort possible qu'elles aient occupé dans la pratique romaine de l'époque classique une place plus considérable qu'on ne le croit généralement. Et par exemple, ne pouvaient-elles pas fournir entre époux un moyen de prévenir tout à la fois les dangers que la constitution d'une dot présentait pour la femme, et les inconvénients attachés pour le mari à l'absence de dot ? Que ceci ne soit pas pure conjecture, les textes le prouvent. On peut citer deux exemples (3) d'époux qui vécurent pendant plus de 40 ans sous le régime d'une *societas omnium bonorum,* et dans l'un et l'autre cas cette société ne cessa que par la mort de l'un d'eux.

Les communautés universelles se rencontraient surtout parmi les affranchis d'un même patron, les *colliberti* (4).

(1) Gaius III, 148. Dig, LL. 1, § 1; 3 § 1.; 65, § 3. *Pro socio.* — Dig. Lib. XXXIV. L. 16 § 3.

(2) L. 5, § 1. L. 65, § 6. L. 66. *Pro socio.*

(3) L. 34, § 3. *De alim. leg.* 34, 1. *Laudatio funebris,* citée par M. Ch. Giraud dans les *Juris Romani antiqui vestigia* (p. 330 et suiv.)

(4) Voir à ce sujet une savante monographie de notre sympathique professeur, M. Poisnel, dans la nouvelle Revue historique de droit. (Année 1879. p. 431 : Recherches sur les Sociétés universelles chez les Romains.)

Comme ils étaient généralement fort pauvres et rapprochés souvent par des fondations alimentaires, on comprend, dit M. Poisnel, qu'ils missent en commun leurs efforts et leurs gains. Sûrs de ne recevoir aucune succession *ab intestat*, ils ne reculaient pas devant la *societas omnium bonorum*.

Poussant ses investigations plus avant, M. Poisnel affirme qu'on peut aller jusqu'à dire que les sociétés universelles ont eu à un certain moment, à l'origine de la nation romaine, la forme taisible et perpétuelle.

Abordant alors les textes, il compare les termes de la loi 4 *Pro socio* avec le texte de la loi 32 au même titre. Ce dernier texte qui pose le principe de la société expresse, la subordonne au *tractatus*, et ne la reconnaît plus *in re ipsâ*. Un tel contraste entre deux décisions ne trahit-il pas un changement qui s'est produit dans l'institution?. « Une communauté tacite peut aisément devenir
» perpétuelle. Lorsque l'un de ses membres vient à
» décéder, il n'est pas besoin d'un acte formel pour qu'elle
» subsiste : il suffit que la vie collective se maintienne ;
» les héritiers qui continuent la personne de leurs auteurs,
» prendront naturellement sa place dans le groupe qui,
» loin d'être brisé, ne fera que s'accroître en conservant
» son unité ». C'était donc surtout parmi les *heredes sui* que devaient se rencontrer ces sociétés tacibles, communautés formées *re*, puisqu'elles exigent moins une volonté directe que l'absence d'une volonté contraire et pouvant durer *in perpetuum*. « Des textes nombreux, ajoute
» M. Poisnel, en ont gardé la trace. Ils la désignent par
» le mot : *Consortium*. Suivant Aulu-Gelle, son nom
» technique était *ercto non cito;* chaque associé s'appelait
» *consors* ».

Enfin, M. Poisnel répond à l'objection qu'on pourrait lui faire en lui montrant qu'il confond la société et l'indivision, lorsqu'il affirme (1) « que le vocabulaire juri-

(1) Nouvelle Revue hist. de droit, année 1879, pages 450 et 451.

» dique, bien loin d'établir que l'on ait toujours séparé
» nettement la société de l'indivision, ferait plutôt présu-
» mer que les mêmes règles se sont appliquées d'abord
» à toutes les communautés, quelle qu'en fût l'origine.
» L'analyse est l'œuvre du temps ; et, pour retrouver la
» forme primitive des institutions, il faut non les diviser,
» mais les réunir ».

Quoi qu'il en soit, à l'époque classique, les sociétés taisibles ont disparu, et la société *totorum bonorum* a besoin d'être expressément stipulée. Si les parties gardent
le silence, on présume qu'elles veulent faire une société
de tous gains (1).

Nous avons, relativement à la société *totorum bonorum*,
deux choses à considérer, *son actif* et *son passif*.

§ 1. — Actif. — Au point de vue actif, nous avons vu
qu'elle comprend tous les biens présents et futurs des
associés. Reste à voir comment va se faire la mise en
commun de ces apports.

Au point de vue des biens présents (2), il faut distinguer les choses corporelles et les biens incorporels.
Pour les premières, au moment même où la société
est formée, la propriété en est mise en commun,
sans qu'il soit besoin d'aucune formalité. *In societate
omnium bonorum omnes res quœ coeuntium sunt continuò
communicantur.* Les biens corporels des associés deviennent donc la propriété commune des associés, aussitôt le contrat, sans qu'il y ait besoin d'une tradition
effective pour le compte de la société. Quoique ce fait
paraisse bizarre dans une législation formaliste comme
la législation romaine, il ne faut cependant pas y voir une
véritable dérogation à la règle: *Traditionibus et usuca-
pionibus dominia rerum, non nudis pactis transferun-
tur* (3).

Gaïus, dans la loi 2 à notre titre, nous donne l'explica-

---

(1) Dig. loi 7, *Pro socio.*
(2) L. 1, § 1 et L. 2 p. *Pro socio.*
(3) Code liv. 2, tit. 3, l. 20.

tion de ce qu'il avancé dans la loi 1 § 1: « *Quia,* dit-il, *licet*
» *specialiter traditio non interveniat, tacita tamen credi-*
» *tur intervenire* ». Dans la pensée du jurisconsulte, il y a
un constitut possessoire qui se forme en même temps que
la société. Du jour du contrat, chaque associé cesse de
posséder exclusivement pour lui, et commence à posséder,
en partie au moins, pour le compte de ses co-associés.
Ceux-ci acquièrent ainsi, par son entremise, la possession, et par là-même, la propriété indivise qui doit leur
appartenir dans les objets de la société. On évite ainsi les
traditions qui eussent été très nombreuses.

En ce qui touche les créances, la société ne peut
devenir ainsi créancière de ce dont l'associé était créancier; ce dernier devra transporter ses actions à la
société (1) : « *ea verò quæ in nominibus erunt, manent in*
» *suo statu; sed actiones invicem præstare debent.* »
L'associé devra donc constituer son co-associé *procurator
in rem suam,* ou obtenir de son débiteur qu'il s'engage
envers lui pour une somme correspondant à sa part dans
la société. S'il n'agit pas ainsi, le co-associé pourra intenter
contre lui l'action *pro socio* pour l'y contraindre.

Quand aux biens que les associés acquerront par la
suite, soit à titre onéreux, soit à titre gratuit, dans
aucun cas la communication ne se fera *ipso jure* (2).
L'associé, devenu propriétaire, devra transmettre à ses
co-associés la co-propriété de ses acquisitions, et ceux-ci
auront l'action *pro socio* pour l'y forcer.

L'associé doit encore, la société étant générale, verser
dans la caisse commune tous les gains qu'il fait, C'est
ainsi que les dommages-intérêts qu'il aurait reçus à l'occasion d'une action d'injure ou à l'occasion d'un tort causé
à sa personne ou à celle de son fils, devront être rapportés
par lui à la société (3).

---

(1) Dig. L. 3. pr. *Pro socio.*

(2) L. 74. *Pro socio.* — L, 3 § 1, hoc tit. — L. 73, pr. *Pro socio.*

(3) L. 52, § 16. *Pro socio.*

D'après la loi 65, § 16, à notre titre, si un des associés était marié, il devrait verser dans la caisse la dot reçue de sa femme ; mais en ce cas la société demeurerait tenue des charges du mariage : car *ubi dos esse debet, ibi onera matrimonii* (1). Dès lors, si la société se dissout pendant le mariage, l'associé peut à l'instant reprendre la dot de sa femme, parceque cette dot doit se trouver entre les mains de celui qui est appelé à supporter les charges du mariage. La société est-elle dissoute après le mariage ? Elle devra restituer la dot à qui de droit ; mais jusqu'à cette restitution, elle en aura la jouissance ; et, si aucune restitution n'est dûe, parce que la dot est adventice et que le constituant n'en a pas stipulé la restitution, elle restera définitivement dans la société et le partagera à la dissolution entre tous les co-associés (2).

Ne tombent pas dans l'actif de la société les bénéfices illicites ; tout ce qui est acquis *ex prohibitis causis*, ne doit pas être mis dans la masse commune (3). Si le voleur avait versé dans la caisse commune le produit de son vol, il ne pourrait le prendre ; car sa demande serait fondée sur son délit, *et nemo auditur propriam turpitudinem allegans*. On déciderait autrement, s'il avait été condamné à restituer l'objet volé ; car, ayant livré aux associés une chose qui ne lui appartenait pas, la société n'a pas pu devenir propriétaire (4).

§ 2. — PASSIF. — Nous avons déterminé la composition de l'actif dans la société *totorum bonorum* il nous faut maintenant examiner ce qui composera le passif. La société sera tenue de toutes les dettes des associés : elle prend tous leurs biens, il est juste qu'elle supporte leurs dettes, *non sunt bona, nisi deducto œre alieno* (5).

A sa charge seront encore les dettes nécessaires pour l'entretien de l'associé et de sa famille. Les dettes con-

---

(1) Dig. L. 56, §. 1. *De jure dotium.*
(2) L. 65, § 16. *Pro socio.* — L. 66, hoc tit.
(3) L. 52, § 17. *Pro socio.* — L. 53, hoc tit. — L. 5. *De usuris.*
(4) Dig. L. 54. *Pro socio.*
(5) Dig. L. 39, § 1. *De verb. signific.*

tractées durant la société par un associé, devront donc être payées *de communi*, quand bien même elles ne deviendraient exigibles qu'après sa dissolution, *licet posteà quàm societas distracta est, solutum sit* (1).

Parmi les dettes futures qui sont à la charge de la société, il faut comprendre toutes celles qui proviennent soit de l'entretien des associés et de leur famille, soit des charges qui leur incombent. C'est ainsi que la société sera tenue de fournir une dot aux filles des associés; ceux-ci n'ayant plus de fortune propre, c'est la masse commune qui doit fournir à toutes les dépenses raisonnables. Or, en droit romain, la dot n'est pas une pure libéralité: c'est, de la part du père, l'exécution d'une obligation sanctionnée par une action: *qui liberos... vel qui dotem dare non volunt... coguntur dotare* (2).

Dans les autres sociétés nous verrons que l'adjonction d'une clause spéciale appelée *ut de communi dos constitueretur* (3), était nécessaire. Dans la société *universorum bonorum* elle était implicitement comprise (4).

Certaines dettes des associés n'entraient pas dans la société. Ainsi étaient exclues de la société les dettes résultant des fautes et délits des associés (5). Toutefois la société sera tenue de restituer ce qui provient d'un crime commis par un de ses membres dans certains cas: Si, par exemple, les associés ont été de bonne foi en recevant la chose provenant d'un crime d'un des membres de la société, ils ne seront tenus que de la restituer; si, au contraire, ils ont été de mauvaise foi, c'est-à-dire s'il ont connu que la chose qu'ils recevaient, était le produit d'un crime, en outre de la restitution, ils devront supporter les frais de la condamnation. « *Æquum est enim ut cujus participavit lucrum, participet et damnum* (6).

<hr>

(1) Dig. L. 27. *Pro socio.*
(2) Dig. Liv. XXIII, II, 1. 19.
(3) Dig. liv. 17.11, loi 81.
(4) Dig. liv. 17.11, 1. 78.
(5) Dig. 1. 59, *Pro socio.*
(6) LL.54 et 55, *Pro socio.*

SECTION II.

De la société universorum quæ ex questu veniunt.

Cette société se forme dans deux cas :
1° Quand elle est formellement stipulée par les parties ;
2° Quand, ayant formé une société, les associés n'ont pas dit quelle espèce de société ils entendaient former.

Dans le cas en effet, où les parties ont gardé le silence, on ne saurait présumer qu'elles ont entendu contracter une société *totorum bonorum*; une telle association, impliquant l'aliénation du patrimoine entier des contractants, exige que leur intention soit exprimée d'une façon expresse « *Coiri societatem et simpliciter licet*, dit Ulpien, » *etsi non fuerit distinctum, videtur coita esse univer-* » *sorum, quæ ex questu veniunt : hoc est, si quod lucrum* » *ex emptione, venditione, locatione, conductione des-* » *cendit* (1). »

Cette société a pour objet tous les biens que gagnent les associés par suite d'achat ou de vente. Elle ne comprend donc pas les biens futurs acquis à titre gratuit, ni les biens présents. On entend par biens *quæ ex questu veniunt* (2), les biens provenant de l'industrie et des travaux des associés, de la vente, du louage et des fruits qu'ils retirent de leurs biens dont ils restent propriétaires; les hérédités, les donations, les legs ne tombent pas dans la communauté, pas plus que les gains illicites, en vertu d'une règle générale à toutes les sociétés : « *Cum questûs et compendii societas* » *initur, quidquid ex operis suis socius adquisierit,* » *in medium conferet; sibi autem, quisque hereditatem* » *adquirit* (3). »

Pour faire tomber dans la société les acquisitions à

(1) Dig. liv. XVII. II, 1. 7.
(2) Dig. liv. XVII. II, 1. 8 et 1. 9.
(3) Dig. liv. XXIX. II, 1. 45, § 2.

titre gratuit, il faudrait une clause spéciale. Les associés, par exemple, ont pu stipuler que l'actif de la société comprendrait les successions qui pourraient leur advenir. C'est une convention de ce genre que Paul examine dans la loi 3 § 2 *Pro socio.*

Quand au passif de la société *universorum quæ ex questu veniunt,* il se formera de tout ce que les associés pourront devoir à l'occasion de dettes contractées en vue de la société. Resteront donc propres à chaque associé les dettes antérieures à la société, et celles qui auront pris naissance dans une opération qui n'aurait pas pour but l'intérêt de la société. « *Sed nec aes alienum, nisi quod* » *ex questu pendebit, veniet in rationem societatis* » (1).

Les auteurs, à côté de cette société *quæstuum* dont nous venons de parler et qu'ils appellent *generalis,* en reconnaissent une autre plus restreinte dans ses effets et qu'ils nomment *specialis.* Un texte de Paul nous en offre un exemple. (2). Deux grammairiens s'associent pour mettre en commun ce qu'ils gagneront dans l'exercice de leur profession. Ici, l'actif de la société sera limité aux gains résultant d'une industrie déterminée. Quand au passif, seront seulement dettes de la société celles qui résulteront de l'exercice de cette industrie.

SECTION III.

De la société alicujus negotiationis.

La société *alicujus negotiationis* est la société *universorum quæ ex quæstu veniunt,* réduite à l'exercice d'une industrie déterminée. Elle se distingue de la société *unius rei* dont nous allons parler tout à l'heure, par un caractère plus spécial de commercialité.

« *Societatem coire solemus aut.... aut unius alicujus*

(1) Dig. liv. XVII, tit II, l. 12.
(2) Dig. liv. XVII, tit. II, l. 71, pr.

negotiationis, veluti mancipiorum emendorum vendendo-
rumque, aut olei, vini, frumenti emendi vendendique (1).

Le commerce des esclaves, le commerce du vin, de
l'huile, du blé, la banque, sont le but habituel que se proposent les associés *alicujus negotiationis.*

La société est composée, au point de vue actif, de la
mise des associés réglée par convention, et des profits
réalisés dans l'exploitation ; au point de vue passif, des
obligations provenant du négoce.

Chacun des associés doit à l'autre indemnité des
dépenses faites à l'occasion des choses sociales; mais les
bénéfices, comme les pertes résultant des opérations
étrangères, restent personnelles aux associés qui les ont
faites (2).

SECTION IV.

De la société unius rei.

C'est la société formée entre deux ou plusieurs
associés qui mettent en commun une ou plusieurs
choses déterminées pour les exploiter et partager les
bénéfices.

Le titre *Pro socio* au Digeste nous fournit plusieurs
exemples de cette société particulière. Ainsi : Deux personnes mettent en commun leurs chevaux afin d'en former
un quadrige et de les vendre ainsi pour un prix plus
élevé (3). Nous trouvons un second exemple dans la loi
52 : « *Si fratres parentum indivisas hereditates ideo*
» *retinuerunt, ut emolumentum ac damnum in his com-*
» *mune sentirent, quod aliundè quæsierint in commune*
» *non redigetur* (4) ».

Nous citerons enfin un cas d'association qui semble
rentrer dans le cadre de la société *unius rei*, et qui pré-

---

(1) Instit. liv. III, tit. XXV, pr. — Gaïus, c. III, n° 148. — Dig. 1. 5. *Pro socio.*
(2) Dig. liv. 17, tit. 11, 1. 52, § 4, et 1. 52, § 5.
(3) L. 58 pr. *Pro socio.*
(4) L. 52 § 6. *Pro socio.* L. 2, Code, liv. 4, tit. 37.

sente quelque intérêt; on y trouve comme un germe de notre commandite. Il nous apparaît comme un vestige, en droit romain, de ce contrat de commande qui se manifeste au moyen âge, et qui, de perfectionnement en perfectionnement, en est arrivé à constituer de nos jours une des formes de nos grandes sociétés commerciales (1).

Il s'agit de la société qui est constituée entre le propriétaire d'un troupeau et un berger. Le propriétaire s'engage à fournir le troupeau, le berger la nourriture, et on convient que les produits seront partagés dans une proportion déterminée (2).

Il faut bien remarquer que la société *unius rei* a une importance limitée par la durée de la chose à exploiter, et que les dépenses relatives à l'objet mis en société sont communes.

SECTION V

De la société vectigalienne.

La société *vectigalis* avait pour objet la ferme des impôts. Nous avons déjà dit quelques mots sur l'importance de cette société, lorsque nous avons parlé de l'esprit d'association à Rome; il faut nous arrêter ici plus longtemps, afin d'en donner une idée plus exacte.

L'idée si naturelle de concentrer la perception des impôts dans les mains de l'Etat n'est pas d'origine ancienne. A Rome, on affermait ou plutôt on vendait les *vectigalia* à des particuliers, à charge par eux de verser une somme fixe au trésor. Comme le prix de l'adjudication était toujours fort élevé, ces particuliers étaient obligés de s'associer, et de constituer ainsi ces sociétés puissantes que les textes mentionnent le plus souvent sous le nom de sociétés de *Publicains*.

(1) Troplong, Préface du Contrat de société.
(2) Code. liv. 2, tit. 3, l. 8.

Née sous les premiers temps de la République, la société *vectigalium* vit bientôt croître son importance avec les conquêtes, et la conserva jusque sous les empereurs.

Tacite nous la montre encore florissante sous Tibère (1). » *Frumenta, et pecuniæ vectigales, cœtera publicorum* » *fructuum societatibus equitum romanorum agitaban-* » *tur*. Sous Néron (2), son importance commence a être contestée; sous Caligula enfin, nous voyons dans Suétone que les impôts étaient perçus par des receveurs spé-ciaux (3), *susceptores;* jusqu'aux derniers temps, toute-fois, les sociétés vertigaliennes conservèrent la ferme des douanes, des mines et des salines (4).

Quels étaient ces *vestigalia* dont la perception formait l'objet de la société? En première ligne nous rencontrons l'impôt foncier qui frappait à l'origine les biens des citoyens mais qui ne porta plus, après les conquêtes, que sur les territoires conquis, avec des variations diverses suivant les traités de paix (5).

Sous la République, un impôt important frappait le bétail qui paissait dans les paturages du domaine public. Cet impôt se décomposait en deux éléments; une rede-vance en retour du pacage, et une taxe par chaque tête de bétail, d'où lui sont venus le noms de *scriptura* et de *capitatio* (6).

Sous les rois, un impôt frappait les marchandises qui entraient à Rome ou à Ostie (7). Plus tard, étendu à l'exportation et généralisé, il fut appliqué dans toutes les provinces de la République. Cicéron parle de cet impôt en émunérant toutes les marchandises pour lesquelles Ver-rès n'avait pas payé les droits (8).

(1) Annales, liv. IV, § 6.
(2) Tacite, Annales, L. XIII, § 50.
(3) Suétone, Caligula, § 40
(4) Troplong. Contrat de société. Préface, p. XXXV.
(5) Tite-Live, liv. XXXVIII, ch. XLVIII.
(6) Tite-Live, liv. X, chap. XXXIII et XXXV. — M. Faure à son cours de Doctorat sur le bail à ferme. (année 1880).
(7) Tite-Live, liv. II, ch. IX.
(8) Cic. *In Verrem.* II, ch. 72, 74, 75.

Les *vectigalia* comprenaient encore l'impôt sur les denrées de consommation vendues aux marchés ou sur les objets adjugés aux enchères (1).

Le sel aussi était frappé d'un impôt qui était alors, comme depuis et toujours, fort impopulaire.

Les mines et les carrières qui appartenaient aux particuliers, étaient aussi grèvées d'un impôt proportionnel aux produits extraits.

Cette énumération suffit pour faire comprendre quelles devaient être les ressources des sociétés de publicains pour faire face aux charges immenses qu'entraînait un pareil bail.

Sortant des règles générales établies pour les sociétés par la loi romaine, la *societas vectigalis* avait une organisation spéciale. Le caractère principal de ces sociétés était de constituer une personne morale (2). Il en résultait comme conséquence que la mort d'un associé n'entraînait pas la dissolution de la société (3), pourvu, toutefois, qu'il eût été convenu que la part du défunt dans la société passerait à son héritier.

Pomponius nous fait cependant remarquer que si l'absence du *de cujus* était préjudiciable aux affaires de la société au point de ne plus la rendre possible désormais, l'association vectigalienne s'éteindrait comme toute autre société par la mort d'un des associés.

La personnalité morale de la société vectigalienne entraîne encore comme conséquence la liberté pour les associés de choisir des préposés spéciaux chargés de l'administration (4). « *Quibus autem permissum est cor-* « *pus habere collegii, societatis, sive cujusque alterius* » *eorum nomine proprium est, ad exemplum rei publicæ* » *habere res communes, arcam communem, et actorem*

---

(1) L. 17. Dig. *De verb. significat.*
(2) Dig. lib. 3, tit. 4,. l. 1, *pr.*
(3) Dig. lib. XVII, tit 11. L. 59. *pr.*
(4) Dig. Liv. III, tit. IV, l. I, § I.

» *sive syndicum per quem, tanquàm in Republicâ, quod*
» *communitas agi, fieri que oporteat, agatur, finiat.*»

Quant à l'organisation intérieure de la société vectigalienne, nous ne croyons pouvoir mieux faire que de
citer textuellement ce qu'en rapporte M. Troplong dans
sa (1) préface sur le Contrat de société : « Dans l'organi-
» sation de ces sociétés, chacun avait son rôle. Les uns
» se rendaient adjudicataires (2) ; ils étaient directement
» obligés envers la République, et répondaient auprès
» d'elle de tous les engagements du bail ; d'autres inter-
» venaient comme caution : on les nommait *Prœdes ;*
» d'autres enfin entraient dans l'opération comme associés
» participants....

» A chaque associé était attribué dans l'affaire un in-
» térêt proportionné à sa mise ou à son industrie. Quel-
» quefois l'administration se divisait entre les associés, et
» chacun avait son département (3). Mais le plus souvent
» la société se donnait un ou plusieurs maîtres *Magistri.*
» Ils avaient leur siège à Rome ; c'est de là qu'ils impri-
» maient la direction aux affaires sociales. On conjecture
» qu'ils étaient quelquefois renouvelés tous les ans. Chefs
» de l'association, représentants du corps moral juri-
» dique, ils avaient le droit si grave de le lier par les con-
» trats et les actes qu'ils passaient avec les tiers. Ils
» présidaient à toute l'administration intérieure et exté-
» rieure, et à la correspondance avec les employés des
» provinces ; ils étaient dépositaires des livres, registres,
» comptes. Ils convoquaient les associés, pour délibérer
» sur les affaires importantes, et prendre les mesures
» exigées par les circonstances (4). Enfin les *Magistri*
» se donnaient dans les provinces des sous-gérants ap-
» pelés *(pro magistri)* (5)...

(1) Troplong. Préface. Pages 26 et suivantes.
(2) L'adjudicataire s'appelait *Manceps.*
(3) Dig. Liv. 39, tit. 4, 1. 9, § 4. — (*Socii vectigalium, si separatim partes administrent*).
(4) Cic. 111. *In Verrem*, 71.
(5) Ces *promagistri* étaient des personnages importants dans les provinces, et on les traitait
toujours avec considération. — Cic. 111. *In Verrem*, 32 et 111, 70.

Le cadre restreint de notre étude ne nous permet pas de nous attarder plus longtemps sur ces sociétés, ni sur l'influence politique qu'elles ont exercée sur la domination romaine. Les quelques mots que nous avons pu y consacrer, montrent suffisamment que de toutes les sociétés romaines, la société vectigalienne était le mode le plus perfectionné d'association, et le seul qui se rapproche le plus, à notre avis, des grandes sociétés financières des temps modernes.

CHAPITRE III.

DES EFFETS QUE PRODUIT LE CONTRAT DE SOCIÉTÉ.

Nous avons vu quels étaient les caractères et les conditions d'existence du contrat de société, et quelles modalités pouvaient l'affecter; nous avons également indiqué quelles étaient les diverses sociétés romaines; nous avons à étudier maintenant la société considérée dans ses effets.

1° Quant aux rapports des associés entre eux, 2° quant aux rapports des associés avec les tiers; nous examinerons enfin quelle est l'action spéciale qui est donnée, dans quel cas elle est admise, et avec quelles autres actions elle peut concourir.

Avant d'entrer dans l'étude de ces divers points, nous devons approfondir une question d'une importance capitale et vivement discutée parmi les jurisconsultes. Ce sera l'objet d'une première section.

SECTION I.

La société, à Rome, est-elle une personne morale? Est-elle un être juridique, un *corpus*, ayant une sorte de vie fictive et un patrimoine propre distinct de celui des associés? Telle est la question qui se pose, et dont la solution doit produire des conséquences pratiques des plus importantes.

Voyons d'abord quel est le véritable intérêt de la question; nous examinerons ensuite les arguments invoqués par les deux doctrines opposées qui se trouvent en présence.

Si la société est une personne morale, c'est elle qui sera pendant sa durée propriétaire du patrimoine social; dans le cas contraire, le patrimoine appartiendra par indivis aux associés.

Si la société est une personne morale, les biens sociaux seront le gage exclusif des créanciers de la société, ce qui créera sur ces biens, à leur profit, un privilège vis-à-vis des créanciers des associés; au contraire, ils viendraient en concurrence avec ceux-ci, si la société n'était pas personne morale.

Les créances et les dettes sociales appartiendront à la société elle même, si elle est personne morale ; en sorte que les associés ne pourront pas opposer à leurs créanciers personnels, en compensation, ce que ceux-ci doivent à la société, et réciproquement. Si l'être juridique n'est pas reconnu à la société, les créances et les dettes feront partie du patrimoine actif et passif des associés, et les compensations, qui n'auraient pas pu être invoquées tout à l'heure, pourront l'être, tout au moins pour la part de chaque associé dans la créance ou dans la dette.

Ces intérêts principaux de la question étant connus, passons à l'étude des textes.

« *Neque societas*, nous dit Gaïus, *neque collegium, neque* » *hujus modi corpus passim omnibus habere conceditur :* » *nam et legibus et senatus-consultis, et principalibus* » *constitutionibus ea res coercetur : paucis admodùm in* » *causis concessa sunt hujus modi corpora : ut ecce, vec-* » *tigalium publicorum sociis permissum est corpus habere,* » *vel aurifodinarum, vel argentifodinarum et salina-* » *rum... etc.* »(1). Le jurisconsulte pose en principe que la volonté des parties ne peut fonder une personne juridique, telle qu'une société, un *collegium* ; il n'appartient qu'à la puissance publique seule, par une loi, un sénatus-consulte ou une constitution impériale, de créer des êtres fictifs. Gaïus met au nombre des personnes morales, exceptionnellement autorisées, la société *vectigalium* et d'autres semblables ; elles ont seules ce caractère qu'elles reçoivent de l'autorité publique. Ainsi donc, et c'est la thèse que nous soutenons, en droit romain, la personnalité des sociétés est exceptionnelle ; elle n'existe que dans cer-

____

(1) Dig. Liv. X, tit. IV, 1. 1, *Pro socio*.

tains cas, et lorsque l'autorité la lui a expressément con-
férée. Or, l'intervention de l'Etat n'étant pas nécessaire
pour constituer la société, ceci ne fait aucun doute, on est
forcé de reconnaître qu'en général toute société ne cons-
tituera pas par le fait même de son existence une personne morale.

Un texte du Digeste (1) vient à l'appui de la doctrine
que nous soutenons. Le jurisconsulte Ulpien suppose un
individu qui transfère la propriété d'un terrain à une
personne qui doit y élever des constructions, et lui retro-
céder ensuite une partie du terrain édifié. Il n'y a pas
société, dit-il, « *quia nemo, contrahendo societatem, rei*
» *suœ dominus esse desinit,* » parce qu'en contractant une
société, l'associé ne cesse pas d'être propriétaire : or, dans
l'espèce, il y a translation de la propriété du terrain.
Ainsi donc, l'associé demeure propriétaire de son apport :
c'est bien une preuve certaine que la société n'est pas
une personne morale, l'être juridique étant nécessairement
propriétaire des choses apportées à la masse commune.

Si nous ajoutons à cela que, pour obliger la société
envers les tiers, les associés sont contraints de se réunir
et de s'obliger tous en commun, et que la mort d'un
associé dissout la société, notre opinion n'en acquiert
que plus de force ; aussi la regardons-nous dès lors comme
la seule vraisemblable.

On a soutenu cependant que la personnalité des sociétés
était de droit commun, et M. Troplong, qui a partagé cette
opinion, semble la considérer comme ne pouvant faire
doute, quand il nous dit (2) :

« Il est incontestable que la société apparaissait aux
» jurisconsultes romains comme un être moral, pareil à une
» succession vacante, aux corps municipaux et autres per-
» sonnes civiles reconnues par leur droit. » Il nous apporte
alors plusieurs textes que nous allons étudier ; mais il ne
fait aucune mention du texte de Gaïus dont nous avons

(1) Dig. Liv. XIX. Tit. V, loi 13 § I.
(2) Troplong, *Contrat de société* Ch. I, § 59.

parlé plus haut, et qui est l'argument principal de notre
système.

Les arguments de texte invoqués en faveur de la personnalité de toutes les sociétés, sont les suivants :

« *Mortuo reo promittendi, et ante adeptam hereditatem*
» *fidejussor accipi potest, quia hereditas personæ vice*
» *fungitur; sicuti municipium, et decuria, et societas.*» (1)

« *A municipibus et societatibus et corporibus, bono-*
» *rum possessio adgnosci potest.* » (2)

« *Si quis tabulas instrumentorum reipublicæ municipii*
» *alicujus aut subripuerit, aut interleverit, Labio ait*
» *furti eum teneri. Idemque scribit et de ceteris rebus*
» *publicis, deque societatibus.*» (3)

Nous avons réuni ces trois textes, car ils se réfutent
tous par une seule et même observation. En effet, il est
facile de voir qu'ils n'ont pas pour but de dire quelles
sociétés sont personnes morales, mais ce qui peut arriver,
quand ce caractère de personnalité appartient à une
société. Les textes nous disent en effet qu'un tiers pourra
se porter *fidejussorem* d'une société, qu'une société jouira
de la *bonorum possessio*, ou qu'elle pourra intenter l'action
furti ; mais ils n'indiquent pas quand cela pourra avoir
lieu. Il est bien évident que les sociétés qu'ils visent, sont
personnes morales, puisqu'ils les mettent notamment sur
la même ligne que les municipes, à qui le caractère de
personne morale était reconnu ; mais il ne faut pas conclure
de là que toutes les sociétés soient des personnes morales.
On a encore invoqué un texte de Paul (4). *Si communis*
» *pecunia penes aliquem sociorum sit, et alicujus so-*
» *ciorum quid absit, cum eo solo agendum penes quem*
» *ea pecunia sit : quâ deductâ de reliquo, quod cuique*
» *debeatur, omnes agere possunt.* » Comment expliquer
que l'associé qui a réclamé quelque chose, vienne s'a-

<hr>

(1) Dig. XLVI-1-L 22.

(2) Dig. XXXVII-1-L. 3 § 4.

(3) Dig. XLVII-II. L. 31 § 1.

(4) Dig. liv XXIII-II. L. 65, § 14.

dresser au détenteur de la caisse commune, si ce n'est par suite de ce fait, que la société constitue un être moral ? La caisse commune personnifie la société, et c'est pour cela que l'associé s'adresse à celui qui on est détenteur, au lieu d'agir contre les co-associés, chacun pour leur part.

La solution de la loi 65 § 14 se justifie, sans recourir aux règles de la personnalité des sociétés, par l'application des principes du mandat. Un associé a été chargé de l'administration des affaires communes, et, comme mandataire, il est en possession de l'actif social ; quoi de plus naturel que celui des associés qui a subi une perte, agisse contre lui, au lieu de s'adresser à chacun des autres séparément ?

On a enfin argumenté de ce que l'action *Pro socio* était personnelle, et on a dit que, si chaque associé était propriétaire des choses de la société, l'action *Pro socio* ayant pour but le partage, serait réelle : or, il est certain qu'elle est personnelle : c'est donc une preuve que la société est propriétaire, et non les associés.

Cette objection tombe d'elle même, si on remarque que l'action *Pro socio* n'a pas pour objet le partage des biens, mais l'exécution des obligations des associés, et que l'action qui a pour objet le partage des biens, est l'action *communi dividundo*, qui ne peut se confondre avec la précédente.

Il faut donc admettre qu'en droit romain la personnalité des sociétés ne forme pas la règle, mais l'exception, et que le consentement de l'Etat est nécessaire pour la formation d'un être juridique. Il est certain qu'un tel état de choses devait gêner le développement du commerce et de l'industrie, tout en arrêtant l'essor de l'esprit d'association.

Mais ce n'est là qu'une considération sans importance en présence des termes formels employés par les textes.

SECTION II.

Rapports des associés entre eux.

Lorsque la société est constituée, il naît entre les associés un ensemble de droits et d'obligations qu'il nous faut maintenant étudier.

§. 1. — *Des devoirs des associés.*

I. — Le premier devoir des associés est de réaliser l'apport promis. Nous avons dit comment s'effectue cet apport, en traitant des diverses espèces de sociétés : nous n'y reviendrons pas. Cependant l'associé ne doit pas se contenter de verser son apport ; il doit encore le garantir, sauf dans la société universelle où les associés apportent leurs biens tels qu'ils sont, avec toutes les chances d'éviction.

Quand l'associé est tenu de garantir son apport, cette obligation a plus ou moins de portée, suivant qu'il s'agit d'un apport en propriété ou d'un apport en jouissance. Au cas où c'est la propriété même qui a été promise, on applique à la garantie les règles de la vente ; les rapports de l'associé avec la société sont analogues à ceux du vendeur avec l'acheteur (1). Si l'apport est en jouissance, on suit les règles consacrées pour le louage ; de telle sorte que, si la jouissance venait à cesser, la société se trouverait libérée, et le défaut de prestation entraînerait pour l'associé la perte du droit aux bénéfices sociaux (2).

Mais pour qui sont les risques des apports ? Il faut, ici encore, distinguer suivant la nature de l'apport.

Si l'apport consiste en argent, les risques seront pour l'associé ; si la somme n'a pas encore été versée dans la société, *genera non pereunt.* Mais si le versement a été

(1) M. Molitor, n° 652.
(2) Dig. liv. XIX. Tit. 2. L. 9 pr.

effectué, la société court les risques de l'apport (1). Si l'apport doit être fourni en jouissance, le cas fortuit procure la libération de l'associé, et libère en même temps la société vis-à-vis de lui. L'associé supportera donc les risques (2). L'apport en industrie étant successif comme l'apport en jouissance, les risques sont pour l'associé qui la doit, et qui, par suite, perdrait ses droits, s'il lui devenait impossible d'effectuer son apport en apportant son industrie. Si l'apport consiste en un corps certain dont la propriété doit être transmise à la société, les risques, c'est-à-dire les pertes par cas fortuit, sont pour la société, et l'associé débiteur de cette chose n'est responsable que de sa faute. Cela est vrai dans une société pure et simple ; mais si la société est conditionnelle, il en est autrement. Dans ce cas la chose promise en propriété venant à périr par cas fortuit avant la réalisation de la condition, l'obligation de l'associé qui en est débiteur, ne pourra naître faute d'objet et par suite celles de ses co-associés ne pourront naître faute de cause. C'est ainsi que s'explique un texte dont nous avons déjà parlé plus haut (3). Dans l'espèce qu'il prévoit, ce qui est mis en commun, c'est non le quadrige, mais le prix à provenir de la vente ; il n'y aura société que s'il y a vente. Si donc l'apport de l'un des associés périt avant la vente, la société ne pourra se former, et les risques seront supportés par l'associé détenteur de l'apport.

II. — L'associé est tenu de mettre en commun les bénéfices qu'il réalise. A l'égard de ces bénéfices, on distingue entre les bénéfices réalisés *ex societate*, c'est à dire dont la société est la cause directe, et les bénéfices réalisés *propter societatem*, dont celle-ci n'a été que l'occasion.

L'associé n'est pas obligé de rapporter à la masse ce qu'il a gagné personnellement à cause de la société, *quod propter societatem ei contigisset*: par exemple, si en

(1) Dig. Liv. XVII. II. L. 59, § 1
(2) Dig. Liv. XIX. II. L. 33.
(3) Dig, *Pro socio* L. 58 pr..

gérant les affaires de la société, il a fait connaissance
d'une personne qui l'institue héritier, ou lui fait une donation, ce sera certainement là un bénéfice dont la société
aura été l'occasion, mais non la cause directe ; il n'en
devra donc pas communication à ses co-associés (1).

Les bénéfices réalisés *ex societate* doivent être communs ; tant que l'associé n'a rien reçu au delà de sa
part, il ne doit aucun compte à ses co-associés ; mais s'il
en est autrement, ses co-associés peuvent le poursuivre
par l'action *Pro socio*, afin qu'il leur rendre compte de ce
qu'il a touché (2). Il n'est pas douteux que, si un des
associés ayant reçu sa part dans la créance commune, le
débiteur devenait plus tard insolvable, les co-associés
pourraient se retourner contre celui qui a reçu sa part
intégrale, et le forcer, par l'action *Pro socio*, à partager
avec eux ce qu'il a reçu (3).

En ce qui touche les bénéfices consistant dans les
intérêts des sommes d'argent qui appartiennent à la
société, et qui ont été prêtées par l'un des associés, le
principe qui l'oblige à les communiquer, est susceptible
d'une distinction. Si l'associé a fait le prêt *nomine societatis*, c'est à dire comme mandataire de ses co-associés,
les intérêts devront être versés dans la caisse sociale.
En effet, il est juste que la société profite des bénéfices,
alors qu'elle était exposée à supporter les risques de
l'insolvabilité de l'emprunteur. L'opération a-t-elle été faite
sans mandat, *suo nomine*, l'associé gardera les intérêts
en compensation des risques d'insolvabilité qui lui
incombent (4).

Si nous rapprochons ce que nous venons de dire d'un
texte de Papinien au titre *de usuris* (5), nous voyons

---

(1) Dig. *Pro socio* L. 60, § 1
Dig. liv. XXVI. 8-L. 12.
Dig. liv. XLV-3-L. 1 § 4 et 18.
(2) Dig. *Pro socio*. L. 62.
(3) Dig. *Pro socio*. Loi 63, § 5.
(4) Dig. *Pro socio*. L. 67, § 1
(5) Dig. Liv. 22. Tit. 1. L. 1, § 1.

surgir une contradiction qu'il nous faut expliquer. « *Socius*
» *si ideò condemnandus erit*, nous dit le jurisconsulte,
» *quòd pecuniam communem invaserit, vel in suos usus*
» *converterit, omnimodò, etiam morâ non interveniente,*
» *præstabuntur usuræ.* » L'associé qui a employé l'argent commun dans son intérêt personnel, doit les intérêts de plein droit. Il est ainsi assimilé au voleur qui est
mis en demeure de plein droit et par le seul fait du vol.

Cependant nous avons vu que la loi 67, § 1, *Pro socio*,
permettait à cet associé de retenir par devers lui les bénéfices qu'il a retirés de l'exploitation des deniers de la
société.

On a cherché à concilier ces deux textes, en disant que,
si l'associé n'était pas tenu de rendre compte à la société
des intérêts qu'il avait perçus à raison d'un prêt fait *suo
nomine*, cela ne l'empêchait pas d'être tenu, envers ses
co-associés, des intérêts de la somme prêtée au taux du
lieu de formation de la société.

Nous ne suivrons pas cette explication, car elle a pour
inconvénient de mettre à la charge de l'associé prêteur des
intérêts dont le dispense la loi 67.

Cette dispense de payer des intérêts trouve sa raison
d'être, ajoute cette loi, dans ce fait que l'associé court le
risque de l'insolvabilité du débiteur.

Nous croyons plutôt que les deux textes visent des
hypothèses différentes. D'après nous, les intérêts seront
dûs de plein droit, aux termes de la loi I *de usuris*, si l'un
des associés a prêté l'argent commun à l'insu des autres
malgré eux. A-t-il, au contraire, agi avec l'assentiment
tacite ou exprès de ses co-associés, alors il conservera
pour lui les intérêts stipulés conformément à la loi 67.
Cette conciliation nous paraît la meilleure, surtout si l'on
remarque que le § I de la loi 67 n'est guère que le développement d'un *principium* où le jurisconsulte suppose
expressément des actes faits avec le consentement de
toutes les parties.

L'associé doit communiquer aux associés les bénéfices réalisés *ex societate*. Quelle sera la sanction de cette obligation ?

Cette sanction se trouve dans la loi 60 *Pro socio*.

« *Socium qui in eo quod ex societate lucri faceret*
» *reddendo moram adhibuit, cum eâ pecuniâ ipse usus*
» *sit, usuras quoque eum præstare debere; Labeo ait,*
» *sed non quasi usuras, sed quod socii intersit moram*
» *eum non adhibuisse: sed si aut usus eâ pecuniâ non*
» *sit, aut moram non fecerit contra esse.* »

Dans la loi 1 §1 *de usuris*, nous avons vu que l'associé qui a employé l'argent de la société à son usage personnel, voyait les intérêts courir de plein droit contre lui, par application du principe d'après lequel le voleur est censé toujours être en demeure.

La loi 60 prévoit le cas où, au fait d'avoir employé l'argent social à son usage personnel, vient s'ajouter la mise en demeure. Cette loi décide alors que l'associé devra payer, non les intérêts qui peuvent ne pas être une réparation suffisante du préjudice éprouvé par la société, mais des dommages-intérêts calculés sur le *quod socii intersit moram eum non adhibuisse.*

Pour que cette sanction puisse être appliquée, il faut les deux conditions de la *mora*, et de l'emploi à son usage, par l'un des associés, des bénéfices réalisés. A défaut de l'une ou de l'autre, les seuls intérêts seront dus.

Des commentateurs, entre autres Cujas et Pothier, ont lu le texte autrement, et substituent le mot *aut* au mot *cùm*. Dès lors il suffirait qu'une des deux conditions fût remplie, pour que la décision du texte reçoive application.

Nous repoussons cette leçon, d'abord parceque la logique de la phrase exigerait dans la lecture de Cujas et de Pothier *aut usus est,* au lieu de *usus sit,* et ensuite parceque le jurisconsulte Pomponius, en disant que la solution qu'il propose dans la loi 60 sera non avenue, si l'associé *aut usus pecuniâ non sit, aut moram non fecerit,* nous indique suffisamment que la co-existence des deux conditions est nécessaire, pour que la sanction contenue dans le texte soit appliquable.

Il résulte de ce que nous venons de dire, que l'associé est tenu seulement de sa faute légère *in concreto*, c'est à dire que, dans l'appréciation de la faute, on devra comparer l'individu à lui-même, pour connaître son degré de responsabilité.

L'associé qui, par sa négligence, a causé une perte pour la société, lui en doit compte, et il ne pourrait compenser cette perte par les avantages que, d'autre part, il aurait procurés ; car c'est un devoir pour l'associé de procurer des bénéfices à la société.

La responsabilité des associés sera plus ou moins grande suivant les conventions des parties. Elles pourront admettre que tel associé sera plus ou moins tenu ; mais jamais elles ne pourront décider qu'un associé sera exempt de toute responsabilité pour les actes frauduleux qu'il commettrait. Une telle convention serait contraire à la bonne foi qui doit présider à la formation de tout contrat de société.

III. — Chaque associé ne doit pas oublier que son droit d'user des choses de la société a pour limite le droit égal de ses co-associés. Il est, en effet, bien établi que chaque membre de la société est co-propriétaire de l'apport de ses co-associés et des biens acquis; par conséquent il a sur tous un droit de co-propriété. Le consentement de tous les associés est donc nécessaire pour modifier une chose commune : « *in re enim pari potiorem causam prohibentis » esse constat*(1). » Si l'un des associés veut bâtir, par exemple, sur un terrain commun, l'autre peut s'y opposer (2). Supposons que la modification a été réalisée: le co-associé pourra-t-il alors faire rétablir les choses dans l'état primitif? Sur ce point il faut faire plusieurs distinctions. Le co-associé n'a pu empêcher l'innovation, parce qu'il était

(1) Dig. Liv. X. 3. L. 28.
(2) Dig. Liv. VIII. 2. L. 27, § 1.
Dig. Liv. VIII. 5. L. 11.

absent : dans ce cas il pourra demander la destruction des ouvrages. Si, connaissant l'innovation, il ne l'a pas empêchée, il ne pourra demander que des dommages-intérêts à raison du dommage causé à la chose commune. Si enfin il l'a approuvée, il ne pourra employer ni l'un ni l'autre de ces deux moyens (1).

IV. — Chacun des associés doit apporter aux affaires sociales le même soin qu'à ses affaires personnelles (2). L'associé, nous dit Gaïus, doit tenir compte à son co-associé même de ses fautes, c'est-à-dire de sa négligence. Toutefois il ne faut pas entendre ici par faute le défaut d'une diligence très scrupuleuse. Il suffit qu'un associé ait pour les affaires sociales la même exactitude qu'il a pour les siennes : « *quia qui parùm diligentem* » *sibi socium adquirit, de se queri debet,* » parceque celui qui s'adjoint un associé peu diligent, ne doit s'en prendre qu'à lui-même.

L'associé est encore responsable de son dol (3).

§. 2. — Droit des Associés.

I. — Chaque associé peut user de la chose commune, pourvu qu'il ne mette pas obstacle à l'usage des autres (4).

II. — Co-propriétaire, l'associé peut disposer de sa part, mais seulement de sa part : « *Nemo ex sociis plùs* » *parte suâ potest alienare, etsi totorum bonorum socii* » *sint* (5). » Cette aliénation toutefois est d'une sorte particulière. En effet, l'*intuitus personæ* qui joue un rôle si important dans la formation de la société, ne permet pas une telle substitution de personnes (6). Aussi cette alié-

---

(1) Dig. Liv. X. Tit. 3. L. 28.
(2) Dig. *Pro socio*. L. 72.
(3) Dig. *Pro socio*. L, 72.
Dig. Liv. 50. Tit. 17. L. 23.
Instit. Liv. III. Tit. XXV, § 9.
(4) Dig. *Pro socio*. L. 52, § 13.
(5) Dig. Liv. XVII. L. 68.
(6) Dig. hoc titulo, L. 16.

nation est-elle *res inter alios acta* à l'égard des co-associés, qui conserveront vis-à-vis du cédant leurs droits et leurs obligations; la convention n'aura donc de valeur qu'entre le cédant et le cessionnaire (1).

Il en sera de même au cas où l'associé s'est associé, quant à sa part, avec une tierce personne. Il ne peut dépendre d'un associé d'introduire dans la société un étranger avec lequel les autres n'ont pas contracté. « *Socii » mei socius meus socius non est.*» (2) Mais il peut former avec lui une seconde société qui se greffera pour ainsi dire sur la première, tout en restant parfaitement distincte de celle-ci.

Plusieurs textes du Digeste règlent les rapports entre l'associé primitif et ce croupier. C'est ainsi que nous voyons que les bénéfices faits par le croupier devront être communiqués par lui à celui qui se l'est adjoint, et par ce dernier à ses co-associés; car à leur égard il est censé les avoir réalisés lui-même (3). A l'inverse, les bénéfices faits par ceux-ci seront communiqués à celui qui a choisi le croupier, et par lui au croupier lui-même (4). De même, si le croupier cause par sa faute un préjudice à la société, il en résultera, pour en obtenir réparation, une première action *Pro socio*, donnée contre lui à celui qui l'a choisi, et une deuxième action *Pro socio* donnée contre ce dernier à ses premiers co-associés (5). En sens inverse, la société a-t-elle éprouvé une perte de la faute des associés de celui qui a choisi le croupier? Celui-ci aura contre son associé l'action *Pro socio*, pour en exiger de lui la réparation, et cela même avant que ce dernier n'ait poursuivi ses co-associés, auteurs du préjudice.

III. — L'associé qui a fait des dépenses pour la société, agira par l'action *Pro socio* pour obtenir le rembour-

(1) Dig. Liv, XVII. Tit. II L. 17.
(2) Dig. *Pro socio*. L. 19 et 20.
(3) Dig. *Pro socio*. L. 21.
(4) Dig. *Pro socio*. L. 22.
(5) Dig. *Pro socio*. L. 22 et 23.

sement, capital et intérêts (1). Si, par exemple, un associé a fait une dépense pour réparer un canal qui était commun, il aura l'action *Pro socio* pour recouvrer la dépense. L'associé qui a payé une dette pour la société, peut réclamer, non seulement la somme par lui déboursée, mais encore les intérêts (2). De même, la société devra supporter les frais d'un voyage entrepris par un de ses membres dans un intérêt commun. « *Si quis ex sociis* » *propter societatem profectus sit, veluti ad merces* » *emendas, eas duntaxat sumptus imperabit, etc....* (3).

IV. — La société doit tenir compte à l'associé des obligations qu'il a contractées dans l'intérêt commun. Toute dette contractée durant la société pour une affaire sociale doit être payée en commun. Si la dette est pure et simple, pas de difficultés : « *omne aes alienum, quod ma-* » *nente sociatate contractum est, de communi solvendum* » *est* (4).» Si elle est à terme ou conditionnelle, il est possible que le terme ne vienne à échoir, ou la condition à se réaliser, qu'après la dissolution de la société : l'associé débiteur peut alors se faire donner caution à l'effet d'exercer son recours (5).

C'est là l'application d'un principe général commun à toutes les actions de bonne foi (6), que Paul signale dans deux textes, et qu'il applique au cas où une chose a été vendue par l'un des associés (7).

V. — L'associé qui a géré les affaires sociales, a le droit de se faire indemniser par ses co-associés des pertes qui peuvent résulter pour lui de cette gestion. Ainsi, si l'un des associés entreprend un voyage pour le compte de la société, et s'il est dépouillé par des voleurs,

---

(1) Dig. *Pro socio*. L. 52, § 12.

(2) Dig. *Pro socio*. L. 67, § 2.

(3) Dig. hoc tit. L. 52, § 15.

(4) Dig. Hoc tit. L. 27

(5) Dig. H. Tit. lois 27 et 28.

(6) Dig. *Pro socio*. L. 38.

Dig. Liv. V-2. L. 42.

(7) Dig. *Pro socio*. L. 67.

ou si les marchandises qu'il avait emportées dans l'intérêt de la société, périssent dans un naufrage, il a droit à une indemnité (1). Une controverse s'était élevée entre les jurisconsultes sur le point de savoir s'il ne fallait pas établir une concordance entre les pertes éprouvées *propter societatem* et les bénéfices *propter societatem*. Labéon admettait que, puisque les bénéfices réalisés *propter societatem* ne devaient pas être communiqués, il en devait être de même des pertes. Il décidait alors que les frais de guérison de maladie gagnée par un associé en s'occupant des affaires de la société, ne seraient pas à la charge de la société. Cette opinion était combattue par les Sabiniens et entre autres par Julien dont l'opinion prévalut : « *Secun-* » *dùm Julianum tamen, et quod medicis pro se datum* » *est recipere, potest. Quod verum est.* (2).

Les pertes dont il s'agit ici, resteront, bien entendu, à la charge exclusive de celui qui les aurait occasionnées par sa faute, suivant cette règle de droit: « *quod quis ex* » *suâ culpâ damnum sentit, non intelligitur sentire.*» (3)

SECTION III.

Rapports des associés avec les tiers.

Les associés peuvent entrer en relation avec les tiers par l'intermédiaire d'un mandataire ou directement.

I. — Il y a un mandataire. — Dans cette situation, des rapports vont naître entre la société et le mandataire, et entre la société et les tiers qui auront traité avec le mandataire.

Quant aux rapports qui naîtront entre la société et le mandataire, nous n'avons rien à dire: on suivra purement et simplement les règles ordinaires du mandat. Il faut cependant remarquer que, si le mandataire, au lieu d'être

(1) Dig. *Pro socio*. L. 52 § 4.
(2) Dig. *Pro socio*. L. 60 et 61. § 1.
(3) Dig. Liv. 30, Tit. 27. L. 203.

un tiers, est un des associés, il se produira une double dérogation aux règles ordinaires du mandat. Dans ce dernier cas, la responsabilité du mandataire s'appréciera d'après les règles de la société ; et en outre, si le mandat est donné dans le contrat de société même, il sera regardé en principe comme irrévocable : on présume alors que le mandat a été une des conditions de la formation de la société.

Examinons les rapports de la société avec les tiers. On voit qu'en principe, et dans la rigueur du droit civil, un mandataire ne pouvait stipuler et promettre que pour lui. Était-il créancier ? Lui seul avait l'action qui devait servir à faire exécuter le contrat. Était-il débiteur ? Lui seul pouvait être poursuivi. Une telle législation était contraire à tout esprit de spéculation : aussi, lorsque le commerce s'accrut, fallut-il la tempérer.

C'est alors que, grâce à l'influence prétorienne, s'introduisit en matière commerciale et maritime le principe de la représentation d'une personne par une autre. Ainsi le *magister navis* ou l'*institor* représentait jusqu'à un certain point le préposant, et le tiers qui avait traité avec eux, pourvu que ce fût dans les limites de leur mandat, pouvait exercer directement contre lui les actions *exercitoria* ou *institoria*. Le mandant était-il une société ? Le tiers pouvait alors agir contre les associés, et même contre chacun d'eux pour le tout (1).

S'il s'agissait de toutes autres opérations que celles de commerce, on suivait toujours les règles du droit civil. Mais peu à peu l'utilité pratique finit par l'emporter, et on introduisit en faveur des tiers contre le maître de l'affaire une action *utile ad exemplum institoriæ actionis*, qui était donnée *in solidum*, contre chacun des associés (2).

Quant aux associés, ils ne pouvaient, en règle générale,

(1) Dig. XIV. 1. L. 1, § 25.
(2) Dig. XIV. 3. L. 19.
Dig. XIX. 1. L. 13, § 25.
Dig. XXII. 1. L. 10, § 5.

recourir contre ceux qui avaient traité avec le mandataire, qu'en se faisant céder par celui-ci l'action qui découlait du contrat. Ils pouvaient cependant exercer cette action de leur chef dans certains cas exceptionnels. C'était d'abord quand le préposé avait fait un *mutuum nomine sociorum :* alors ils avaient la *condictio certi* résultant du contrat. On leur donnait ensuite une action utile, quand le préposé ne pouvait faire la cession, par exemple, parce qu'il était absent (1).

La jurisprudence finit enfin par accorder aux représentés des actions utiles contre les tiers qui avaient traité avec ce représentant (2).

Les tiers ont-ils traité avec un esclave appartenant à la société? Chacun des associés peut alors agir contre les tiers, proportionellement à la part qu'il a dans la propriété de l'esclave. Il en serait autrement cependant, si l'esclave avait stipulé nominativement pour l'un d'eux (3).

L'esclave est-il obligé sur l'ordre d'un des associés? Celui-là seul est tenu. S'est-il obligé sur l'ordre de deux ou de plusieurs? Ils sont tenus *in solidum*, par l'action *quod jussu* (4).

Enfin, en l'absence de tout ordre, même tacite, les associés sont tenus des actions *de peculio* et de *in rem verso* à raison des engagements contractés par l'esclave commun.

II. — Il n'a pas été nommé de mandataire. — Si les associés ont traité tous ensemble et directement avec les tiers, l'action est donnée contre chacun d'eux proportionnellement à sa part dans la société (5). Il s'agit ici, non d'une part civile comme le pense M. Maynz (6), mais d'une part proportionnelle à l'intérêt que chaque associé a dans la société. Deux textes du Digeste ne laissent du reste aucun

---

(1) Dig. XIV. 3. L. 1 et 2. — XLVII. 5. L. 5.
(2) Dig. XIX. T. L. 13 et 25.
(3) Dig. Liv. 4. Tit. 1. L. 37, § 3.
(4) Dig, Liv. XV. Tit. 4. L. 5, § I.
(5) Dig. *Pro socio.* L. 63, § 5.
(6) *Cours de Droit Rom.* § 227 A. Tome II.

doute sur ce point. Paul nous dit (1) que l'action *Ex empto*
se donne contre chacun des associés pour sa part et portion: « *Pro portione quâ socii fuerunt.* » Ulpien, examinant
le cas où plusieurs personnes exploitent un navire en commun et par elles-mêmes, nous dit également : (2) « *Si*
» *tamen plures per se navem exerceant, pro portionibus*
» *exercitationis conveniantur.* »

Ces textes supposent évidemment, d'une part qu'il s'agit
désormais de chose divisibles, et d'autre part que la solidarité ne se présume pas. Toutefois cette règle reçoit
exception dans les cas suivants: les associés sont tenus
solidairement des obligations sociales, 1° lors qu'ils se
sont engagés *correaliter* dans un contrat de droit strict (3);
2° quand ils se sont engagés *in solidum* dans un contrat
de bonne foi (4) ; 3° lors qu'il s'agit d'*argentarii,* ils sont
tous tenus *correaliter* (5); 4° enfin lors qu'il s'agit de
vendeurs d'esclaves (6).

Si un seul des associés contracte, cet associé devient
alors seul créancier, seul débiteur, et ses co-associés
restent complètement en dehors de cette opération. A-t-il
emprunté? Ils ne sauraient être obligés, quand même
l'argent emprunté aurait été versé dans la caisse commune.
Celui qui a fait le prêt à un des associés, a suivi la foi de
l'emprunteur seul : « *non quœrimus*, dit Cujas, *in creditiâ*
» *pecuniâ ad quem ea pecunia pervenerit, sed quis eam pe-*
» *cuniam rogavit, quis contraxit, ut is solus obligetur.*» Il
ne saurait donc atteindre les co-associés de l'emprunteur
par l'action de *In rem verso*. En effet, cette action n'a
été donnée que pour le cas où l'esclave et le fils de famille
auraient contracté sans mandat, mais non pour le cas où
un tiers aurait profité d'un emprunt fait par une autre personne *sui juris* et sans mandat. C'est à tort qu'on invoque

---

(1) Dig. Liv. XXI. 1. L. 44, § 1.
(2) Dig. Liv. XIV. 1. L. 4, *pr*.
(3) Dig. Liv. XLV. tit. 11. L. 2.
(4) Dig. Liv. XLV. tit. 11. L. 9.
(5) Dig. Liv. 11. Tit. XIV. L. 25 et 27.
(6) Dig. Liv. XXI. 1. L. 44, § 1.

contre notre opinion, la loi 82 *Pro socio*. Que dit cette loi? « *Jure societatis per socium œre alieno socius non obli-* » *gatur, nisi in communem arcam pecuniæ versæ sint.*» Les mots *jure societatis* indiquent bien que le texte ne vise pas les rapports du prêteur et du co-associé de l'emprunteur, mais les rapports des associés entre eux. Ils signifient simplement que l'associé qui contracte des dettes vis-à-vis d'un tiers, ne peut obliger ses co-associés *jure societatis*, c'est à dire par l'action *Pro socio*, à y contribuer que s'ils ont profité de ses obligations. Si les co-associés de l'emprunteur pouvaient être tenus vis-à-vis du prêteur, ce ne pourrait être que *jure societatis*, mais seulement en vertu d'une action utile *ad exemplum insti-toriæ actionis*.

Il est évident que si les actes faits par l'un des associés qui aurait agi sans mandat, venaient ensuite à être rati-fiés, il faudrait alors suivre les règles que nous avons exposées plus haut, en étudiant l'hypothèse où la société est représentée par un mandataire.

SECTION IV

Action qui naît du contrat de société.

Il ne naît directement du contrat de société qu'une seule action, l'action *Pro socio*. A ce point de vue, il y a une différence marquée entre ce contrat et les autres contrats consensuels. Nous ne trouvons pas ici l'action *directa* et *contraria*. Les obligations des associés étant les mêmes, l'action *Pro socio* est *directa ab utrâque parte* (1).

Cette action est de bonne foi (2), et ne peut dériver que du contrat de société : l'existence d'une communauté d'intérêt entre plusieurs personnes ne suffirait pas pour lui donner naissance, « *nec sufficit rem esse communem,* » *nisi societas intercedit.* »

(1) *Instit.* Liv. VI Tit. XVI § 2.
(2) *Instit.* liv. IV. Tit VI, § 28.

L'action *Pro socio* est accordée à tous ceux qui peuvent se dire associés (1), à leurs héritiers (2), et contre eux : car ils succèdent aux droits et actions de leur auteur.

Son pouvoir s'étend à l'éxécution des obligations personnelles et principales comme aux obligations accessoires et annexées au contrat : elle a pour objet les apports, la réparation des dommages imputables à un associé, la communication d'un gain ou d'une action acquise, le remboursement d'impenses nécessaires, la contribution aux pertes fortuites éprouvées pendant la gestion, la reddition des comptes, enfin la dissolution de la société (3).

L'action *Pro socio* peut être intentée, soit pendant le cours de la société, soit après sa dissolution.

Cette action présente deux particularités qu'il nous faut examiner :

1° Le défendeur y jouit, dans certains cas, du bénéfice de compétence.

2° La condamnation pour dol entraine infamie (4).

I. — *Du bénéfice de compétence.* — Les commentateurs ont ainsi appelé la faveur accordée à un débiteur de n'être condamné que dans la mesure de ses facultés, *quatenùs facere potest,* c'est à dire pour ce qu'il peut payer, sans se priver des choses nécessaires à la vie.

En général, ce bénéfice appartient aux personnes qu'un lien de parenté ou d'amitié unit au créancier, qui sont avec lui dans un certain rapport qui exige de sa part des ménagements.

L'associé jouissait de ce bénéfice, mais seulement quand il était actionné par l'action *Pro socio* (5). Toutefois on controverse la question de savoir dans quelles sociétés

<hr>

(1) Dig. *Pro socio*. L. 84.
(2) Code liv. IV. 57. L. 3.
Dig. *Pro socio*. L. 63, § 8.
— — L. 85 et 87.
(3) Dig. Liv. XVII. 11. L. 52, §§ 8. 10. 12, 13.
Dig. — — Lois 71, 74, 65. § 15.
(4) *Instit*. IV, 16, § 2.
Dig. 111. 2. LL. 1 et 6, §§ 6 et 7.
(5) *Instit*. IV. 6, § 88.

devait être admis le bénéfice de compétence. Ce bénéfice était-il admis dans toute société, ou ne pouvait-il être invoqué que dans le cas où l'action *Pro socio* résultait d'une société *omnium bonorum ?* Considérant les rapports de fraternité qui doivent exister entre les sociétés, Ulpien nous dit au titre *Pro socio,* que le bénéfice de compétence doit être accordé aux associés *unius rei,* comme aux associés *universorum bonorum :....* « *Etiam si non* » *universorum bonorum socii sunt, sed unius rei....* » (1) Cependant un autre texte d'Ulpien au Digeste (2) semble être en contradiction avec la loi 63 de notre titre, et paraît restreindre le bénéfice de compétence à la société *omnium bonorum :* « *Sunt qui,* nous dit Ulpien dans la loi 16, » *in id quod facere possunt, conveniuntur, id est non de-* » *ducto œre alieno ; et quidem sunt hi ferè qui pro socio* » *conveniuntur, socium autem omnium bonorum acci-* » *piendum est.*» Comment concilier ces deux textes ? Les tentatives ont été nombreuses.

Les uns ont voulu retrancher du texte de la loi 16 les expressions relatives à la société universelle, comme ayant été ajoutées par les glossateurs. D'autres font suivre le mot *autem* de la loi 16 du mot *maximè,* et disent alors, que dans cette loi, s'il s'agit seulement de la société universelle, c'est parce qu'elle constitue le *id quod plerùmque fit.* D'autres encore, laissant le texte intact, prétendent qu'Ulpien, après avoir adopté l'opinion de Sabinus, aurait changé d'avis, et en aurait restreint l'application à la société *totorum bonorum,* dans laquelle le lien de confraternité est plus étroit. Cette dernière opinion est partagée par Pothier. Nous préférons adopter une explication présentée par M. Machelard (3). On sait, d'après la loi 22 *De re judicatâ* (4), que l'associé n'avait pas le droit d'échapper d'une façon absolue à une con-

---

(1) Dig. *Pro socio.* L. 63. *pr.*
(2) Dig. XLII. 1. L 16. *de rejudicata.*
(3) M. Machelard. *Obligat. nat.* P. 508, note 1.
(4) Dig. Lib. 42. Tit. 1. L. 22, § 1.

damnation *in solidum*, mais seulement après un certain examen des faits par le Préteur, *causâ cognitâ*.

« Nous croyons avec M. de Vangerow, dit M. Ma-
» chelard, que le préalable de cette *causæ cognitio*,
» d'après laquelle ce bénéfice de compétence était tantôt
» accordé, tantôt refusé, rend compte de deux textes d'Ul-
» pien entre lesquels on a voulu trouver une contradiction.
» D'une part la loi 63 Dig. *Pro socio* étend le bénéfice
» même aux associés pour des objets particuliers ; d'au-
» tre part, la loi 16 *De re judicatâ* semble exiger qu'il y
» ait société universelle. Comme la concession de ce béné-
» fice, suivant la remarque d'Ulpien (1), repose sur une
» espèce de fraternité qui découle de la société, on comprend
» que cette quasi-fraternité ne fît aucune difficulté à la suite
» d'une *societas omnium bonorum*, tandis que les sociétés
» particulières pouvaient se présenter avec de phy-
» sionomies fort diverses, et quelquefois n'avoir établi
» entre les associés que des rapports fort passagers ou
» trop restreints pour qu'on dût les considérer comme
» des frères. »

« D'après les termes explicites de la loi 22 (2), la *causæ*
» *cognitio* consistait surtout à examiner si l'associé
» niait l'existence de la société, ou était obligé par suite
» de son dol. Dans l'un et l'autre cas, le bénéfice lui était
» refusé. C'est aussi ce que dit Paul, dans la loi 67, § 3,
» (*Pro socio*) : *non aliàs socius in id quod facere potest*
» *condamnatur, quàm si confitetur esse socium.* »

Donc, pour nous, les associés *omnium bonorum* jouissent d'une manière absolue du bénéfice de compétence.
Les associés dans les sociétés particulières, au contraire,
n'en jouissent que si l'examen des faits leur est favorable.

Le bénéfice de compétence ne pouvait être invoqué que par l'associé personnellement. Ainsi il était refusé au *fidejussor*, aux héritiers et même au père ou au maître de l'associé qui avait contracté la société par leur

(1) Dig. XVII. 2. L. 63. *pr.*
(2) Dig. Liv 42. 1· L. 22.

ordre (1). Il devait être inséré sous forme de restriction dans la *condemnatio* de la formule (2).

Mais comment calculait-on le *id quod facere potest*, pour savoir à combien on devait condamner l'associé ?

C'était au moment de rendre la sentence, que le juge devait apprécier les ressources de l'associé (3). On calculait sur l'actif brut de son patrimoine, c'est-à-dire qu'on ne déduisait pas sur son avoir les dettes dont il était tenu, sauf toutefois les dettes qu'il avait contractées pour le compte de la société (4). On considérait comme faisant partie de son patrimoine, les biens qu'il avait cessé de posséder par dol (5), le dol ne pouvant être pour personne un moyen de se libérer de ses obligations.

L'associé qui avait invoqué le bénéfice de compétence, pouvait, lors même qu'il revenait plus tard à meilleure fortune, repousser par l'exception *rei judicatæ* toute action tendant à lui faire payer ce qu'il n'avait pas payé. Comme il y avait là quelque chose de peu équitable, on finit par décider qu'il devrait promettre (*cautio, nuda promissio*) de payer l'excédant, quand l'état de ses affaires le lui permettrait (6).

2° *La condamnation pour vol entraîne infamie* (7). Nous devons faire remarquer sur ce point que l'action *Pro socio* ne fait encourir l'infamie qu'au seul associé qui a été condamné, et non pas à son héritier. C'est, du reste, ce que nous dit formellement Ulpien (8) au titre *De his qui notantur infamiâ* : « *Non tamen in tutelâ, vel pro* » *socio hæres suo nomine damnari potest ; quia hæres* » *neque in tutelam, neque in societatem succedit, sed* » *tantùm in œs alienum defuncti.* »

---

(1) Dig. Liv. XVII. II. Liv. 63, § 2.
(2) Dig. XLIV. 2. 22.
(3) Dig. *Pro socio.* L. 63, § 6.
(4) Dig. — — L. 63, § 2.
(5) Dig. — — L. 63, *pr.* et § 7.
(6) Dig. — — L. 63, § 4.
(7) *Instit.* Liv. IV. Tit. VII, § 2.
(8) Dig. lib. III. II. L. 6, § 6.

Concours de l'action Pro socio *avec d'autres actions.*

L'action *Pro socio* était bien l'action qui naissait directement de la société ; mais les associés avaient encore à leur disposition plusieurs autres actions que nous devons énumérer.

I. — C'est ainsi que l'associé avait l'action *Pro socio*, et en même temps l'action divisoire, *Communi dividundo*.

Dans certains cas, l'associé pouvait employer indifféremment l'une ou l'autre de ces actions ; ainsi le choix pour lui existe entre les deux actions pour réclamer sa part des fruits perçus par un autre sur la chose commune, ou la réparation du dommage causé par lui sur une chose semblable (1), Toutefois, ces deux actions tendant au même résultat ne peuvent être exercées cumulativement, à moins que l'on ne doive obtenir par l'une d'elles plus que ce que l'on a déjà obtenu par l'autre (2).

Malgré les points communs qui les rapprochent, ces deux actions ont des différences sensibles qu'il nous faut signaler.

1° L'action *Pro socio*, nous l'avons vu, a pour but de forcer un associé à exécuter les obligations que lui impose la société ; l'action *Communi dividundo* a pour but de faire partager la chose commune.

2° Une autre différence non moins sensible, c'est que l'action *Communi dividundo*, ne portant que sur des choses indivises, ne comprenait pas les créances. En effet, ou bien l'associé avait contracté en son nom, et la créance lui était propre ; ou tous avaient contracté ensemble, et la créance était multiple dès sa formation : il n'y avait donc pas indivision. L'action *Pro socio*, au contraire, était principalement utile pour obliger les associés

(1) Dig. *Pro socio*. L. 38, § 1.

(2) Dig. *Pro socio*. L. 43.

à se tenir compte de leurs créances respectives et des droits qu'ils avaient acquis (1).

3° L'action *Pro socio* suppose nécessairement un contrat de société, tandis que l'action *Communi dividundo* s'applique à tous les cas d'indivision.

4° L'action *Pro socio* est infamante au cas de dol. L'action *Communi dividundo* n'entraîne aucune conséquence de ce genre (2).

5° Enfin, le défendeur de l'action *Communi dividundo* ne pouvait invoquer le bénéfice de compétence accordé dans l'action *Pro socio* (3).

II. — Avec l'action *Pro socio,* les associés avaient encore l'action *Ex stipulatu.*

Si les associés avaient stipulé une clause spéciale pour le cas d'inexécution de leurs engagements, il n'y avait plus lieu à l'action *Pro socio,* si la clause pénale les indemnisait entièrement du dommage causé par l'un d'eux (4). Mais si, par l'action *Ex stipulatu,* l'associé n'avait pas obtenu la réparation de tous les dommages qu'il avait subis, il avait encore l'action *Pro socio* pour ce qui lui restait dû (5).

III. — L'action *Pro socio* concourait parfois enfin avec l'action *Venditi.*

Un texte d'Ulpien (6) à notre titre, nous présente une espèce dans laquelle ces deux actions sont en concours. Ce texte est assez obscur, et a donné lieu à des versions diverses ; nous ne reproduisons ici que la traduction la plus généralement adoptée : « Une société de commerce a « été contractée, à la condition que, dès qu'il plairait à l'un » des associés de rembourser aux autres tout ce qu'ils

(1) Dig. Liv. XVII. 11. L. 43
(2) Gaïus. Com. IV, § 182.
Instit. Liv. IV. Tit. XVI, § 2.
(3) Dig. Liv. XVII. 11. L. 63, § 1 et 3.
Dig. Liv. XLII. 1. L. 16.
Instit. Liv. IV. Tit. VI, § 38.
(4) Dig. *Pro socio.* L. 41.
(5) Dig. L. Tit. L. 42.
(6) Dig. L. Tit. L. 69.

auraient mis dans la société, jusqu'aux frais d'auberge, cet associé conserverait toute l'entreprise pour son propre compte. Si l'associé, qui a profité de cette clause, ne paie pas ce qu'il a promis, ses associés pourront le lui réclamer par l'action *Pro socio* et par l'action *Venditi*. Ils ont l'action *Pro socio*, parce qu'en demandant d'être remboursés, ils ne demandent que l'exécution d'une clause du contrat de société; ils ont l'action *Venditi*, parce que chacun a vendu sa part dans la société en vertu de cette clause, moyennant la prestation de frais et d'aliments que l'autre a promis d'effectuer. Comme ces deux actions tendent au même but, il est évident que l'une exclura l'autre.

IV. — La loi 52, § 10 à notre titre nous montre l'action *Pro socio* en présence d'une autre action. L'associé qui avait, de ses deniers, réparé la maison commune, jouissait depuis Marc Aurèle, d'un privilège qui lui permettait, dans les quatre mois du jour de la réparation, soit d'intenter contre les associés une *Condictio ex lege* pour se faire rembourser les dépenses qu'il avait faites, soit de conserver la propriété de la maison réparée. L'associé pouvait renoncer à ce privilège, et agir par l'action *Pro socio* pour obtenir *id quod intererat* (1).

V. Il peut arriver que les associés se rendent coupables l'un envers l'autre d'un vol, ou commettent quelqu'autre fait délictueux, qui, à côté de l'action *Pro socio,* fasse naître une action *Ex delicto.*

Lorsqu'un vol s'est commis, deux actions naissent: l'action *Furti* et la *Condictio furtiva*. La première est une action purement pénale, qui aboutit à une condamnation pécuniaire; la deuxième, au contraire, a pour objet la restitution de la chose volée. Or, si un associé a soustrait frauduleusement une chose commune, à la *Condictio furtiva* vient s'ajouter l'action *Pro socio*. Ces deux actions sont *Rei persécutoriæ*; mais l'action *Pro socio* est plus éten-

____

(1) **Dig.** *Pro socio*. L. 52, § 10.

due; en effet, tandis qu'elle comporte tout le dommage causé, la *Condictio furtiva* au contraire ne fait obtenir que la valeur actuelle de la chose volée. Les associés auront donc intérêt dans certains cas, après avoir intenté la *Condictio*, d'user encore de l'action *Pro socio* pour ce que celle-ci pourrait leur procurer de plus que la première. C'est ce que la loi 47 *Pro socio* leur permet de faire dans cette hypothèse. Mais il faut remarquer que c'est là une exception au droit commun prohibant le cumul de deux actions tendant au même but.

Il n'est pas douteux que l'action *Furti* pourra toujours se cumuler avec l'action *Pro socio* (1); car ces deux actions n'ont pas le même but: le double ou le quadruple obtenu par l'action *Furti* est une peine; dans l'action *Pro socio*, au contraire, c'est la réparation du préjudice causé que les co-associés poursuivent.

Examinons maintenant s'il fallait admettre le concours des actions mixtes, tant persécutoires de la chose que pénales, avec l'action de société. L'action *Vi bonorum raptorum* ou l'action de la loi *Aquilia* concouraient-elles avec l'action *Pro socio* ?

Supposons qu'un associé ait tué ou blessé l'esclave qui faisait les affaires de la société, ou, plus généralement, qu'il ait commis vis-à-vis des autres un *Damnum injuriâ datum* (2); il sera soumis à l'action de la loi *Aquilia* (3), et, en même temps, à l'action *Pro socio* (4).

Cependant Paul (5) nous fait remarquer que l'auteur du dommage aura une action *Pro socio*, pour forcer son associé à se contenter de l'une ou de l'autre action; il en est ainsi, dit-il, parce que l'action *legis Aquiliæ* et l'action *Pro socio* ont toutes deux le même but, la poursuite de la chose.

Cela doit s'entendre en ce sens que les deux actions ne

(1) *Pro socie*. L. 45.
(2) Dig. *Pro socio*. L. 29.
(3) — — L. 47, § 1.
(4) — — L. 48.
(5) — — L. 50.

pourront être cumulées ; de sorte que, si l'action *Pro socio*
a été intentée la première, l'action *legis Aquiliæ* ne pourra
être exercée que pour ce qu'elle contient de plus.

« *Si ex eodem facto*, nous dit Paul, *duæ competant*
» *actiones, posteà judicis potiùs partes esse ut quò plùs*
» *sit in reliquâ actione, id actor ferat.*» Lors que deux
actions naissent d'un même fait, et que l'une d'elles
est intentée, l'autre ne peut être ensuite intentée que pour
l'accident (1).

____

(1) Dig. XLIV. 7. L. 41. §1.

CHAPITRE IV.

COMMENT SE DISSOUT LA SOCIÉTÉ. — DES CONSÉQUENCES DE SA DISSOLUTION.

La société finit ou par les personnes qui la composent, ou par les choses qui en font l'objet, ou lorsque la volonté d'être en société cesse chez les associés, ou lorsque l'action d'une société ne peut plus avoir lieu. « *Solvitur societas,* » dit Ulpien (1), *ex personis, ex rebus, ex voluntate, ex actione; ideòque sive homines, sive res, sive voluntas, sive actio interierit, distrahi videtur societas.* » Nous étudierons séparément ces modes de dissolution.

SECTION I

§ I. — *Ex personis.*

1° *Mort de l'un des associés.* — La mort de l'un des associés entraîne la dissolution, parceque la société, à Rome, était surtout contractée en considération de la personne et de ses qualités individuelles. De ce qu'on avait consenti à former une société avec tel ou tel, il ne s'ensuivait pas qu'on eût voulu la continuer avec ses héritiers. Mais ce n'était là qu'une présomption, et les associés pouvaient convenir que la société continuerait entre les survivants (2).

Pour la société vectigalienne (3), cependant, même en l'absence de convocation, elle subsistait après la mort de l'un des associés; et, bien que l'héritier soit incapable de gérer, il participait aux bénéfices et aux pertes. A ce

(1) Dig. Liv. XVII. II, L. 63. § 10.
Gaïus, Com. III, § 152.
Instit. III. Tit. XXV, § 5.
(2) Dig. *Pro socio.* L. 65, § 9.
(3) Dig. Hoc tit. L. 59.

sujet, M. Accarias fait très justement remarquer qu'on pouvait le comparer à un commanditaire.

Après la mort de l'un des associés, les associés survivants pouvaient former une nouvelle société, en y faisant entrer les héritiers du défunt (1). Mais ils ne pouvaient convenir que l'ancienne société continuerait avec les héritiers du prédécédé (2). Cette prohibition s'explique facilement. En effet, celui qui stipule que le contrat de société s'étendra à ses héritiers, peut désigner quels seront ces héritiers, ou ne pas les désigner. S'il ne les désigne pas, la clause est nulle, parceque, dans notre contrat, la considération de la personne est essentielle ; on ne peut former une société qu'avec une *Persona certa*. S'il les désigne, la clause est encore nulle, parcequ'on ne peut pas, par une convention, restreindre la liberté de tester, ni préférer à un proche parent un parent plus éloigné. « *Idem respondit*, nous dit un texte du Digeste (3), » en parlant de Papinien, *societatem non posse ultrà mor-* » *tem porrigi : et ideò nec libertatem de supremis judiciis* » *constringere quis poterit, vel cognatum ulteriorem* » *proximioribus præferre.* »

Lorsque la société se dissolvait par la mort d'un des associés, ses héritiers succédaient à ses droits acquis, actifs et passifs (3). Ils devaient continuer et mener à fin ce que leur auteur avait commencé. En cela ils étaient tenus de leur dol, et même de leur faute, si le défunt en était tenu (4); mais aucune obligation ne leur incombait de faire des actes nouveaux.

Tant que durait sa gestion, l'héritier avait droit aux bénéfices et jusqu'au partage : les actions *Communi dividundo* et *Pro socio* pouvaient aussi bien être exercées par lui que contre lui.

(1) Dig. *Pro socio*. L. 37.

Dig. hoc tit. L. 59.

(2) Dig. hoc Tit. L. 52, § 9.

(3) Dig. hoc titulo, L. 65, § 2.

(4) Dig. hoc titulo, LL. 36 et 40.

La mort de l'un des associés n'entraînait dissolution de la société, que si cette mort était connue de tous ; autrement la société continuait « ..... *Si quidem ignota* » *fuerit mors alterius, valeat societas* (1). »

2° *Maxima et media capitis deminutio*. — A côté de la mort naturelle qui vient dissoudre la société, nous trouvons la mort civile appelée *Capitis deminutio* (2). Dans l'ancien droit romain, ces principes étaient appliqués avec rigueur : toute *Capitis deminutio* entraînait la fin de la société (3). Mais plus tard, conciliant ces principes trop absolus avec les règles qui président à la formation et à l'existence de la société, les jurisconsultes décidèrent que la *Minima capitis deminutio* était insuffisante à la dissoudre (4). Aussi Ulpien rapporte que Julien avait traité la question de savoir si la société contractée par un fils de famille restait encore la même, après son émancipation. La société reste la même, dit-il : « *initium enim his contractibus inspiciendum* ». Mais alors deux actions naissent : l'une, contre le père pour les seuls faits antérieurs à l'émancipation, parce que, après l'émancipation, il n'est plus lié par les obligations contractées par son fils ; l'autre, contre le fils qui embrasse toute la société. De sorte que, si le père n'est plus atteint par les engagements de son fils postérieurs à l'émancipation, quant à ceux qui sont antérieurs, ils continueront à produire effet contre lui au moyen de l'action *Pro socio* donnée *quod jussu, de peculio,* ou *de in rem verso*. Réciproquement, les créances sociales, acquises au fils de famille avant d'être émancipé, continuent d'appartenir au père ; celles, au contraire, acquises par le fils après son émancipation, lui appartiennent en propre.

La *Minima capitis deminutio* de l'associé pouvait résulter de l'adrogation, qui est l'adoption des personnes

(1) Dig. *Pro socio*. L. 65, § 10.
(2) Instit. Liv. 1. Tit. XVI, §§ 1-2-3.
(3) Gaïus. Com. III, § 153.
(4) Dig. *Pro socio*. L. 58, § 2.

sui juris. La société, nous dit le jurisconsulte Paul, n'en subsiste pas moins vis-à-vis de l'adrogé; quant à l'adrogeant, il reste étranger comme un héritier ordinaire.

La *Maxima capitis deminutio* entraînant la perte de la liberté, la société était dissoute, et les droits de l'associé devenu esclave appartenaient au maître (1), qui pouvait ainsi exercer l'action *Pro socio*, ou la voir exercer contre lui par les associés.

Enfin la *Media capitis deminutio* entraînant la perte du droit de cité, la société était dissoute; toutefois notre contrat étant du droit des gens, l'ex-associé, bien que *peregrinus*, pouvait prendre part à la formation d'une société nouvelle.

A la *Deminutio capitis media* et *maxima*, on assimilait, comme cause de rupture de la société, la confiscation des biens d'un associé au profit du fisc. Le fisc, qui recueillait ainsi les biens, devait aussi payer les dettes; aussi était-il tenu pour l'*Antè gestum* par l'action *Pro socio* (2).

La vente en masse des biens de l'associé à la requête de ses créanciers personnels (*Venditio bonorum*), enfin la vente en détail (*Distractio bonorum*) entraînaient la dissolution de la société. La dissolution était fondée ici, non sur un changement d'état de la part de l'associé, mais sur ce que l'insolvabilité de l'associé détruisait la confiance qu'on avait eue en lui (3).

§ II. — *Ex rebus.*

La société se dissout *Ex rebus*: 1° lorsque le fonds social tout entier, ou la chose principale sans laquelle la société ne peut pas continuer ses opérations, viennent à périr, ou à être mis hors du commerce (4).

(1) Dig. XXVII-11, § 12.
(2) Dig. *Pro socio.* L. 65, § 12.
(3) Gaïus, Com. III, § 154.
Instit. Liv. III. 25 §§ 5-7-8.
(4) Dig. *Pro socio.* L. 65 § 1.
Dig. *Pro socio.* L. 63, § 10.
Instit. III. — 25, § 6.

2° Enfin, elle se dissout *Ex rebus,* et forcément quand l'opération pour laquelle elle avait été formée, se trouve terminée : « *Item, si alicujus rei contracta societas sit,* » *et finis negotio impositus est, finitur societas...* » (1).

§ III. — *Ex voluntate.*

La société se dissout par la volonté de tous les associés, ou par la volonté d'un seul.

1° Les associés peuvent convenir, quand bon leur semble, que la société cessera d'exister : en ce cas, tous doivent être d'accord. Le contrat ayant été formé par le consentement de tous, il est évident qu'il pourra être rompu par le consentement de tous; il trouve sa fin dans la même cause qui lui avait donné naissance: « *diximus dissensu* » *solvi societatem; hoc ità est, si omnes dissentiunt* (2).»

Le *Mutuus dissensus* peut être manifesté expressément ou tacitement, lorsque, par exemple, les associés se mettent à agir séparément, et à faire des affaires pour leur compte particulier.

2° Il peut arriver que la renonciation à la société émane d'un seul associé (3). Les conséquences dans ce cas seront différentes, suivant qu'il s'agit d'une société contractée purement et simplement, ou à terme.

(*a*) Si la société a été contractée sans terme, elle peut être dissoute par la renonciation d'un seul des associés, à moins qu'elle ne soit faite de mauvaise foi, ou qu'il y ait intérêt commun pour toute la société à ce que la renonciation n'ait pas lieu à ce moment.

La renonciation sera de mauvaise foi, par exemple dans une société de tous biens, si l'un des associés renonce à la société pour profiter seul d'une succession

(1) Dig. *Pro socio.* L. 65, § 10.
(2) Dig. *Pro socio.* L. 65, § 3.
(3) Dig. *Pro socio.* L. 63 § 10.

qui s'est ouverte à son profit (1), ou si, dans une société formée pour faire une opération, l'associé renonce pour faire seul cette opération en vue de laquelle la société s'était formée (2).

La renonciation est intempestive, lorsque, la société ayant une perte à supporter, l'associé se retire : Il est évident que sa renonciation est alors inopportune ; car il y a intérêt pour tous les autres associés à se trouver en plus grand nombre pour supporter la perte (3).

L'associé a-t-il de mauvaise foi renoncé à la société? Il ne se verra pas libéré vis-à-vis de ses co-associés, tandis que ceux-ci le seront vis-à-vis de lui, c'est à dire que, si l'hérédité en vue de laquelle il a renoncé est onéreuse, il en supportera seul la perte, tandis que, si elle est bonne, il devra la partager avec ses co-associés.

Toutefois il faut faire une réserve pour le cas où le renonçant réaliserait un bénéfice imprévu au moment où il a renoncé ; il conserverait seul ce bénéfice, car là il n'y a point de dol (4).

Au cas où la renonciation serait inopportune, la même règle s'appliquerait. Les gains faits par la société postérieurement à la renonciation appartiendraient exclusivement aux autres associés, tandis que le renonçant devrait supporter sa part dans les pertes subies à la même époque (5).

(b) Si la société est à terme, l'arrivée du terme ne dissout pas de plein droit la société; son seul effet est de permettre à l'associé de se retirer sans pouvoir être accusé de dol. De ce fait que la société doit durer jusqu'à une certaine époque, il ne faudrait pas cependant conclure que les associés ne pourront pas

(1) Dig. *Pro socio*. L. 65, § 3.
(2) Hoc Tit.. L. 65 § 4.
(3) Hoc Tit. L.65, § 5.
(4) Dig. *Pro socio*. L. 65, § 8.
Gaïus. C. 111, § 154.
Instit. Liv 111. *De societate*, § 4.
(5) Dig. *Pro socio*. L.65, §§ 5 et 6.

renoncer avant le terme fixé (1). Cette clause n'a pour but que de forcer celui qui veut renoncer, à justifier de motifs sérieux (2).

Quelle serait la valeur de la clause par laquelle les associés se seraient interdit le droit de renoncer avant le terme fixé? Cette clause serait nulle, nous dit Ulpien (3), quant à une renonciation intempestive; car si un associé renonçait à la société en temps inopportun, on aurait toujours contre lui l'action *Pro socio*; elle ne saurait non plus enlever à aucun des associés la faculté de renoncer avant le temps, si cette renonciation se fondait sur de justes motifs (4).

Enfin, pour que la renonciation de l'un des associés soit valable, il faut qu'elle leur soit régulièrement notifiée (5). La notification peut être faite aux autres associés personnellement ou à leurs mandataires (6). Qu'arrivera-t-il, lors que l'un des associés est absent et qu'une renonciation lui est notifiée. Jusqu'à ce que l'absent ait eu connaissance de cette renonciation, les acquisitions faites par celui qui a renoncé restent, dans la société, et il souffre seul les pertes qu'il fait; au contraire les acquisitions faites par l'absent lui appartiennent exclusivement, et les pertes subies par lui seront supportées en commun (7).

La renonciation peut cependant être valablement notifiée au mandataire du co-associé absent.

§ 4. — Ex actione.

« *Actione distrahuntur societas*, nous dit Paul, *quàm* » *aut stipulatione aut judicio mutata sit causa societa-* » *tis* (8). »

(1) Dig. *Pro socio*. L. 14.
(2) Dig. hoc tit. L, 16, § I.
 — — L. 65, § 6.
(3) Dig. hoc tit. L. 14.
(4) Dig. hoc tit. LL. 15-16.
(5) Dig. *Pro socio*. L. 65, §7.
(6) Dig. *Pro socio*. L. 65, § 8.
(7) Dig. *Pro socio*. L. 10. § 1.
(8) Dig. hoc tit. L. 65.

La société peut être dissoute *Ex actione* par la novation résultant soit d'une stipulation nouvelle, soit d'un jugement. Cela se présente, lorsque le contrat de société se transforme en une nouvelle obligation, soit parce que les associés se sont respectivement obligés par une stipulation, soit parce qu'en portant leurs droits respectifs en jugement, il s'est alors formé entre eux une nouvelle convention qui a pour objet l'exécution de la chose jugée (1).

La loi 71 *Pro socio* nous donne un exemple de dissolution de la société *Stipulatione*. Après avoir arrêté dans l'état de société les conditions de la convention, les parties font, dans l'intention de nover, la stipulation suivante: « *Hœc ità dari fieri spondes?* » Désormais ce n'est plus l'action *Pro socio* qui est intentée au cas où l'un des associés ne remplit pas ses obligations, mais l'action *Ex stipulatu*.

La société est dissoute *Judicio*, lorsque les associés intentent l'action *Pro socio* pour régler définitivement les droits respectifs de chacun dans la liquidation des affaires sociales. Alors il se produit une novation par l'effet de la *Litis contestatio* qui éteint ainsi les obligations antérieures, pour donner naissance à un nouveau rapport entre les parties.

Il ne faut pas confondre ce cas de dissolution avec le cas de renonciation de la part de l'un des associés. En effet, dans ce dernier cas, l'état d'indivision est substitué à l'état de société; mais les obligations antérieures subsistent; ici, au contraire, les obligations primitives se trouvent éteintes, et font place aux obligations qui découlent de la *Litis contestatio*.

(1) Gaïus. Com. lil, §§ 176-180.

SECTION II.

Effets de la Dissolution.

La dissolution de la société entraîne la nécessité de la liquider et de la partager.

La liquidation est la formation de la masse active et passive, la déduction du passif pour déterminer l'actif net. Cette liquidation peut avoir lieu à l'amiable; ce n'est que dans le cas où les parties ne s'entendent pas, qu'on recourt à l'action *Pro socio* (1).

Quant au partage, il se fait alors conformément au règlement des parts dont nous avons plus haut étudié les règles.

Il ne nous reste plus pour terminer cette matière, et à propos de la liquidation sociale, qu'à nous occuper du prélèvement des apports.

Pour certaines sociétés, le prélèvement des apports ne peut présenter aucune difficulté. Dans les sociétés *Totorum bonorum*, par exemple, tout étant mis en commun, il ne peut y avoir lieu à reprise d'apports, sauf le cas prévu par la loi 65 *Pro socio*, où un associé marié a le droit de reprendre la dot de sa femme (2). Dans la société *Omnium bonorunm quæ ex questu veniunt*, les bénéfices seuls composant la masse, il n'y a pas lieu à prélèvements. Nous n'avons donc à étudier à ce point de vue que les sociétés particulières. La règle en ce cas peut être ainsi formulée: « les choses dont l'usage ou la jouissance seulement a été apporté, donnent lieu à prélèvement; celles dont la propriété a été mise en commun, sont comprises dans le partage. »

Lorsque dans l'acte de société, les contractants ont eu soin de s'expliquer sur la nature de leurs apports, pas de difficulté: la convention est alors la loi suivant laquelle

(1) Dig, 1. 30, Liv. XVII. 11.
(2) Dig. *Pro socio*. L. 65, § 16.

les associés pourront, ou non, faire les prélèvements qu'ils se sont réservés.

Mais que décider, lors qu'ils n'ont rien spécifié sur la nature de ces apports ? (1)

Trois solutions peuvent se présenter :

1° Dans le doute, toute chose apportée l'a été en pleine propriété ;

2° La jouissance seule a été apportée ; si les parties ont gardé le silence, « *In dubio quod minimum est, sequimur,* » nous dit Ulpien.

3° Enfin, on peut résoudre la question en fait en s'inspirant de l'intention probable des associés.

Pour nous, la règle formulée par Ulpien doit faire loi dans l'espèce ; aussi pensons-nous que, en cas de doute, on doit présumer que l'intention probable des parties a été d'apporter simplement l'usage des objets mis par elles en commun, et de se réserver le droit de prélever cet apport avant le partage.

La liquidation une fois faite et la masse partageable établie, il ne reste plus qu'à procéder au règlement des parts dans l'actif net, opération dont nous avons étudié les principes, en nous occupant des éléments essentiels du contrat de société dans la première partie de cette étude.

____

(1) Dig. Liv. LX, Tit. XVII. L. 34.

DROIT FRANÇAIS

DROIT FRANÇAIS

DE LA SOCIÉTÉ EN COMMANDITE PAR ACTIONS

(*Loi du 24 juillet 1867.*)

CHAPITRE I.

PRÉLIMINAIRES.

La société en commandite est celle qui se forme entre un ou plusieurs associés responsables et solidaires, et un ou plusieurs bailleurs de fonds tenus jusqu'à concurrence de leur mise seulement (art. 23 et 26 C. Com.)

Les associés responsables et solidaires, sont appelés associés *commandités;* les bailleurs de fonds sont nommés *commanditaires.*

Comme on le voit, cette société repose à la fois sur un élément réel et sur un élément personnel; la responsabilité personnelle se trouve unie à la responsabilité limitée et purement matérielle. De là résulte, comme nous le verrons plus tard, une différence notable entre la situation des deux classes d'associés.

A la différence de la société en nom collectif, la société en commandite a cet avantage d'être accessible à tous, aussi bien à ceux qui peuvent et qui veulent être commerçants, qu'à ceux qui ne peuvent ou ne veulent pas se livrer au commerce et qui, cependant, engagent volontiers une partie de leurs capitaux dans une opération commerciale.

Cet avantage de se prêter à l'agglomération des capitaux existe surtout dans la société en commandite dont le capital est divisé en actions. Car la possibilité de se retirer à chaque instant en cédant leurs droits, et souvent aussi l'espérance d'une prime à réaliser sur les actions, sont un attrait de plus pour ceux qui cherchent à placer leurs capitaux.

Mais si tel est l'avantage de la commandite par actions, il ne faut pas oublier les dangers qu'elle présente, dangers qui n'ont pas peu contribué à jeter le discrédit sur ce mode d'association, et que la loi de 1867, objet spécial de notre étude, a eu pour but d'atténuer. Nous voulons parler des abus et des scandales auxquels la commandite par actions a donné lieu pendant plusieurs années (de 1820 à 1835), alors que l'autorisation du gouvernemeut était nécessaire pour former une société anonyme. Tous les agioteurs véreux, les spéculateurs avides et sans foi, ne voulant pas risquer leur responsabilité personnelle dans la société en nom collectif, ni soumettre leur entreprise à l'examen et à l'autorisation du gouvernement dans la société anonyme, s'adressaient de préférence à la responsabilité de la commandite, responsabilité à laquelle ils comptaient bien d'ailleurs se soustraire.

Quoi qu'il en soit, surtout depuis la loi de 1867, la société en commandite par actions nous paraît offrir des sûretés suffisantes pour rendre, dans la pratique des opérations commerciales, d'utiles services. En effet la responsabilité absolue d'un ou de plusieurs associés est une garantie très précieuse pour les tiers et même pour les commanditaires ; lorsqu'une telle responsabilité sera acceptée par des hommes solvables et honorables, ce sera presque toujours la preuve que la société qu'ils veulent fonder, a un but sérieux et des chances réelles de prospérité.

L'origine de la commandite est très ancienne, et paraît remonter aux temps les plus reculés.

Il résulte des textes anciens, mis en lumière par les savantes recherches d'hommes éminents (1), que le commerce de l'argent jouissait déjà d'une grande importance dans l'antiquité, et qu'à Athènes comme à Rome, la lettre de change, la banque, le compte-courant étaient connus et d'un fréquent usage.

Il est donc permis de croire que, les richesses d'un particulier devant difficilement suffire aux opérations multiples des maisons de banque qui exigent des capitaux énormes, on avait recours à des associations. Ces associations se composaient de deux éléments distincts : d'une part, des bailleurs de fonds qui confiaient leurs capitaux pour les faire fructifier ; d'autre part, des agents (*Trapézites*) qui dirigeaient (2) la maison et rendaient des comptes. Ces deux éléments de la société athénienne rappellent bien les éléments de notre commandite moderne : les bailleurs de fonds sont nos commanditaires ; les *Trapézites* correspondent à nos commandités. Aussi nous ne croyons pas trop nous avancer en voyant là une association analogue à notre commandite, surtout si l'on pense que les Athéniens, peuple essentiellement spéculateur et mercantile, n'avaient pu ignorer les avantages des sociétés commerciales, et l'heureuse combinaison des capitaux et de l'industrie.

A Rome, où les opérations de banque étaient fréquentes et non moins importantes qu'à Athènes, il est probable

(1) *Compte-Rendu des Académies des sciences morales et politiques.* — Année 1859. — T. 221. *Essai historique sur les Trapézites ou banquiers d'Athènes.* — M. de Koutorga.
Mémoires de l'Académie de Caen. — Année 1866, p. 133.
La lettre de change chez les Athéniens. M. Caillemer.

(2) M. de Koutorga, à qui nous empruntons ces détails, cite à l'appui les textes suivants : Démosthènes contre Phorm., §§ 11 et 5 — contre Aphobus, §§ 7 et 10 — contre Dionys, § 0. — Isée pour Eumathes.

que les *Argentarii* devaient user de l'association. La
société vectigalienne que nous avons rencontrée plus haut,
qui se constituait toujours quand il s'agissait d'exploitations importantes, ne nous offre-t-elle pas une analogie
frappante avec notre commandite? Dans cette société
nous avons remarqué que l'*Intuitus personæ* s'effaçait en
partie pour certains associés, dont la responsabilité se
trouvait dès lors bornée à la quotité du capital engagé
par eux. Ces associés ne rappellent-ils pas nos commanditaires, dont la responsabilité est limitée à leur apport (1)?

Mais ne nous arrêtons pas plus longtemps sur ces
conjectures, notre but n'ayant été, en les rapportant ici,
que d'établir certaines analogies intéressantes à noter
entre les sociétés de commerce de l'antiquité et celles de
nos jours.

C'est au moyen-âge que nous apparaît, dans toute son
évidence, l'origine du contrat de société en commandite.
Au treizième siècle, les statuts de Marseille (Liv. III. Chap.
XIX à XXIV) la mentionnent, et Casaregis nous en
parle comme d'une sorte de société distincte des autres:
« *Accommandita sive societas viam accommandæ inita.* »
A cette époque notre contrat portait le nom de *Commande :*
« celui qui aura pris en *commande* ou en société d'une
» personne quelconque, de l'argent ou de la marchandise
» pour les porter en un voyage par mer ou par terre, sera
» tenu, à son retour du dit voyage, de rendre compte fidèle
» de cette *commande* ou société et des profits qu'elle aura
» produits (2). » Plus tard, les ordonnances royales du
XIVe siècle, qui réglementent les foires de Champagne et
de Brie, autorisent les sociétés comprenant l'apport de
capital opposé à l'apport d'industrie, et leur donnent le
même nom de *Commande* (3).

(1) M. Troplong (*Préface du Commentaire des Sociétés*, p. 55) trouve encore une analogie avec
la commandite dans le contrat de bail à cheptel romain.
Code. Liv. 11, Tit. 3, L. 8.

(2) Pardessus. — *Lois maritimes.* — T. IV, p. 255.

(3) *Ordonn. royales*, de Mars 1294, de juillet 1309, janvier et juillet 1311, de 1317, juin 1326,
de 1327, 1331, 1344, 1345, 1346, 1349, 1358, 1262, 1365, 1381.

Ordonn. Tome 1 et suivants.

Cette forme de société, dont nous ne trouvons pas de trace en France avant le XIII⁰ siècle, était pratiquée bien avant par les grands capitalistes des républiques italiennes (1).

Introduite en France, elle ne tarda pas à y jouer un rôle important, grâce à deux causes qui favorisèrent son développement. Nous voulons parler de la proscription du prêt à intérêt qui rendait improductifs les capitaux, et du préjugé, puissant alors, qui interdisait le commerce à la noblesse, sous peine de déroger. Au XVI⁰ siècle, la commandite est enfin reconnue par la jurisprudence, et se voit soumise à l'enregistrement par l'ordonnance de Blois. Enfin, au XVIII⁰ siècle, l'ordonnance de 1673, venant réglementer nos usages commerciaux, la place au nombre des sociétés du commerce (2). Cette ordonnance qui a été commentée par Savary dans son chapitre des sociétés, ne manque pas d'intérêt pour notre étude : elle contient, en effet, plusieurs dispositions sur la rédaction de l'acte social et sur la publicité, qui ont été reproduites par les lois actuelles.

---

(1) *Essai historique sur la législation italienne dans ses rapports avec l'industrie et le commerce au XIII⁰, XIV⁰ et XV⁰ siècle.* — M. Sclopis. — *Revue de législation*, année 1843, t. 1, p. 665.

(2) « La commandite est la société qui se fait entre deux personnes, dont l'une ne fait que
» mettre son argent dans la société sans faire aucune fonction d'associé, et l'autre donne
» quelquefois son argent, mais toujours son industrie, pour faire sous son nom le commerce des
» marchandises dont ils sont convenus ensemble. » (Savary, *Parfait négociant*, ll⁰ partie p. 2.)
Jusqu'à l'ordonnance de 1673, la commandite n'était qu'un contrat ordinaire, régi exclusivement
par la convention ; son capital n'était jamais divisé en actions. A ce sujet, M. Frémery soutient
que l'origine des actions transmissibles ne remonte qu'au XVII⁰ siècle. Mais M. Troplong (*Préface*
p. 78) nous paraît réfuter victorieusement cette théorie. Il reconnaît que l'action n'eut pas
d'abord les caractères d'une valeur de circulation ; que sa transmission n'avait pas lieu de la
main à la main ; qu'il fallait recourir aux formes de la cession ordinaire pour opérer cette
transmission. Et cependant, malgré ces difficultés, l'action, distincte du capital social, cessible
et permettant ainsi aux associés de se retirer et de se substituer de nouvelles personnes, l'action
est de beaucoup antérieure, suivant M. Troplong, à la fin du XVI⁰ siècle. La jurisprudence de la
Rote de Gênes fournit, en effet, de 1555 à 1559, plusieurs exemples de vente d'actions. Dès le
XII⁰ siècle même, une société s'étant formée pour l'exploitation du moulin de Basacle, à Toulouse,
chacune des parties reçut un certain nombre de parts ou *uchaux* : ces uchaux cessibles et de
plus divisibles à l'infini, étaient de véritables actions industrielles, et sont considérées comme tels
aujourd'hui, bien que l'organisation primitive du moulin de Basacle se soit maintenue presque
sans changement. De cet exemple et de plusieurs autres cités par M. Troplong, il semble bien
résulter que l'action remonte en réalité au XIII⁰ siècle ; seulement elle ne se perfectionna et ne se
généralisa que longtemps après, vers la fin du XVI⁰ siècle.

Cependant il fallait attendre jusqu'au XVIII⁰ siècle et jusqu'aux édits de 1716 et 1717, pour voir la commandite diviser son capital en actions, et effacer complètement ainsi derrière le capital l'individualité des associés. La banque de Law était une société en commandite par actions, et l'engouement pour cette forme de société fut tel à cette époque, qu'un auteur (1) proposa de confier le gouvernement de la France à une société en commandite par actions au capital de six milliards, pouvant être porté à douze milliards.

Après le système de Law qui, après avoir produit tout d'abord des résultats surprenants, finit par s'abîmer dans la plus complète catastrophe financière, la commandite conserva cette forme par actions, et continua à être employée par le commerce de terre et de mer (2) jusqu'à la promulgation du Code de Commerce en 1807, le Code civil ayant respecté, dans son article 1873, les usages commerciaux anciens.

Notre Code de Commerce ne consacre aux commandites par actions qu'un seul article ainsi conçu : « le capital » des sociétés en commandite pourra être aussi divisé en » actions, sans aucune dérogation aux règles établies pour » ce genre de société. » (art. 38. C. Com.) Cet article ne tarda pas à recevoir dans la pratique des applications désastreuses. La commandite n'étant soumise à aucune entrave, les fondateurs de la société avaient liberté entière quant à la division des actions, le mode d'émission, les rapports des gérants avec les actionnaires.

Cette liberté fut la cause de la grande faveur dont jouirent les sociétés en commandite par actions: on arrivait ainsi par un biais à éluder les entraves que la loi avait mises à la société anonyme, en fondant les commandites par actions au porteur, sur lesquelles les spécu-

---

(1) M. de La Jonchère, *Système d'un nouveau gouvernement de la France*, Paris, 1728.
Histoire de Law, M. Thiers.
Système de Law, M. Levasseur.

(2) Troplong. *Préface*, p. 92.

lateurs se livrèrent bientôt à un agiotage effréné qui devait porter un grave échec au crédit général. Cependant l'on n'avait pas été sans prévoir ces abus, et c'est ce qui résulte de la discussion du projet de loi au conseil d'Etat.

En effet, tout en reconnaissant que la division en actions favorisait les grandes entreprises, et ajoutait au crédit public, les orateurs du conseil d'Etat réclamaient l'intervention du gouvernement dans la constitution des sociétés par actions, et la nécessité d'une autorisation délivrée par lui. Un passage du discours prononcé par Cambacérès, lors de la discussion du projet de l'art. 38. C. Com., exprime clairement cette idée.

« L'ordre public, dit l'orateur, est intéressé dans toute
» société qui se forme par actions, parce que, trop souvent,
» ces entreprises ne sont qu'un piège tendu à la crédulité
» des citoyens. Point de doute qu'une société, qui travaille
» sur ses propres fonds, n'ait pas besoin d'autorisation;
» mais si elle forme ses fonds par des actions mises sur la
» place, il faut bien que l'autorité supérieure examine la
» valeur de ces effets, et n'en permette le cours que lors
» qu'elle est bien convaincue qu'ils ne cachent pas de
» surprise. »

Cette sorte de contradiction qui existait d'une part entre l'absence de réglementation de la commandite par actions, et l'absolue nécessité de cette réglementation d'autre part, nécessité reconnue par les membres du conseil d'Etat, servit de point de départ à certains jurisconsultes pour soutenir que l'action nominative dans la société anonyme ne pouvait être que négociable dans les commandites.

Après une lutte de jurisprudence assez vive, les tribunaux durent céder devant l'autorité du texte, et la difficulté fut tranchée. La jurisprudence se fixa pour la validité des commandites par actions au porteur (1).

C'est alors que la spéculation devint formidable : le bon public se trouva grugé par d'habiles coquins qui surent à

____

(1) Arrêt de la Cour de Paris du 7 février 1832. — Sirey 32-2-257.

grand bruit spéculer sur la confiance de la foule (1). Ces tristes industriels commençaient avec des ressources insuffisantes des opérations considérables, s'adjugeaient des avantages que rien ne justifiait, exagéraient la valeur de leurs apports, s'appropriaient tout ce que la caisse sociale contenait en argent, en vendant, à des prix qu'ils fixaient eux-mêmes, des inventions inutiles ou des biens sans valeur, divisaient le capital en actions au porteur qu'ils rendaient accessibles à tous, en faisant des coupures aussi petites que possible, puis, amenant une hausse par les manœuvres les plus déloyales et les plus éhontées, vendaient leurs titres, réalisaient des bénéfices énormes, et se retiraient avec le produit de leur vol, au moment où l'actionnaire naïf s'apercevait que tout dans la société n'était que fantasmagorie, et qu'une chose seule était réelle, la perte des fonds qu'il avait apportés.

On comprend que de tels abus engendrèrent bientôt la défiance, de sorte que les sociétés en commandite par actions, après avoir atteint, comme nombre et capitaux des chiffres considérables, furent complètement délaissées. Justement ému de cette situation, le gouvernement présenta un projet de loi à la Chambre des députés le 16 février 1838. Ce projet causa un désappointement général en prohibant la commandite par actions, au lieu de la réglementer. Tout le monde l'attaqua, et la commission, nommée pour l'examiner, après l'avoir réformé, finit par l'enterrer. La situation resta donc la même jusqu'en 1856. Enfin le législateur, mis en demeure par les nombreux scandales commis, s'exécuta et rendit la loi du 23 juillet 1856 qui apportait à l'association sous forme de sociétés par actions, des restrictions assez considérables.

Quatre conditions furent imposées à la constitution des sociétés:

1° Souscription de la totalité du capital social.

(1) M. Louis Reybaud a fait dans son roman de *Jérome Paturot à la recherche d'une position sociale,* le portrait exact, bien qu'un peu chargé, de ces spéculations véreuses. Tout le monde se rappelle la fameuse commandite fondée pour l'exploitation des bitumes du Maroc.

2° Versement, par chaque actionnaire, du quart au moins du montant des actions par lui souscrites.

3° Déclaration du gérant par acte notarié, que la totalité du capital est souscrite, que le quart des actions est versé, avec annexion à cette déclaration de la liste des souscripteurs, de l'état des versements et de l'acte de société.

4° Consentement des actionnaires en assemblée générale aux clauses de l'acte social relatives aux apports du gérant et aux avantages à lui faits.

Ces conditions furent prescrites à peine de nullité.

La loi de 1856 annexa à la gérance un conseil de surveillance, qu'elle chargea d'une lourde responsabilité.

Le montant de l'action fut enfin fixé à un taux qui ne pouvait être inférieur à 100 francs, pour un capital n'excédant pas 200.000 francs, et à 500 francs pour un capital excédant 200.000 francs.

La loi de 1856 restreignait la trop complète liberté du Code de Commerce : aussi n'eut-elle pour résultat que de faire déserter la commandite par actions. Nul ne voulut plus faire partie du conseil de surveillance : la stricte responsabilité qui pesait sur chacun de ses membres, devant le conduire presque infailliblement sur les bancs de la police correctionnelle. Les critiques furent nombreuses et passionnées, et ne firent qu'augmenter, lorsque la loi du 7 mai 1863, accordant aux commanditaires plus de liberté pour surveiller les actes de la gérance, leur eut donné des garanties qu'ils n'avaient pas précédemment.

Le 28 mai 1865, le gouvernement, se rendant à la voix de l'opinion publique, proposa une nouvelle loi sur le régime des sociétés en commandite par actions. Cette loi, après des discussions très animées, après des enquêtes et des remaniements sans nombre, fut enfin adoptée et sanctionnée le 24 juillet 1867.

M. le rapporteur indiquait ainsi l'esprit de cette loi: « Ce que le gouvernement vous propose, ce n'est pas de

» renverser, mais de modifier certaines règles posées par
» la loi de 1856 » (1).

M. Duvergier avait dit dans l'exposé des motifs (2) :
« Le gouvernement se félicite de pouvoir vous soumettre
» des dispositions nouvelles qui, en supprimant les res-
» trictions qui pouvaient gêner les transactions honnêtes,
» n'affaiblissent point la répression des spéculations dé-
» loyales. »

Cette loi du 24 juillet 1867 sur les sociétés fera l'objet de notre étude, en ce qui concerne toutefois la société en commandite par actions.

(1) Premier rapport fait à la séance du 3 mai 1867, présenté par M. Mathieu.
(2) Exposé des motifs du projet de loi présenté au Corps législatif, le 28 mars 1865.

CHAPITRE II.

NOTIONS GÉNÉRALES.

I. Nous avons vu dans le chapitre précédent, qu'aux termes de l'art. 23 du Code de Commerce, la société en commandite était celle qui se formait entre un ou plusieurs associés responsables et solidaires, et un ou plusieurs associés, simples bailleurs de fonds, appelés commanditaires. La société en commandite — c'est là son avantage sur la société anonyme, — est donc fondée sur deux principes différents et opposés, le principe de la responsabilité personnelle et le principe de l'irresponsabilité personnelle. Il faut, en précisant davantage, qu'il y ait des associés tenus *in infinitum*, et des associés tenus jusqu'à concurrence de leur apport. Ces deux éléments sont indispensables.

Le même article 23 du Code de Commerce ajoute *in fine :* « elle est régie sous un nom social, qui doit être nécessai- » rement celui d'un ou plusieurs des associés responsables » et solidaires. » Il faut donc que la nature toute personnelle de l'un des éléments de la société, de l'élément principal, soit manifestée par un signe apparent, qui est la Raison sociale. La société en commandite, formant un être moral distinct de la personnalité de ceux qui la composent, doit avoir une dénomination particulière qui lui permette de discerner les engagements pris pour elle par les associés, des engagements que ceux-ci pourraient contracter dans leur propre intérêt. La raison sociale est le nom de la société. C'est de ce nom que la commandite signera tous ses contrats et toutes ses obligations ; c'est sous ce nom qu'elle sera assignée.

Il ne faut pas confondre avec la raison sociale certaines désignations qui sont données à un établissement exploité par la société, telles que : *Filature de St-Denis, Au*

Printemps: ces qualifications n'ont rien de commun avec la raison sociale; elles sont l'enseigne de la maison.

Les règles qui doivent présider à la création de la raison sociale, sont les suivantes :

1° La raison sociale doit nécessairement comprendre le nom d'un ou plusieurs associés *in infinitum;* (art. 23, Code de Commerce).

2° Elle ne peut comprendre le nom d'un associé commanditaire, (art. 25; Code de Commerce).

Quelle sera la sanction, au cas de violation de l'une de ces règles?

Distinguons plusieurs hypothèses:

1° *Le nom d'un associé commanditaire figure dans la raison sociale.* Dans ce cas, le commanditaire ne pourra plus se prévaloir de sa qualité contre les tiers; il sera soumis à la même responsabilité que les associés en nom. Il y a, en effet, dans ce fait, ou une imprudence, s'il a simplement autorisé l'insertion de son nom dans la raison sociale, ou une fraude, s'il a ainsi voulu donner à la société un crédit qu'elle n'avait pas. Dans l'un comme dans l'autre cas, il est coupable, et il doit la réparation du préjudice qu'il a causé aux tiers.

2° *Le nom d'un tiers étranger à la société figure dans la raison sociale.* Si cette insertion a eu lieu à son insu, il n'est pas responsable. Si, au contraire, il a donné son consentement ou seulement même, si, connaissant cet abus, il n'a pas protesté (1), il est coupable de l'erreur des tiers; en conséquence, il sera responsable vis-à-vis des créanciers en cas d'insolvabilité de la société; toutefois il sera tenu, non pas comme associé (2), mais en vertu de l'art. 1382, Code de Commerce.

3° *Que décider si une commandite, qui fonctionne depuis un certain temps, n'avait pas de raison sociale.*

Nous pensons avec M. Dalloz (3), aucun texte n'exigeant

(1) Cass. 28 mars 1838, D. A. v° *Société*, p. 330-1°.
(2) M. Bédarride. *Soc. Comm.* T. 1, n°⁸ 136 et suivants,
(3) M. Dalloz, *Répert. alphab.* v° *Société* n° 806.

la raison sociale à peine de nullité, que les associés ne pourront pas être admis à se prévaloir de cette faute vis-à-vis des tiers, mais qu'ils pourront user de la faculté de demander pour l'avenir la dissolution de la société.

L'article 1834 du Code civil exige que toute société soit rédigée par écrit, lorsque son objet est d'une valeur de plus de 150 francs ; mais alors cet article ne vise que la preuve du contrat, et non sa formation. Aussi le Code de Commerce (1), considérant les rapports compliqués, les engagements nombreux avec les tiers auxquels donnent lieu les sociétés commerciales, a-t-il adopté un principe différent. Tout acte société en nom collectif ou en commandite, dit l'article 39 du Code de Com., doit être rédigé par écrit. L'écriture n'est donc plus exigée simplement pour la preuve ; elle l'est aussi *ad solemnitatem*. Le contrat de société en commandite est donc un contrat solennel.

Mais s'il est nécessaire que les sociétés en commandite soient contractées par acte écrit, elles peuvent l'être dans un simple acte sous seing privé ; seulement, dans ce cas, comme le dit l'article 1325 du Code civil, il devra y avoir autant d'originaux qu'il y aura de parties ayant un intérêt distinct. Toutefois, comme on aurait pu se demander, dans le cas où l'acte est sous seings privés, s'il n'y avait que deux intérêts distincts, celui des gérants qui administrent, et celui des actionnaires qui n'administrent pas, et en conséquence, s'il suffisait de deux originaux, l'un pour les premiers, l'autre pour les seconds. la loi de 1867 a voulu prévenir toute ambiguité à cet égard. L'article 1er déclare en effet que l'acte sous seings privés, quel que soit le nombre des associés, sera fait en double original, dont l'un sera annexé à la déclaration du gérant dont nous parlerons plus tard, et l'autre restera déposé au siège social, sauf bien entendu les doubles nécessaires à la publicité.

L'annexion de l'un des doubles à la déclaration notariée a pour but de permettre de contrôler l'identité de l'acte

____

(1) Bravard et Demangeat. T. 1, p. 162. Aubry et Rau, *Cours de droit civil*. T. 4, p. 549.

de société, qui souvent est signé du gérant seul, et qui,
avant 1867, pouvait très bien être changé par lui.
Malheureusement ce remède apporté à la fraude est
encore imparfait ; car le gérant possède les doubles jusqu'à l'annexion, et il peut pendant tout ce temps opérer
encore ce changement. L'idéal serait de faire signer
l'acte à tous les souscripteurs : la fraude serait ainsi em-
péchée ; mais on rencontrerait des difficultés trop grandes ;
car la possibilité de souscrire serait restreinte à un cercle
assez étroit. Le seul moyen pour augmenter la difficulté
de changer l'acte de société, serait de le faire signer par
le plus de souscripteurs possible.

La rédaction d'un écrit est en outre nécessaire pour
remplir les formalités de la publicité exigée par la loi
de 1867. En effet, comment déposer au greffe le contrat
social et le faire insérer dans les journaux, s'il n'y a que
des conventions verbales ?

4° *Quelles seront les conséquences, si aucun écrit
constatant les conventions sociales n'a été dressé?*

Que la société soit nulle pour l'avenir, cela ne peut faire
doute, puisque la loi de 1867, après avoir prescrit et le
dépôt de l'acte social et les publications dans les journaux, reproduisant l'article 42 du Code de Commerce, dit
dans son article 56 : « ces formalités seront observées à
» peine de nullité. » S'il n'y a pas eu d'acte écrit, n'est-il
pas évident que le dépôt n'a pu avoir lieu, que les publications n'ont pas été faites ; et s'il n'y a eu ni dépôt, ni
publications, nous tombons sous l'application de cet art. 56.

La société est également nulle dans le passé : elle
n'a jamais eu d'existence légale. Comment en serait-
il autrement en présence de l'article 39 du Code de Commerce qui, comme nous l'avons vu, prescrit formellement
la rédaction d'un écrit, ou de l'article 56 de la loi de 1867
qui, non moins formellement, demande l'accomplissement
de certaines formalités de publicité ? Dès lors, c'est en
vain qu'un membre, dans le but d'obliger un de ses
co-associés à l'exécution d'un acte quelconque, tel que le

versement de sa mise, prétendrait établir l'existence de
l'association ; il n'y serait pas admis, eût-il même un
commencement de preuve par écrit (1). Bien plus, chacun
des membres de cette prétendue société peut, à tout
instant, y mettre fin, et cela sans qu'on puisse lui opposer
aucun acquiescement (2).

Toutefois la société n'est pas nulle de plein droit : la
nullité ne doit être prononcée, et elle ne le sera, que sur
la demande d'un intéressé (3).

Si, en l'absence d'acte écrit ou de publicité, la société
n'a pas d'existence légale, elle a eu cependant une existence réelle, une existence de fait qui a donné naissance
à des intérêts communs pour lesquels un règlement est
nécessaire. Aussi chacun des associés pourra-t-il, si les
opérations ont donné des bénéfices, demander sa part de
bénéfices ; exiger, si au contraire elles se sont traduites
en pertes, que chacun y contribue ; en un mot, il aura le
droit de réclamer la liquidation et le partage de cette
association de fait (4). Quant à la preuve de l'existence de
ces rapports de fait, elle pourra être faite par lettre, correspondance, aveu, en un mot par tous les moyens
ordinaires (5).

Il est évident que, dans toute cette question, nous
n'avons considéré que les associés en présence les uns
des autres. Quant aux tiers, ils conservent la plus grande
latitude dans l'emploi des moyens propres à établir
l'existence de la société. Ainsi la jurisprudence admet
qu'ils peuvent prouver l'existence de la société vis-à-vis
des associés par tous les moyens possible, même par
témoins ou par des présomptions, quelle que soit,

(1) Agen. 10 mars 185. 8. — 66. L. 58. — 2 — 166.

(2) Cass. 31 déc. 1844 — 60, p. 45 — 1 — 75 ; Paris, 26 janvier 1855. — 68, p. 55. 2 —
195 ; Orléans, 3 janvier 1843. — Dall. J. G. *Société*, 861.

(3) Cass. 16 mai 1857. — S. V. 60. — L. 889.

(4) Paris, 14 déc. 1825. Dall. J. G. *Société*. 862. — 2ᶜ. — Montpellier, 16 janvier 1841 :
Ibid. — Bordeaux, 3 février 1841. Dall. J. G. *Société*. 862. — 12 et 837.
Paris, 27 janvier 1825. — D. P. 55. — 2 — 194.

(5) Paris, 27 janvier, 1825. — D. A. vᵒ *Société*, nᵒ 849 — 12.

d'ailleurs la valeur de la société et encore que l'objet en excède 150 francs (6).

II. La définition de l'article 23 du Code de Commerce conçu en termes généraux, ainsi que les quelques développements auxquels nous venons de nous livrer, s'appliquent également à la société en commandite par actions et à la société en commandite par intérêt: nous nous proposons ici de donner la distinction entre les sociétés par intérêt et les sociétés par actions.

« L'intérêt, dit M. Boistel, est l'équivalant de l'apport
» de l'associé, la cause juridique de ses obligations; c'est
» le droit éventuel au partage des bénéfices annuellement,
» et au partage de fonds social à la dissolution de la
» société ».

Quelle est la nature de ce droit conféré par l'intérêt? On a soutenu que ce droit constituait un droit de copropriété, les associés étant alors des co-propriétaires à terme. Cette explication est incompatible avec l'art. 529 du Code civil qui déclare l'intérêt droit mobilier; de plus, on ne comprend pas comment ce droit pourrait être mobilier, quand il porterait sur un fonds social composé d'immeubles.

Il faut donc admettre que le droit conféré par l'intérêt est un droit de créance: les associés sont créanciers de leur part dans le fonds social, et ce n'est qu'à la dissolution de la société qu'ils deviennent co-propriétaires, en vertu de l'article 1138 du Code civil.

Ce droit de créance ne pourra s'exercer sur le fonds social qu'après le désintéressement des créanciers de la société, et il durera aussi longtemps que la société elle-même.

L'intérêt est donc un droit mobilier, de quotité incertaine, et, de sa nature incessible, sans le consentement des co-associés.

(1) Besançon, 14 déc. 1840. — D. P. 59. — 2. — 168. Toulouse, 5 juill 1767. — D. P. 67. — 2 — 118.
Req. 22 fév. 1875 D. P. 75. — 1 — 370. — 371.

C'est cet inconvénient de l'incessibilité qui a fait transformer l'intérêt en action ; il n'y a donc entre l'intérêt et l'action qu'une différence du genre à l'espèce. Pour que l'intérêt devienne action, il suffit qu'il revête certains caractères que nous allons examiner :

1° La société est par actions, quand il y a eu souscription publique du capital ; néanmoins il ne faudrait pas considérer ce caractère de l'action comme un caractère essentiel ; car une société peut fort bien être par actions, sans qu'il y ait eu appel au public : c'est ce qui arrivera si on place les actions dans le cercle relativement restreint des connaissances et amis des fondateurs.

2° L'importance de l'entreprise peut aussi être considérée, pour reconnaître si on est en présence d'une société par actions : en effet, plus le capital est considérable, plus il faut recourir au public ; et dès lors il faut créer un plus grand nombre d'actions.

3° Les actions sont égales entre elles et indivisibles

4° L'action est négociable par les moyens rapides du commerce, et le mode de négociation varie suivant les différentes formes qu'elle revêt.

Est-elle *au porteur* ? Elle se transmet alors par la seule remise du titre, (art. 35 du Code de Commerce).

Est-elle *nominative* ? Elle se transmet alors par une déclaration de transport sur un registre spécial tenu au siège de la société, signée du cédant ou de son fondé de pouvoir, (art. 36, Code de Commerce).

L'action nominative peut encore être cédée au moyen de différentes autres sortes de transfert. Il y a :

1° *Le transfert réel*, par lequel le cédant consent la radiation de son nom sur les registres de la société et, moyennant un prix de cession, le remplacement de ce nom par celui du cessionnaire ;

2° *Le transfert d'ordre*, employé dans le cas suivant : je veux me débarrasser de mon titre sans me faire connaître de l'acquéreur. Je m'adresse à un agent de change, considéré comme intermédiaire et tenu complètement au secret. Je fais alors un transfert réel au nom de l'agent de change, qui en fait un également au nom du cessionnaire. C'est ce premier transfert, qui n'est qu'un moyen détourné, employé par l'actionnaire, pour se défaire de son action, qui est appelé *transfert d'ordre*.

3° *Le transfert de garantie*, qui est employé quand on veut donner un titre en gage.

4° On peut encore citer le *transfert de forme*, qui a lieu dans le cas suivant : j'ai neuf actions pour lesquelles je ne possède qu'un seul titre, et je veux en céder cinq à un tiers. La société prendra mon titre et l'annulera ; elle en délivrera un de cinq actions au cessionnaire, et à moi un de quatre actions. Sur les registres de la société, on portera la double mention, que j'ai transféré cinq actions au concessionnaire, et que je me suis cédé à moi-même quatre actions. C'est là le *transfert de forme*.

L'action peut enfin être *à ordre*, et elle se transmet alors par un simple endossement. Cette dernière forme d'action a pour avantage d'être plus facilement transmissible que l'action nominative, sans présenter les dangers de la perte de l'action au porteur.

La négociabilité de la part des associés par un de ces trois modes, est donc le moyen le plus certain de reconnaître une action. Cependant si on veut chercher le point de démarcation entre l'intérêt et l'action, la question se complique : on se trouve en présence d'éléments si divers et si contradictoires que toute formule certaine devient presque impossible : on est disposé à admettre, avec M. Bathie (1), que les interprètes du droit français ont leurs croix, *Cruces interpretum*, comme ceux du droit romain.

De nombreux auteurs (2) se bornent à dire que le mot

(1) *Observations sur la différence entre l'action et l'intérêt*. Batbie.— *Revue critique de législation*, année 1869; Tome 34 page 530.

(2) MM. Aubry et Rau, *Droit Civil*, Tome ll, page 29, note 20. « On entend par *action* la « part d'un associé dans une société anonyme, ou dans une société en commandite par actions. Le » mot *intérêt*, qui, dans son exception étendue, s'applique à la part d'un associé dans une société » quelconque, désigne plus spécialement, et surtout quand il est employé par opposition au » terme *action*, le droit de l'associé dans une société en non collectif, ou du commanditaire » dans une société en commandite non divisée par actions. » — Duranton. Tome IV, note 19.

intérêt et le mot *action* désignent le droit de chaque associé dans une combinaison spéciale de l'association. Cette définition est bien exacte dans une certaine mesure; mais elle est incomplète. En effet, comme le fait remarquer M. Beudant (1), si elle est pleinement satisfaisante pour la société en nom collectif et la société anonyme qui sont, la première une société par intérêts, la deuxième une société par actions, elle ne peut s'appliquer à la commandite, qui peut être par actions ou par intérêts, (Code de Commerce 23-38), et pour laquelle il faut dès lors, définir un troisième terme.

M. Demolombe (2) fait consister le caractère de l'action dans la limitation de la responsabilité des associés au montant de l'apport. Il est vrai que ce caractère se rencontre fréquemment dans l'action; mais on ne peut dire qu'il lui soit spécial; car également dans la commandite par intérêts, le commanditaire n'est tenu que jusqu'à concurrence de son apport.

M. Demante (3) voit le caractère de l'action dans la division du capital social en fractions de valeurs égales et uniformes. Mais cette doctrine est combattue par MM. Vavasseur (4), Beslay (5) et Beudant (6) qui font justement remarquer que certaines compagnies peuvent avoir des actions de valeurs inégales, et que ces actions, dites de quotité, sont assimilées aux actions ordinaires par l'article 14 de la loi du 5 juin 1850 sur les timbres. Particulièrement dans les sociétés de mines d'Anzin, le

---

(1) M. Beudant. *Des caractères distinctifs de l'intérêt et de l'action.* — Revue critique de législation. 1869. Tome 34 page 135.

(2) M. Demolombe, *Code civil*, tome IX n° 411 « L'action oblige seulement l'associé à fournir » une portion du capital social, tandis que l'intérêt engage au contraire sa responsabilité d'une » manière indéfinie. »

(3) M. Demante, *Cours analytique*, tome II. n° 421. « Lorsque dans une société qui se fonde, le » capital à fournir est divisé en portions déterminées à une somme fixe, pour laquelle il est fait » appel à tous, l'intérêt que chacun acquerra en fournissant une de ces portions, prend le nom » d'action. »

(4) M. Vavasseur, *Traité théorique et pratique des sociétés par actions* (Paris 1868) page 3 à page 18.

(5) M. Beslay, Commentaire du Code de Commerce.

(6) M. Beudant . — *Revue Critique,* année 1869.

capital est divisé en actions de quotité, et cependant les parts d'intérêt sont des actions.

M. Bravard-Veyrières (1) distingue l'action de l'intérêt par la cessibilité. « Il n'y a, dit-il, qu'une chose à examiner, » savoir : si le droit est cessible, ou s'il ne l'est pas ; en » d'autres termes, s'il y a des rapports de choses ou de » personnes. » Ce système n'est pas encore satisfaisant ; car il est impossible d'admettre que la simple cessibilité soit suffisante pour transformer l'intérêt en action, la possibilité d'une cession, c'est à dire la transmissibilité par les modes du droit civil, existant dans toutes les sociétés, même dans les sociétés civiles.

L'intérêt n'est pas d'ailleurs absolument incessible. En effet l'article 1861, en défendant à un associé d'associer un tiers à la société sans le concours de ses co-associés, lui reconnaît par là-même la faculté de céder sa part avec ce consentement. Si l'intérêt que l'on possède dans une société est incessible de sa nature, il ne l'est pas par essence (2).

Le système qui nous satisfait davantage, est encore celui qui place le *criterium*, permettant de distinguer l'action, dans la négociabilité et l'indivisibilité du titre (3).

A l'origine les sociétés étaient toutes par intérêt : cet intérêt, incessible naturellement, pouvait cependant être l'objet d'une cession, en obtenant le concours de tous. Mais à mesure que les sociétés s'étendirent et devinrent un des moyens les plus puissants du commerce, on songea à faire des parts d'associés, immobilisées jusque-là sur une seule personne, une sorte de valeur circulante, un titre mobilier réalisable en argent par les moyens rapides du commerce. C'était transformer l'intérêt en action.

L'action n'est donc qu'un intérêt cessible par les moyens du commerce, et cette négociabilité est le seul

---

(1) Bravard. — *Traité des sociétés.* p. 117.
(2) Reg. 22 fev. 1869. — D. P., 69 — 1. — 240.
(3) M. Vavasseur. — *Traité des sociétés civiles et commerciales.* T. 1, n° 830.

vrai *criterium* auquel en pourra reconnaître l'action. A l'appui de ce système, M. Vavasseur cite la manière dont s'expliquent constamment les législateurs qui, en 1856, en 1863 et en 1867, ont bien entendu par actions les titres négociables nominatifs ou au porteur, les valeurs commerciales et fiduciaires dont ils règlent, avec tant de soin, la souscription, l'émission, le négociation et la convention.

On objecte à ce sujet le texte de la loi de 1867, qui établit que les actions ne seront négociables qu'après le versement du quart, et que celles des administrateurs seront inaliénables ; c'est donc, couclut-on, que l'action n'est pas naturellement négociable.

Oui, l'action n'est négociable qu'après versement du quart ; mais cela ne tient qu'à une chose : c'est qu'avant ce versement il n'y a pas de société, et qu'il ne peut y avoir d'action s'il n'y a pas de société pour les émettre. Quant à l'immobilisation des actions des administrateurs, il ne faut voir là qu'une mesure prise par la loi pour la garantie des tiers. Il ne faut donc considérer cette restriction de la loi de 1867 que comme une exception venant confirmer la règle.

On a objecté encore à notre système l'article 25 de la loi du 5 juin 1850. Cet article parle d'actions dont la cession n'est parfaite à l'égard des tiers qu'au moyen des conditions de l'article 1690. Donc, dit-on, il peut y avoir des actions non négociables.

Mais il faut remarquer que la loi ne traite pas ces actions comme telles : elle n'en parle que pour leur refuser les avantages faits aux autres ; c'est donc qu'à ses yeux ces parts ne constituent pas de véritables actions, mais un simple intérêt que l'article 25 appelle improprement action.

III. — Examinons maintenant, en terminant ce chapitre, quels sont les éléments dont se compose le capital des sociétés en commandite par actions.

Tout capital d'une société en commandite par actions

se compose, tout d'abord, du *capital-action* composé des apports effectués par les associés qui ont reçu des actions en échange des sommes versées par eux ; enfin, du *capital-obligation* provenant des emprunts faits par la société pour assurer la marche de ses opérations. Dans ce dernier cas, les bailleurs de fonds ne sont plus des associés, mais de simples créanciers régis par les règles du droit commun.

On distingue plusieurs sortes d'actions.

Il y a les actions de capital ou payantes, et les actions industrielles ou non payantes. Les premières désignent des apports, soit en numéraire, soit en valeurs mobilières ou immobilières ; les secondes, ainsi que leur nom l'indique, représentent la mise des personnes qui fournissent soit leur industrie, soit un brevet, soit une invention. En pratique, il arrrive souvent qu'il n'est accordé au porteur de ces dernières actions qu'une part dans les bénéfices, sans aucun droit dans la propriété de l'actif social. Mais dans ce cas les statuts sont explicites.

Outre cette division principale des actions, on distingue encore les actions de fondation et les actions de prime.

Les actions de jouissance sont des actions de capital qui ont été amorties. Elles donnent toujours droit à une part dans les bénéfices, mais ne représentent plus une part dans la propriété du fonds social, au moins lorsque, comme dans les actions de chemin de fer, ce fonds doit appartenir à un tiers.

Les actions de fondation sont celles qui sont attribuées aux fondateurs en échange de leur apport. Ce sont donc des actions de capital libérées.

Quand aux actions de prime, qualifiées ainsi parce qu'elles sont accordées par les fondateurs à des tiers, ou bien elles représentent des services effectifs promis ou rendus à la société, ou bien elles sont concédées à titre purement gratuit ; dans le premier cas, elles sont licites et valables ; dans le second, elles sont prohibées et illégales,

Toutes les actions, peu importe leur nom, ont un caractère commun, qui est l'indivisibilité. Habituellement, les statuts le stipulent expressément ; mais lors même qu'ils l'auraient omis, les actions n'en ont pas moins ce caractère; car la loi, (art. 34, C. Com.) le consacre. La conséquence pratique qui en découle, est que, contrairement à l'art. 1220 (C. Civ.), l'action, au décès de son propriétaire, ne se divisera pas entre ses héritiers. Elle devra être attribuée à l'un d'eux, et jusqu'au jour de la sortie de l'indivision ils devront, pour toucher les dividendes, conférer à l'un d'entre eux le pouvoir de les représenter tous.

Pour ce qui est de l'obligation, titre plus moderne que l'action et vulgarisé surtout par les compagnies de chemins de fer, nous nous bornerons ici à en dire quelques mots, réservant, pour le chapitre où nous traiterons des différents titres émis par la société en commandite, les explications plus détaillées que nous nous proposons d'en donner.

Outre les actions, les sociétés peuvent émettre des obligations, c'est à dire contracter un emprunt. Les porteurs de ces obligations ne sont plus des associés, mais des simples créanciers de la société.

A la différence de l'action dont l'émission est soumise à une réglementatiou rigoureuse, les émissions d'obligations sont libres, et ont lieu sans contrôle. Cependant il y avait ici pour le législateur les mêmes raisons de prendre des précautions minutieuses, pour empêcher les spéculateurs, dont le moindre souci est d'assurer le service des intérêts et le remboursement des primes, de jeter sur la place des valeurs qu'on revêt du nom d'obligations, pour faire croire à des garanties identiques.

Quoi qu'il en soit, l'usage de l'obligation s'est vulgarisé de plus en plus, et, vu la position de créancier donnée au souscripteur, et souvent grâce à la garantie de l'Etat, elle se trouve être, de nos jours, une valeur de placement de premier ordre : les lots à gagner par le sort et les primes de remboursement, que nos grandes villes et établissements financiers ont organisés, n'ont pas peu contribué à augmenter encore son succès.

Ces quelques notions générales étant données, nous entrons dans l'examen de la loi du 24 juillet 1867.

CHAPITRE III.

CONSTITUTION DE LA COMMANDITE PAR ACTIONS.

Le Code de Commerce n'avait ni fixé le moment précis où une société en commandite par actions pouvait commencer ses opérations, ni déterminé les conditions auxquelles était subordonnée sa constitution définitive; aussi en avait-on jugé que, dès l'instant où une ou plusieurs actions avaient été émises, la société existait. On connaît les abus auxquels donna lieu une telle législation, abus qui contribuèrent pour beaucoup au discrédit de la commandite par actions.

La loi du 25 juillet 1867, à l'exemple de la loi de 1836, est venue innover sur ce point. Elle a soumis la constitution définitive de la société par actions à plusieurs conditions que nous allons examiner successivement.

I. — *Souscription de la totalité du capital.*

La première condition exigée par la loi de 1867, c'est la souscription de l'intégralité du capital social. Les sociétés en commandite par actions, nous dit-elle dans son article 1er alinéa 2, ne peuvent être définitivement constituées qu'après la souscription de la totalité du capital social, et le versement, par chaque actionnaire, du quart au moins des actions par lui souscrites.

La loi, en exigeant la souscription immédiate de tout le capital social, supprime du même coup la possibilité de l'émettre par séries successives, pratique suivie autrefois.

L'impossibilité d'émettre successivement des séries d'actions paraît regrettable à certains auteurs. En effet, une société, à son origine, ne saurait prévoir le développement que prendront ses opérations, et fixer à l'avance le capital nécessaire dans toutes les éventualités.

Peut-être se trouvera-t-elle fort empêchée, par la suite, d'obtenir l'unanimité des actionnaires pour augmenter le capital.

Pour parer à cet inconvénient, on n'aura qu'à insérer dans les statuts la faculté d'augmenter le capital par une émission, soit d'obligations, soit d'actions nouvelles, une telle émission pouvant être faite par la majorité des actionnaires.

En règle générale, le contrat est parfait par l'accord des volontés des parties. Il faut voir une application de ce principe dans l'exigence de la souscription de la totalité du capital. En effet, il y a ici deux parties en cause : d'un côté, les fondateurs qui offrent la société et ses statuts; d'un autre, le public qui fournit les capitaux. La souscription est une adhésion aux statuts, qui se constate par la signature d'un bulletin de souscription. Du jour de la souscription, le souscripteur est lié envers la société, et la société envers lui, sous la condition qu'elle sera formée.

Mais à quel moment exact la souscription est-elle réputée parfaite ? Les souscriptions étant ouvertes pendant un certain temps, il arrivera parfois, surtout si l'affaire inspire une grande confiance, que le nombre des actions souscrites sera supérieur à celui déterminé dans les statuts de la société, et alors il faudra nécessairement procéder à une réduction, soit au marc le franc, soit de la manière indiquée dans les statuts de la société. Cette réduction sera notifiée à chaque souscripteur. Le contrat ne sera-t-il donc formé que lorsque l'actionnaire aura reçu la notification que sa souscription a été acceptée pour telle part ou pour le tout ? C'est ce qui est universellement admis par les auteurs et la jurisprudence. En effet, de ce jour seulement, le concours des volontés existant, le contrat est formé. Il a même été jugé (1) que les statuts ne pourraient déroger à cette règle, qui touche à l'ordre public.

(1) Paris. — 16 nov. 1853. — Cass. 22 mai 1863. 5. Div. 63 — 1 — 284.

La souscription doit être pure et simple. Une des conditions essentielles à la formation de la société étant le versement du capital souscrit, on comprend facilement que la souscription conditionnelle ne soit plus possible. La souscription peut être attaquée pour dol. L'art. 1116, du C. civ., qui est la règle du droit commun en matière de dol, reçoit ici son application. Mais il faut, bien entendu, que les manœuvres employées aient été telles, que, sans ces manœuvres, la souscription n'aurait pas eu lieu. Toutefois le dol n'entraîne la rescision d'une obligation qu'autant qu'il est l'œuvre de celui au profit duquel l'obligation est contractée. Donc le dol pratiqué par le gérant pour obtenir des souscriptions, n'aurait pas pour effet de les annuler au regard des créanciers. L'obligation du souscripteur étant prise en réalité, aussi bien au profit des créanciers futurs de la société qu'au profit de la société elle même, le capital social devient leur gage, et ils ont une action directe contre les actionnaires non libérés ; c'est donc le cas d'appliquer l'article 1116 du C. civ. qui n'admet pas la nullité du contrat, si le dol est pratiqué par un tiers (1).

Le souscripteur devra donc libérer ses actions, et n'aura de recours que contre l'auteur du dol personnellement. Les juges sont souverains appréciateurs des circonstances qui ont occasionné le dol.

En conséquence du principe contenu dans l'article 1er de la loi de 1867, nous pensons qu'il faut considérer comme illégale toute diminution du capital social par rachat d'actions, ou paiement d'intérêts pris sur le capital en l'absence de bénéfices ; en effet, les associés ne doivent pas, par leur fait, diminuer le capital social qui est la garantie des tiers.

De même nous croyons, bien qu'on ait soutenu le contraire, que l'obligation de la souscription de la totalité du capital social est exclusive du droit pour le gérant de

____

(1) Reg. 10 fév. 1868. Sirey. 68. — 1 — 149.

souscrire une partie des actions pour son compte personnel. S'il en était autrement, l'exigence de la loi serait illusoire ; car il arriverait souvent, en pratique, qu'une partie du capital seulement étant souscrite, le gérant souscrirait le reste, et la société serait ainsi constituée en fraude de la loi. Le gérant doit tous ses biens, toute sa responsabilité personnelle aux tiers; il ne doit pouvoir en distraire aucune partie.

On a demandé si le capital fixé par les statuts pouvait être diminué. C'est là une question de fait assez importante. Une société, par exemple, a été annoncée comme devant être formée au capital de tant, et, au jour de l'émission, toutes les actions ne sont pas souscrites. Que faire alors? Les souscripteurs, à la majorité, pourront-ils, réunis en assemblée générale, et d'accord avec les fondateurs, réduire le capital à la portion souscrite et constituer la société?

Il semble à M. Vavasseur (1) que, dès qu'il y a accord entre l'unanimité des souscripteurs et les fondateurs, cette diminution du capital est parfaitement licite, attendu que le contrat de société est un contrat qui se forme entre les souscripteurs et les fondateurs : il suffira de porter cette modification des statuts à la connaissance des tiers par une nouvelle déclaration du gérant.

Nous pensons au contraire, et nous suivons en cela l'opinion de M. Bédarride, que les dispositions de l'art. 1er de la loi de 1867 étant d'ordre public, on ne doit pouvoir y apporter aucune atteinte. Or, il est évident que réduire au capital souscrit un capital qui n'a pas été couvert, c'est éluder la loi et violer une disposition d'ordre public. Il faut donc décider que la société qui ne peut faire souscrire son capital, doit considérer la première souscription comme nulle, rendre l'argent aux souscripteurs, et recommencer avec un capital moindre. Cette solution nous paraît très équitable; car il arrivera souvent que tel sous-

____

(1) M. Vavasseur — *Sociétés,* n° 51.

cripteur qui a apporté son argent, après avoir étudié l'affaire à fond, ne l'ait apporté que parce qu'il pensait qu'avec le capital demandé la chose pourrait marcher; peut-on dire qu'il en sera de même avec un capital réduit de moitié ?

II. — *Versement du quart du capital souscrit.*

La loi exige, comme deuxième condition pour la constitution de la société, le versement du quart au moins du capital souscrit.

Ce n'est pas simplement le versement du quart du capital total que la loi demande ; c'est le versement, par chacun des actionnaires, du montant du quart des actions qu'il a souscrites. Il a paru au législateur que c'était là un des meilleurs moyens pour n'avoir que des souscripteurs sérieux. A la vérité, il eût fallu, pour écarter tout abus, exiger le versement intégral ; mais il était à craindre qu'une pareille condition ne mît obstacle à la formation des sociétés.

Comment chaque actionnaire doit-il effectuer ce versement?

L'article 25 de la loi de 1867 nous dit qu'il doit être fait en numéraire ; nous ajouterons, ou en valeurs équivalentes : billets de banque, bons sur le Trésor, ou valeurs d'un recouvrement incontestable et immédiat (1).

Toutefois le versement ne pourrait être fait en valeurs d'un recouvrement incertain. Le but du législateur a été de faire cesser l'abus du paiement fictif des actions, afin d'assurer à la société un roulement de fonds, un capital effectif nécessaire à ses débuts ; permettre que le paiement puisse être fait en valeurs irrécouvrables, serait donc contraire à l'esprit de la loi, et engagerait, selon nous,

(1) Paris 28 mai 1869, D. — P. 69. — 2. 145, et sur pourvoi. Liv. 2. 27 janv. 1873 D. P. 73 — 1. 331.

Reg. 4 mars 1867 D. P. 67 — 1 — 425.

la responsabilité soit des administrateurs, soit même des membres du conseil de surveillance (1).

Mais ne nous trompons pas. La loi ne prohibe pas les apports consistant soit en objets matériels, soit dans l'industrie d'un associé ; elle demande seulement qu'ils soient soumis à la ratification de l'assemblée générale des actionnaires.

L'apport vérifié et approuvé tient donc lieu de versement.

Ainsi donc l'obligation de faire le versement du quart n'incombe qu'aux actions payables en numéraire ; en sont dispensées les actions de jouissance, les actions industrielles, celles qui représentent l'apport mobilier ou immobilier.

L'article 1ᵉʳ de la loi de 1867 ajoute dans un troisième paragraphe : « Cette souscription et ces versements sont
» constatés par une déclaration du gérant dans un acte
» notarié. — A cette déclaration sont annexés la liste des
» souscripteurs, l'état des versements effectués, l'un des
» doubles de l'acte de société, s'il est sous seing privé, ou
» une expédition, s'il est notarié et s'il a été passé devant
» un notaire autre que celui qui a reçu la déclaration. »
Examinons cette troisième exigence de la loi.

III. — *Déclaration du gérant.*

L'article premier de la loi de 1867 exige que la souscription du capital social et le versement du quart de chaque action soient constatés par le gérant dans une déclaration notariée. Il est bon de remarquer que ce n'est pas le notaire, mais le gérant qui répond de la réalité de la souscription et des versements ; ce notaire ne fait ici que prêter son ministère, pour donner à la déclaration un caractère authentique. M. Duvergier (2)

(1) Liv. 6. 11 mai 1863 D. P. 68 — 1 — 213. *Contrà* Vavasseur.
(2) *Collect. des Lois* p. 337.

a parfaitement expliqué le motif de son intervention:
« La solennité de l'acte, l'intervention du fonctionnaire
» qui le reçoit, ne sont pas un obstacle absolu à ce que
» le gérant énonce des faits inexacts; mais elles offrent
» cependant une certaine sécurité. Le notaire qui soup-
» çonnerait que les articulations sont mensongères, refu-
» serait son ministère; il pourra, s'il n'y a pas de fraude,
» éclairer des parties par ses conseils, leur indiquer ce
» qu'elles auraient négligé de faire et les moyens de
» réparer les erreurs ou les omissions. »

A cette déclaration notariée, le gérant devra ajouter la liste des souscripteurs, c'est-à-dire les noms, profession et demeure de tous les souscripteurs. On a voulu éviter ainsi toute possibilité de mensonge ou de fraude de la part du gérant; car, par la détermination du personnel au moment de la déclaration, on empêche l'introduction de signatures de complaisance.

La loi exige en outre, pour empêcher l'introduction parmi les souscripteurs d'actionnaires fictifs, l'état des versements. «C'est à la fois, disait le rapporteur de la loi
» de 1856 à la Chambre des députés, une preuve à l'appui
» de la sincérité de la déclaration, et un document impor-
» tant, en cas de poursuite des premiers souscripteurs,
» pour défaut du paiement des actions. »

Enfin la loi exige l'annexion de l'acte de société lui-même.

Mais alors il y a une distinction à faire.

L'acte de société est-il notarié, et a-t-il été passé devant un notaire autre que celui qui a reçu la déclaration? Une expédition de l'acte de société devra être annexée à cette déclaration.

Cette formalité est inutile, si l'acte et la déclaration ont été reçus par le même notaire.

L'acte de société est-il sous seing privé? Alors un des doubles doit être annexé à la déclaration. En effet, si le gérant était le seul détenteur de l'acte de société, il pourrait lui prendre fantaisie d'en modifier les clauses.

Toutes ces formalités exigées pour la constitution des sociétés, seront-elles applicables au cas où, au cours de la société, on augmenterait le capital?

On a soutenu la négative, en invoquant les termes de l'article I de la loi de 1867, qui ne parle que de la constitution de société.

Nous pensons, au contraire, que la jurisprudence de la Cour de Cassation a donné la solution exacte de la question, en décidant que toute augmentation de capital au cours de la société tomberait sous le coup de l'article premier. En effet, cette liberté laissée à la société d'augmenter son capital, n'ouvrirait-elle pas la porte aux fraudes qu'on a voulu éviter? On n'aurait qu'à fonder une société à un capital insignifiant qu'on décuplerait ensuite, et la loi serait éludée.

Bien plus, l'augmentation du capital a-t-elle été prévue par une clause des statuts? On ne peut nier que pour le nouveau capital il y ait une société nouvelle.

Les statuts n'ont-ils pas prévu l'augmentation? Il y a là une modification profonde qui leur est apportée et qui doit être considérée comme aussi importante que la fondation même de la société.

Du reste, c'est en ce sens que, le 16 mai 1870, la Cour suprême s'est prononcée dans un arrêt confirmant un arrêt de la cour d'Aix du 9 août 1867. Cette jurisprudence a été confirmée dans un autre arrêt du 27 janvier 1873 relatif aux sociétés à responsabilité limitée (1).

Il est évident que toutes les fois qu'on pourra dire qu'il y a société nouvelle, les mêmes règles devront être appliquées. C'est là une question de fait laissée à l'appréciation des tribunaux. C'est ainsi qu'en cas de fusion de plusieurs sociétés, il faut considérer comment cette fusion s'est opérée. En effet, deux sociétés peuvent fusionner soit en se dissolvant toutes deux pour former une société

(1) S. Dev. 1870 — 1 — 525.
S. Dev. 1873 — 1 — 163.

nouvelle, soit en absorbant l'une, qui disparaît, dans l'autre, qui subsiste. Dans le premier cas, pas de difficulté ; mais dans le second, on se demande si la société absorbante devient société nouvelle par le fait de l'absorption de l'autre. La Cour de Cassation a décidé qu'il n'y aurait pas de société nouvelle, si le cas avait été prévu par les statuts (1). Il est donc évident que, s'il n'a été rien dit aux statuts, il y a société nouvelle : et cela se comprend ; car il y aura là une augmentation du capital.

On a également jugé qu'en cas de conversion d'une société en commandite en société anonyme, il faut reconnaître une société nouvelle ; car les personnes et les choses, tout en restant les mêmes, voient cependant leurs rapports entre eux et avec les tiers subir une profonde modification (2).

IV. — *Approbation de tout apport ne consistant pas en numéraire, et de tout avantage stipulé au profit d'un associé,*

Comme dernière formalité, pour que la société soit définitivement constituée, la loi de 1867 exige l'assemblée générale des actionnaires.

« Lorsque, nous dit l'article 4, un associé fait un apport
» qui ne consiste pas en numéraire, ou stipule à son
» profit des avantages particuliers, la première assemblée
» générale fait apprécier la valeur de l'apport ou la cause
» des avantages stipulés. — La société n'est définitive-
» ment constituée qu'après l'approbation de l'apport ou
» des avantages, donnée par une autre assemblée géné-
» rale après une nouvelle convocation. — La seconde
» assemblée générale ne pourra statuer sur l'approbation

(1) Cass. 26 avril 1872. Dall. 1873 — 1 — 73.
(2) Lyon 6 fev. 1868 S. Dev. 68 — 2 — 165.
Req. 26 mai 1869. Dall. 69 — 1 — 401.
Voir d'autres hypothèses : Cass. 14 fév. 1853. D. 53 — 1 — 44. Dall 1853 — 1 — 213.
Cass. 27 janv. 1873 — B. Dev. 73 — 1 — 163.

» de l'apport ou des avantages qu'après un rapport qui
» sera imprimé, et tenu à la disposition des actionnaires,
» cinq jours au moins avant la réunion de cette assem-
» blée. »

L'exagération frauduleuse de la valeur des apports ne
consistant pas en numéraire, et l'énormité des avantages
stipulés au profit des fondateurs, comptèrent parmi les
abus les plus dangereux et les plus fréquents, qui se
produisaient sous le régime du Code de Commerce. De là,
d'une part, absorption totale ou partielle du capital social,
et d'autre part, dépréciation des actions avant même leur
émission. Aussi le législateur voulut-il offrir à l'actionnaire, avant de le lier définitivement à la société, le
moyen de vérifier les affirmations du prospectus. Dès
lors, s'il n'apporte à cet examen qu'une attention insuffisante, il ne devra s'en prendre qu'à lui seul des décep-
tions qu'il éprouvera, le droit commun lui ouvrant, en
tout cas, un recours contre le dol ou la fraude. En conséquence, la loi de 1856 exigea deux assemblées générales,
l'une qui ordonnait l'estimation des apports, l'autre qui
les admettait ou les repoussait. Mais on avait oublié de
dire quel intervalle de temps devait s'écouler entre les
deux assemblées, de sorte qu'on décidait généralement
qu'elles pourraient se réunir le même jour (1).

La loi de 1867 est venue arrêter cet abus, en rendant
obligatoire un intervalle de plusieurs jours entre les deux
assemblées, et en ne permettant l'approbation que dans
une seconde assemblée, réunie après une nouvelle convocation.

La loi ne donne pas le moyen de prouver l'exécution de
cette formalité. C'est donc au gérant à se pourvoir
en conséquence en faisant enregistrer un des exem-
plaires du rapport, afin d'être en mesure, si besoin est,
d'en prouver le dépôt.

« A défaut d'approbation, dit l'article 4, la société reste

____

(1) Arrêt de la cour de Douai du 22 mars 1865.

» sans effet à l'égard de toutes les parties : l'approbation
» ne fait pas obstacle à l'exercice ultérieur de l'action qui
» peut être intentée pour cause de dol ou de fraude. »

C'est là une application des règles du droit civil ; mais il est évident qu'en présence des moyens de garantie offerts aux actionnaires par la loi, les juges ne devront admettre que difficilement les articulations de dol.

Le défaut d'approbation rend donc impossible la constitution de la société.

Mais l'assemblée générale ne pourra-t-elle pas réduire l'évaluation des apports en nature, ou le chiffre des avantages stipulés ?

Il est hors de doute que si l'unanimité des actionnaires pouvait s'obtenir, un accord immédiat pour la réduction sauverait la société ; mais cet accord est presque toujours impossible à obtenir.

La délibération de la majorité suffirait-elle pour lier à ce sujet la minorité ?

Les deux opinions contraires furent soutenues avec un égal acharnement au Corps législatif.

MM. Fabre, Marie, Ernest Picard, considérant l'obligation contractée par le souscripteur comme conditionnelle, prétendaient que le contrat primitif ne peut être changé sans le consentement personnel du souscripteur, et que dès lors il ne pouvait appartenir qu'à l'unanimité seule de modifier l'évaluation donnée aux apports.

Le rapport répondit : « Le système du droit commun
» est celui-ci : un contrat de société est fait ; il est proposé
» à l'adhésion du public. Le public accepte, et l'action
» souscrite constitue, de la part de chaque actionnaire,
» une adhésion au contrat. Il est lié. Tel est le droit com-
» mun. C'était là le principe antérieurement à la loi de
» 1856, laquelle, par des considérations respectables, a
» cru devoir y déroger ; mais y déroger à quel point de
» vue et dans quel sens ? A-t-on entendu que le contrat
» n'avait aucune existence ou réalité ? Non. On a pris
» simplement une précaution : on a organisé ce que

» reproduit la loi qui vous est en ce moment sou-
» mise, des assemblées successives. Que sont-elles?
» Un tribunal organisé par la loi, tribunal choisi par les
» actionnaires eux-mêmes, puisque c'est l'assemblée
» générale des actionnaires que le constitue, tribunal
» éclairé par une estimation, par une expertise, par l'im-
» pression du rapport et sa mise à la disposition des
» actionnaires. Voilà le système. La loi, par un sentiment
» facile à comprendre, n'a pas voulu tenir en échec,
» d'une manière absolue, un contrat qui, après tout, était
» parfait jusque là. Elle a voulu seulement que les
» actionnaires trouvassent dans leur sein ce tribunal,
» ainsi que je l'appelais tout à l'heure, et dans tous les
» cas *des mandataires chargés d'agir pour tous*, lesquels
» se composent du quart des actionnaires représentant
» le quart du capital. » Le rapporteur concluait au vote
pur et simple.

Il résulte donc suffisamment de l'explication du rapporteur, qui a enlevé le vote de l'article, que l'assemblée, refusant d'approuver les avantages ou apports, peut, à la
majorité et d'accord avec les intéressés, les réduire, sans
qu'il y ait lieu pour cela de tout recommencer.

Ainsi les apports soumis à l'approbation de l'assemblée
générale sont ceux qui ne sont pas faits en numéraire.

Mais quels sont les avantages qui seront également
soumis à cette approbation ?

Les avantages à approuver seront tous ceux prévus par
les statuts : c'est du reste ce qu'il résulte des travaux préparatoires. Il est évident que cette approbation ne s'applique pas aux jetons de présence alloués
parfois aux membres de conseil du surveillance, ces
jetons n'étant que la rénumération d'un service intérieur
que tous les associés peuvent être appelés à remplir.

On a soutenu que l'approbation n'était nécessaire que
si l'avantage était fait à un simple associé, et que, par
exemple, s'il joignait à cette qualité celle de gérant statutaire, le traitement à lui alloué ne pouvaient être considéré

comme un avantage. La Cour de Cassation admet au contraire (1) qu'il y a bien là un avantage qui doit être soumis à l'approbation. En effet, dit-on, en formant la société et en nommant le gérant, on a bien convenu que le temps et l'industrie du gérant entraient dans le fonds social, et si on lui accorde des appointements, c'est bien un avantage qui, *stricto sensu*, ne lui est pas dû.

Toutes les règles contenues dans l'article 4 comportent une exception : « les dispositions du présent article, rela
» tives à la vérification de l'apport qui ne consiste pas en
» numéraire, ne sont pas applicables au cas où la société
» à laquelle est fait le dit apport, est formée entre ceux
» seulement qui en étaient propriétaires par indivis. »

Les motifs de cette exception se trouvent fort bien expliqués dans le rapport de la commission, et nous croyons ne pouvoir mieux faire que de citer ce passage. « Fallait-il
» faire des précautions qu'impose l'art. 4, une règle
» absolue? N'y avait-il pas des exceptions possibles et
» nécessaires? Un membre de la commission nous a
» soumis les hypothèses que voici : Une société en com
» mandite sans actions ou en nom collectif, par des
» motifs d'ordre purement intérieur, veut se transformer
» en société en commandite par actions; elle n'a pas
» besoin de faire appel à des capitaux étrangers : c'est
» entre les associés ou propriétaires de l'actif social que
» les actions devront exclusivement se répartir.

» Un manufacturier, que l'âge ou les circonstances
» mettront dans la nécessité d'alléger le fardeau qui pèse
» sur lui, voudra loyalement faire de son usine, de son
» industrie, la matière d'une société par actions.

» Dans tous ces cas, et alors même qu'un ou deux
» capitalistes étrangers viendraient souscrire des actions
» représentatives d'un capital en numéraire, ajouté aux
» apports, la création d'une société en commandite par
» actions sera impossible. Il a donc semblé à la com
» mission qu'il y avait là une exception commandée par
» la force des choses. »

(1) Cassation — 29 novembre 1869.

L'article 4 contient encore deux dispositions relatives à l'organisation des assemblées dont nous nous occupons ; elles sont ainsi conçues :

« Les déclarations sont prises par la majorité des action-
» naires présents. Cette majorité doit comprendre le quart
» des actionnaires, et représenter le quart du capital social
» en numéraire. — Les associés, qui ont fait l'apport, ou
» stipulé des avantages particuliers soumis à l'appréciation
» de l'assemblée, n'ont pas voix délibérative. »

Ainsi chaque actionnaire, quelque peu considérable que soit le nombre de ses actions, a le droit d'être convoqué et de figurer à l'assemblée générale. Le vote a lieu par tête, et la majorité des actionnaires présents, nécessaire pour valider les délibérations, doit réunir un double élément : comprendre le quart des actionnaires, et le quart du capital social en numéraire.

Si l'une des assemblées constitutives ne réunit pas la majorité exigée par la loi, quel sera le sort de la société ?

En présence de l'article 4, beaucoup d'auteurs décident que la société devra être considérée comme ne pouvant se former, et être annulée. Ces auteurs voient un refus d'approbation dans cette impuissance où l'on est de réunir une majorité.

Nous ne pouvons croire, qu'en présence du silence du texte, on puisse en induire qu'il frappe de nullité toute société ne pouvant réunir la majorité exigée par lui. L'article 4 demande, en réalité, un vote : or ce vote ne peut être obtenu qu'avec une assemblée en nombre ; il faudra donc une assemblée en nombre et, tant qu'on ne l'aura pas, on devra recommencer les convocations. Du reste, grâce au zèle bien connu des souscripteurs au début des sociétés, nous sommes persuadés que le nombre de convocations sera toujours assez restreint.

La loi ne s'étant pas expliquée sur le mode de convocation, ni sur le mode de votation de ces assemblées, les statuts feront toujours bien d'en déterminer les règles.

L'usage généralement suivi est la convocation par les journaux, bien que ce moyen puisse parfois créer des difficultés sur la question de savoir si la publicité a été suffisante. Le moyen le plus sûr, mais aussi le plus long, serait certainement la convocation par lettre spéciale adressée à chaque souscripteur.

Sur la votation, l'usage est le vote par tête, à la majorité des membres présents.

Telles seront les règles suivies dans le silence des statuts sur ce point.

Dès que la deuxième assemblée a donné son approbation des apports et des avantages, la société est définitivement constituée, et il ne lui reste plus, pour pouvoir fonctionner, qu'à être pourvue d'un conseil de surveillance que l'assemblée devra nommer avant de se dissoudre.

CHAPITRE IV.

DES TITRES ÉMIS PAR LA SOCIÉTÉ.

Nous avons vu plus haut ce que c'était qu'une action, quelles étaient ses différentes formes et les divers modes suivant lesquels elle pouvait être négociée. Nous nous proposons d'étudier ici d'abord le taux des actions, puis à quelle époque elles deviennent négociables et enfin la garantie due par les porteurs quant aux versements restant à faire. Nous dirons en terminant, quelques mots sur l'émission des obligations.

I. — *Taux des actions.*

« Les sociétés en commandite, dit l'article Ier § 1 de
» la loi de 1867, ne peuvent diviser leur capital en actions
» ou coupons d'actions de moins de 100 francs, lorsque ce
» capital n'excède pas 200.000 francs, et de moins de 500
» francs, lors qu'il est supérieur ».

Cette disposition est d'ordre public, et la société dont le capital n'aurait pas été divisé conformément aux prescriptions de l'article premier, serait absolument nulle.

C'est un principe constant que l'action ne peut être fractionnée ; et il est bien évident qu'on ne pourra éluder la loi en créant, par exemple, des parts d'intérêt inférieures au taux minimum fixé par elle, et sans indication de capital.

Il est universellement admis qu'il ne faut pas voir un moyen détourné pour éluder la loi, dans la clause si pratique en vertu de laquelle, une fois le premier quart versé, la libération ne se ferait plus que par versements successifs échelonnés à diverses dates, si, la société prospérant, on n'a jamais besoin de nouveaux versements. Le taux 'de l'action est fixé à 500 francs, par exemple chaque actionnaire sait qu'on pourra lui demander pareille somme, et si la société fait de bonnes affaires, on ne peut le leur imputer à faute. Mais à moins de clause spéciale dans les statuts, la libération de pareilles actions ne peut être décidée qu'à l'unanimité des actionnaires, et comme il y a diminution du capital social, elle ne serait pas opposable aux créanciers antérieurs.

Les termes de l'article premier étant généraux, il faut en conclure qu'ils s'appliqueront également aux actions émises au cours de la société, comme augmentation de capital.

III. — *Époque où la négociation de l'action est permise, et où elle peut affecter différentes formes.*

Les actions ou coupons d'actions, nous dit l'article 2 de la loi de 1867, ne sont négociables qu'après le versement du quart.

La négociabilité n'est autre chose que la transmision par les voies abrégées du droit commercial, telles que l'endossement, le transfert, la tradition.

En défendant de négocier les actions avant que la société ne soit constituée, le législateur a voulu empêcher l'agiotage qui avait donné naissance aux nombreux abus dont nous avons parlé plus haut.

Sous la loi de 1856, les actions n'étaient négociables qu'après le versement des deux cinquièmes. La loi de 1867, moins sévère en cela que la loi de 1856, permet la négociation après le versement du quart.

Il est facile de voir que, sous la loi de 1856, il n'y avait pas harmonie complète entre l'article 1er et l'article 2; car, tandis que le versement du quart suffisait pour la constitution de la société, il fallait, pour obtenir la négociation, compléter le versement jusqu'à concurrence des deux cinquièmes. Ces entraves apportées à la négociation se comprenaient bien en 1856; mais en 1867, les scandales financiers s'étant apaisés, l'expérience des actionnaires ayant mûri, on crut pouvoir descendre des deux cinquièmes au quart, d'autant plus que cette somme suffisait pour assurer à la société des ressources suffisantes pour commencer les premières opérations.

Ces dispositions relatives à la négociabilité des actions ne sont pas une innovation de la loi de 1856 ; elles ont été empruntées aux lois du 15 juillet 1845 et du 10 juin 1853, relatives aux actions des compagnies de chemin de fer.

De la disposition restrictive de l'article de la loi de 1867, il ne faudrait pas conclure que jusqu'au versement du quart les actions soient inaliénables. La loi ne défend que la négociation à la Bourse, ou par endossement, ou par toute autre voie commerciale ; les actions sont donc parfaitement cessibles par les modes du droit civil. Ainsi les actions peuvent être transmises par voie de succession, par voie de donation, dans les formes légales.

Sera-t-on alors obligé de signifier la cession à la société? Notre savant maître, M. Beauregard, enseigne la négative. Cette opinion nous paraît fondée, en ce que, le droit de l'associé n'étant pas un droit de créance, il s'agit uniquement ici de la transmission d'un droit *sui generis*, qui se trouve en dehors des exigences de l'art. 1690. C. civ. Il est bien entendu, cela du reste ne peut faire doute, que par versement du quart il faut entendre : constitution de la société. Tant que celle-ci n'est pas constituée, on n'a qu'un titre provisoire, aléatoire, qu'on ne peut négocier, puisque ce n'est pas encore une action.

Après la constitution de la société, accompagnée du versement du quart, l'action peut être négociée en tant que titre nominatif, c'est-à-dire par un transfert régulier sur les registres de la société; mais on ne peut encore le transformer en titres au porteur.

A quelle époque les titres pourront-ils être transformés en titres au porteur ?

Avant la loi de 1856, les actions étaient ou nominatives, ou au porteur, ou à ordre, au gré des fondateurs. De graves abus s'en étaient suivis : aussi le législateur de cette époque édicta-t-il cette disposition : « les actions des » sociétés en commandite sont nominatives jusqu'à leur » entière libération. » Il lui parut qu'imposer aux souscripteurs d'actions une sorte de responsabilité morale, en les forçant à laisser figurer leur nom sur l'action, tant qu'elle n'était pas libérée, était le meilleur moyen de mettre un frein à ces actionnaires qui n'apparaissent que pour faire la hausse ou la baisse, pour jouer sur les titres. Le législateur de 1867 a maintenu cette règle. Il y a toutefois apporté une exception : « Il peut être stipulé, » mais seulement par les statuts constitutifs de la société, » que les actions ou coupons d'actions pourront, après » avoir été libérées de moitié, être converties en actions » au porteur, par délibération de l'assemblée générale ». (Loi de 1867, art. 3, al. 1).

Cette exception est donc subordonnée à trois conditions. Il faut :

1° Que les statuts constitutifs de la société aient, par une clause formelle, stipulé la possibilité d'user de cette exception. Remarquons que c'est dans les statuts *constitutifs* que la clause doit se trouver, et qu'elle ne pourrait y être introduite, lors d'une révision et d'une transformation des statuts ;

2° Que les actions ou coupons d'action aient été libérées de moitié ;

3° Que l'assemblée générale ait autorisé cette transformation des actions nominatives en actions au porteur.

Cette exception a du reste son point d'appui dans le droit commun. En effet l'article 3, § 1 de la loi de 1867 est une application de l'article 1861 du Code Civil aux termes duquel un associé peut s'en substituer un autre avec le consentement de tous : l'adhésion à l'article des statuts qui permet la conversion, n'est-elle pas le consentement, qui est encore corroboré par une délibération de l'assemblée générale des actionnaires ?

La nécessité de la libération de moitié s'explique par les raisons suivantes :

Le souscripteur, a-t-on dit, ne répond personnellement que de la moitié du versement ; le titre lui-même répond de l'autre moitié ; le versement répond de celui de la seconde; c'est le titre qui devient débiteur. Si son porteur ne paie pas, on vendra le titre à la Bourse: on *l'exécutera*, et le prix obtenu le libèrera des versements en retard. Ainsi donc, quand les statuts l'ont permis, et après versement de moitié, l'assemblée générale des actionnaires peut examiner si la prospérité des affaires permet de dispenser les actionnaires, dans le passé et dans l'avenir, de l'obligation du versement de la seconde moitié, en transformant en actions au porteur les actions nominatives.

Cette assemblée générale n'est autre que celle de l'article 4, c'est à dire que les délibérations sont prises à la majorité des membres, qui doivent former le quart des actionnaires et le quart du capital social en numéraire.

En disant que les actions doivent être libérées de moitié, nous voulons parler de toutes les actions. Il ne faut donc pas dire avec M. Vavasseur que « après le vote de con- » version, chacun des actionnaires qui aura libéré ou » libèrera ses actions, aura le droit de se faire délivrer » immédiatement des titres au porteur, sans attendre que » les autres actions soient libérées de la même manière; » qu'il n'y a aucune raison sérieuse pour contraindre les » diligents à subir la loi des retardataires. » (1)

L'opinion de M. Vavasseur n'est pas admissible; car la libération de moitié de toutes les actions est la condition *sine quâ non* de la conversion. La loi elle-même le dit: *Après avoir été libérées de moitié;* et le rapporteur au Corps législatif attestait bien la portée et le but de ces termes, en disant: « La délibération de l'as- » semblée attestera deux choses: la première, *que la* » *moitié du capital a été versée;* la seconde, que la » société est dans un état prospère. »

La Cour de Cassation, ayant eu à se prononcer sur ce sujet, l'a fait dans le sens que nous venons d'indiquer (2).

Ainsi donc, lorsque les formalités exigées par la loi de 1867 ont été remplies, chaque actionnaire peut trans-

(1) Vavasseur. T. I, § 489, page 199.
(2) Cass. 21 juillet 1879. Dall. 79 — 1 — 321.

former son titre nominatif en titre au porteur. Ce n'est là toutefois qu'une simple faculté, chacun restant libre de garder son titre nominatif.

Nous devons, à ce sujet, examiner une difficulté qui s'élève sur le point de savoir si le droit de transformer un titre nominatif en titre au porteur peut être exercé aussi bien par les incapables que par les personnes reconnues capables.

Tout d'abord, il est bien évident que ce droit ne peut existerau profit des personnes complètement incapables : tels sont les mineurs non émancipés et les interdits.

La question ne se pose donc que pour les personnes qui, incapables de faire certains actes, ont cependant la capacité d'en faire certains autres, comme les mineurs émancipés, les individus pourvus d'un conseil judiciaire, ou les femmes mariées séparées de biens, enfin par celles qui représentent les incapables.

En ce qui concerne la femme mariée séparée de biens (1) et le tuteur des mineurs non émancipés (2), la question a été résolue par la Cour de Cassation. La Cour suprême déclare que la conversion n'est qu'un acte de pure administration, n'impliquant aucunement l'aliénation du droit de l'actionnaire; que du reste aucun danger n'est couru par l'incapable, aucune loi n'imposant à son tuteur l'obligation de consulter le conseil de famille, avant d'aliéner les meubles incorporels autres que les rentes sur l'État et les actions de la Banque de France. Elle en conclut que la conversion est permise à la femme séparée de biens, même sans autorisation de son mari ou de justice, et au tuteur, sans autorisation du conseil de famille.

Toutefois une opinion adverse, se basant sur la protection que la loi doit aux incapables, et sur cette considération que la nature même du titre au porteur entraîne pour le propriétaire de sérieux dangers, ces titres étant assimilés aux meubles corporels, et tombant sous

(1) Cass, 8 fév. 1870 — S. Dev. 70 — 1 — 189.
(2) Cas. 4 août 1873 — S. Dev. 73 — 1 — 541.

l'application de la règle : *en fait de meubles, possession vaut titre*, soutenait que le droit de faire seuls la conversion devait être refusé aux incapables et à leur représentant.

Un document législatif vient de trancher la controverse, et de donner gain de cause à cette dernière opinion. Il s'agit de la loi du 27 février 1880 sur l'aliénation des valeurs mobilières appartenant aux mineurs et aux interdits. Cette loi, qui vient de combler une lacune dans notre législation en accordant à la fortune mobilière des incapables une protection que le Code civil avait négligée, tranche notre controverse en ces termes dans son article 10 : « La conversion de tous titres nominatifs en » titres au porteur est soumise aux mêmes conditions » et formalités que l'aliénation de ces titres. »

Pour mieux faire comprendre ce qu'a voulu dire la loi de 1880, voici en quelques mots quelle en est l'économie générale :

On fait une application aux valeurs mobilières des règles du Code civil sur l'aliénation des immeubles.

Le tuteur ne peut aliéner un titre quelconque, rente, action, part d'intérêts, obligations ou autres, sans autorisation préalable du conseil de famille, dont la délibération doit être homologuée par le tribunal, si le titre à aliéner dépasse 15.000 francs en capital.

Les titres au porteur doivent être, dans les trois mois du jour où ils adviennent au pupille, convertis par le tuteur, en titres nominatifs ; si la conversion ne peut avoir lieu, ces titres doivent être déposés.

Les dispositions de la loi du 27 février 1880 sont applicables aux mineurs, aux mineurs émancipés, à l'interdit, aux aliénés non interdits placés dans une maison de santé.

En supposant une société dont les statuts sont conformes aux prescriptions légales, si des actions au porteur ont été délivrées avant l'accomplissement des conditions de l'article 3, quelle en sera la conséquence ? Ce ne sera pas la nullité de la société; car l'article 7 ne la prononce qu'en cas d'irrégularité dans la constitution. La seule sanction en pareil cas serait l'amende, dont l'article 14 punit la négociation d'actions dont la forme est contraire aux dispositions de la loi. Si les actions au porteur délivrées illégalement et en dehors des prescriptions statutaires, n'étaient pas négociées, le fait de leur création ne serait pas punissable. Au surplus, l'absence de sanction se comprend ici; car tant que l'action au porteur n'est pas négociée, la responsabilité du souscripteur reste entière. On pourrait toujours lui poser ce dilemme : ou vous avez négocié vos actions, et vous êtes passible des peines portées par l'article 14; ou vous les avez encore entre les mains, et alors vous devez satisfaire aux appels de fonds exigibles.

III. — *Versement restant à faire.*

Nous arrivons maintenant à l'examen de la seconde partie de l'article 3 de la loi de 1867, qui comprend une décision, sinon incompréhensible, du moins fort obscure.

« Soit que les actions, dit l'article 3, § 2, restent nomi-
» natives après cette délibération, soit qu'elles aient été
» converties en actions au porteur, les souscripteurs
» primitifs qui ont aliéné les actions, et ceux auxquels ils
» les ont cédées avant le versement de moitié, restent
» tenus au paiement du montant de leurs actions, pendant
» un délai de deux ans, à partir de la délibération de
» l'assemblée générale. »

Il résulte de cet alinéa, que les souscripteurs primitifs, qui ont aliéné leurs actions, et ceux auxquels ils les ont cédées avant le versement de moitié, ne seront plus tenus que pendant deux ans au paiement de ce qui reste dû sur l'action. Le législateur a voulu établir, dans la perspective de la responsabilité biennale, une garantie que les actionnaires ne voteront la conversion qu'à bon escient, loyalement, avec l'idée que la conversion ne sera pas une source de préjudice pour les tiers ; ils choisiront bien leurs cessionnaires, puisqu'ils en seront garants.

Après deux ans, tout le monde est libéré, et si la société a besoin d'argent, elle fera un appel de fonds aux actionnaires. Si, lors de cet appel de fonds, le porteur ne verse pas bénévolement, le titre sera vendu à la Bourse ; le titre sera exécuté. Son prix de vente couvrira alors ce qui reste à payer ; car il faut remarquer que, la moitié au moins ayant été versée, ce qui reste à verser est tout au plus égal à ce qui a été versé ; ainsi, pourvu que les actions soient au pair, le prix de vente sera suffisant pour parfaire le capital souscrit.

Nous voyons ainsi la situation faite aux souscripteurs qui ont cédé leurs actions ; mais quelle sera la situation de ceux qui ne les ont pas cédées?

Des auteurs se fondant sur cette phrase du texte : « seront encore obligés, pendant deux ans, les souscrip-» teurs *qui ont aliéné leurs actions*, » ont prétendu que ceux qui n'avaient pas aliéné, devaient être libérés tout de suite. Cette opinion ne supporte pas l'analyse.

D'autres, au contraire, ont prétendu qu'ils restaient tenus infiniment.

MM. Bédarride et Alauzet, qui soutiennnent cette opinion, pensent, en effet, que le souscripteur primitif, qui n'aura pas profité de l'article 3, restera soumis aux principes généraux et aux règles du droit commun qu'avait rappelés la loi de 1856. Ces auteurs se fondent sur les termes du texte, et sur cette considération que l'exception posée aux principes généraux n'a pas d'autre but, ne doit pas avoir d'autre résultat que de dégager de toute obligation et de toute préoccupation pour l'avenir le propriétaire d'action, qui, après l'avoir libérée jusqu'à concurrence de la moitié, l'aura aliénée.

Pour nous, nous ne pouvons croire que telle ait été l'intention du législateur : il ne pouvait créer ainsi entre les associés une inégalité déplorable. Les souscripteurs qui n'ont pas cédé leurs actions ne méritent-ils pas tout autant de faveur que ceux qui ont cédé leurs actions ou leurs cessionnaires? Bien plus, on ne peut se méfier d'eux, puisqu'ils n'ont pas cherché l'agiotage, et qu'ils sont restés fermement attachés à la société.

L'équité, qui est la loi commerciale, doit donc venir ici corriger les principes; et, devant le silence du législateur, nous n'hésitons pas à admettre que la situation des souscripteurs qui n'ont pas aliéné, est la même que celle de ceux qui l'ont fait, et qui sont libérés par deux ans.

Du reste, si nous consultons le deuxième rapport supplémentaire sur la loi de 1867, il en découle clairement qu'il ne fait ici aucune distinction. « Il est désirable » dit-il, que la société, si elle le juge convenable à ses » intérêts, à la circulation plus facile de ses titres, ait le » droit de les convertir en actions au porteur après le » versement de la première moitié, en maintenant toute- » fois la responsabilité des premiers souscripteurs, pen- » dant le délai que la loi aura déterminé. »

Ainsi, le vote de l'assemblée libère tous les souscripteurs après deux ans; la loi déclare également tous les cessionnaires libérés, et parmi eux le porteur actuel de l'action. Les partisans du système que nous venons de combattre, y voient une anomalie; pour nous, ce n'est que l'application de notre doctrine: après deux ans tout le monde est libéré; le titre seul reste débiteur.

Ces expressions de la loi: *seront tenus aussi pendant deux ans, ceux à qui on a cédé avant le versement de moitié,* soulèvent la question de savoir quelle sera la situation des cessionnaires qui le sont devenus entre l'époque de ce versement et le vote de l'assemblée. Nous ne croyons pas qu'il faille s'en tenir au texte de la loi, qui conduirait à déclarer ces cessionnaires libérés immédiatement. De plus, on admettrait ainsi à voter dans l'assemblée des gens ayant intérêt à permettre la conversion, et dont le vote terminerait la responsabilité. Ce serait manquer le but du législateur qui s'est mal exprimé à ce sujet: aussi doit-on remplacer les mots; *avant le versement* de moitié, par ceux-ci: *avant la délibération de l'assemblée.*

Un des souscripteurs a gardé ses actions jusqu'à la délibération de l'assemblée; après le vote, il les cède. La prescription de deux ans s'appliquera-t-elle encore, et quel en sera alors le point de départ?

Les partisans du système qui n'admet la libération que des souscripteurs qui ont cédé leurs actions, ne peuvent s'empêcher de reconnaître l'analogie qui existe entre la situation de ce souscripteur et la situation de celui qui a aliéné avant le vote. Ils doivent donc admettre sa libération; mais alors ils sont embarrassés pour fixer le point de prescription de deux ans. M. Vavasseur y voit une lacune de la loi: « car, dit-il, il y avait identité de
» raison entre les deux cas, et le souscripteur, cédant ses
» actions après la délibération, méritait aussi bien d'être
» affranchi que celui qui les avait aliénées auparavant.
» En présence de cette analogie manifeste, les tribunaux
» seront tentés d'appliquer la prescription de deux ans.
» Mais comment fixer le point de départ? Si la cession a
» lieu dans les deux ans de la délibération, on pourra,
» jusqu'à un certain point, admettre une prescription
» commençant rétroactivement à partir de la délibération;
» ainsi au moins la lettre de la loi serait à peu près
» respectée. »

Le système que nous avons suivi, nous conduit à une solution plus simple: le vote de l'assemblée laisse tenus, pendant deux ans, tous ceux qui, lorsque ce vote a eu lieu, avaient ou avaient eu entre les mains des actions de la société. A partir de cette délibération, les nouveaux acquéreurs ne seront pas tenus.

La Cour de Cassation, dans un arrêt du 21 juillet 1879, s'est prononcée en sens contraire, et le 21 janvier 1880 elle confirmait sa première décision par un autre arrêt dans le même sens (1).

---

(1) *Le Droit*, n⁰ˢ des 28 et 29 juillet 1879. *Gazette des Tribunaux* du 24 janvier 1880.

D'après la Cour de Cassation, l'article 3 de la loi de 1867 ne libère que les souscripteurs primitifs qui ont cédé leurs actions, et les cessionnaires qui ne sont plus en possession, qui ont eux-mêmes cédé : restent tenus, suivant le droit commun, tous les porteurs d'actions actuels, tant souscripteurs primitifs qui ont gardé leurs actions que cessionnaires qui n'ont pas revendu.

Ce n'est pas là le sens exact de l'article 3. En effet, d'après cet article, les cessionnaires sont libérés après deux ans sans distinction ; dès lors le porteur actuel ne peut être tenu indéfiniment. De plus l'analogie fait étendre la même règle, nous l'avons vu plus haut, aussi bien au souscripteur qui a aliéné qu'à celui qui a conservé son titre. Le système de la Cour suprême ne s'appuie donc pas *suffisamment sur le texte.*

A notre avis, tel est le sens de l'article 3 de la loi de 1867 : du jour où l'assemblée générale des actionnaires a voté la conversion des titres au porteur, les souscripteurs qui sont restés actionnaires, ceux qui ont aliéné leurs actions, ceux enfin à qui ils les ont cédées, soit avant le versement soit, même avant le vote, restent tenus pendant un délai de deux ans à partir de cette déclaration. Les deux ans écoulés, personne ne reste tenu ; le titre seul est débiteur.

Si l'assemblée générale repousse la conversion des titres, la cession postérieure à la délibération n'influera en rien ni sur le caractère ni sur la durée de la responsabilité ; toutes les actions resteront nominatives, et tous ceux qui en sont ou en ont été propriétaires, resteront tenus indéfiniment au paiement de l'apport, comme ils l'étaient sous l'empire de la loi de 1856. Cette décision est, d'ailleurs, très rationnelle. En effet, la société, en refusant la conversion, manifeste d'une façon évidente qu'elle veut conserver par-devers elle des garanties plus fortes.

Les associés tenus indéfiniment pourront-ils se prévaloir de la prescription de trente ans? On a soutenu la négative, parce que tant que l'appel de fonds n'a pas eu lieu, leur dette n'est pas exigible. Nous n'admettons pas cette doctrine; car il n'est pas exact de dire que la dette des associés n'est pas exigible, la société ayant le droit de faire un appel de fonds quand elle veut. Prescrivent donc par trente ans, savoir: les porteurs d'actions, du jour où ils ont, pour la dernière fois, pris part à la vie sociale, en touchant des dividendes ou autrement, ceux qui ont vendu, du jour du transfert,

Il est évident qu'on ne pourra invoquer la prescription de cinq ans de l'article 52, § 3 de notre loi, les dispositions de cet article étant spéciales aux sociétés à capital variable, ni la prescription de cinq ans de l'article 64 du Code de Commerce, cette prescription ne courant qu'à partir de la dissolution de la société.

IV. — *Des obligations.*

Nous avons vu au commencement de cette étude que les sociétés pouvaient augmenter leur capital en émettant des obligations.

Les titres d'obligations peuvent affecter les mêmes formes que ceux des actions, et être nominatifs, au porteur, ou à ordre: leur émission est faite d'une manière un peu différente. On fait presque toujours aux obligations des avantages sérieux, qui consistent en une prime de remboursement. On émet des obligations d'une valeur nominale de 500 francs, remboursables à ce taux et produisant 3 0/0 d'intérêt; ce qui donne un total de 15 francs. Mais ces actions ne sont vendues par la société que 300 francs, de sorte qu'en réalité l'obligataire, donnant 300 francs, reçoit 15 francs d'intérêt, comme si ces 300 francs étaient placés à 5 0/0. Enfin son obligation vient-elle à sortir le jour du tirage au sort, qui se fait annuellement, comme on lui rembourse 500 francs, au lieu de 300 qu'il a donnés. il fait, en réalité, un bénéfice net de 200 francs qui constitue ce que l'on appelle la prime de remboursement.

A propos de ces tirages au sort, on s'est demandé si ce n'étaient pas là des loteries et si par conséquent ils ne tombaient pas sous l'application de la loi du 21 mai 1836, qui prohibe les loteries et répute telles : « toutes opéra- » tions offertes au public pour faire naître l'espérance » d'un gain qui serait acquis par la voie du sort. »

Il faut tout d'abord écarter du débat les compagnies et villes autorisées, par des lois spéciales, à émettre des obligations avec lots et primes. La validité des tirages de la ville de Paris, du Crédit Foncier de France etc., ne peut être mise en doute.

Quant aux sociétés non autorisées, distinguons entre les primes de remboursement et les lots.

Pour soutenir que les lots promis le plus souvent dans les émissions d'obligations ne sont pas prohibés par la loi de 1856, on invoque l'argument suivant : pour qu'il y ait loterie, il ne suffit pas qu'il y ait avantage ; il faut encore que celui qui ne gagne pas, perde tout. Or, dans notre espèce, celui dont l'obligation ne sort pas l'une des premières lors du tirage au sort, est toujours sûr de recevoir tôt ou tard ses 500 francs. Donc on ne peut dire qu'il y ait véritablement loterie dans le sens de la loi de 1836.

Nous préférons nous ranger du côté adverse et soutenir avec la Cour de Cassation qu'il y a véritablement loterie dans le sens de la loi de 1836, lorsqu'un emprunt est offert au public avec primes ou lots.

Les arguments invoqués dans ce sens sont fort bien exprimés dans un arrêt du 14 janvier 1876 (1), dont nous reproduisons les termes :

« Attendu que la loi du 21 mai 1836, après avoir pro- » hibé, dans son article premier, les loteries de toute » espèce, leur assimile, par son article 2, certaines opé- » rations qui ne constituent pas, à proprement parler, de » véritables loteries ; — que cet article 2, qui prévoit trois

____

(1) Cass. 14 janvier 1876 — Dall. 76 — 1 — 185.

» cas, dispose en effet : sont réputées loteries et interdites
» comme telles : 1° les ventes d'immeubles, de meubles
» ou de marchandises effectuées par la voie du sort ;
» 2° les ventes des mêmes objets auxquels sont réunies
» des primes, ou autres bénéfices dus au hasard ; 3° enfin,
» généralement, toutes opérations offertes au public pour
» faire naître l'espérance d'un gain qui serait acquis par
» la voie du sort ; — qu'il résulte évidemment de ces
» expressions : réputées loteries, et interdites comme telles,
» que les opérations qui sont l'objet de la disposition, ne
» sont pas elles-mêmes des loteries, mais bien qu'elles
» leur sont assimilées.

« Qu'il suit de là, que tout emprunt offert au public,
» avec primes ou lots, pour faire naître l'espérance d'un
» gain qui sera acquis par la voie du sort, rentre dans
» les prévisions de la troisième disposition de l'article 2
» de la loi de 1836 ;

« Que si des villes ou des compagnies françaises ont
» été autorisées à faire des emprunts offrant au public
» des primes ou des lots qui seraient acquis par la voie
» du sort, elles l'ont toujours été par des lois spéciales,
» emportant dérogation à la loi générale. »

La question des primes de remboursement a soulevé de vives objections, qu'il nous faut maintenant examiner.

On prétend que l'obligataire, recevant annuellement 5 0/0, plus les 200 francs qu'il a la chance de toucher au bout de quelques années, si la fortune lui sourit tant soit peu, fait un prêt usuraire, prohibé par la loi de 1807 sur la limitation du taux de l'intérêt.

Il semblerait que cette opinion dût être victorieusement repoussée depuis la loi du 21 juin 1876, qui soumet à l'impôt de 3 0/0 les lots et primes de remboursement payés aux créanciers et porteurs d'obligations. Mais on écarte la portée absolue de cet argument, en disant que cette loi ne vise que les compagnies et sociétés en faveur desquelles des lois spéciales ont autorisé des lots et primes.

La légalité des primes de remboursement trouve sa preuve dans le fait lui-même : l'intérêt payé est en général 5 0/0 sur le capital réel ; il est souvent à un taux inférieur, jamais à un taux supérieur : or le taux de l'intérêt en matière commerciale est 6 0/0. La société débitrice gagne donc ainsi 1 0/0 chaque année, qu'elle met en réserve, et c'est avec cette réserve qu'elle paie ses primes, qui ne sont en réalité que des intérêts accumulés pour être payés en même temps que le capital. Enfin, on ne peut nier que l'obligataire trouve dans la prime de remboursement la compensation légitime des risques que les éventualités des entreprises industrielles et la fluctuation des valeurs en Bourse lui font souvent courir.

Aucune loi spéciale n'ayant réglementé les émissions d'obligation, il faudra recourir au droit commun des contrats pour toutes les difficultés qui pourraient s'élever à ce sujet.

CHAPITRE V.

ADMINISTRATION DES SOCIÉTÉS EN COMMANDITE PAR ACTIONS.

La commandite par actions, nous l'avons remarqué en commençant notre étude, se caractérise par la réunion de deux éléments distincts :

D'une part, la gérance solidaire et responsable ;

D'autre part, les commanditaires ou bailleurs de fonds.

A ces deux rouages s'en adjoint un troisième : le conseil de surveillance.

Examinons d'abord la gérance.

SECTION I

DE LA GÉRANCE

§ I. — *Nomination du Gérant. — Sa révocation.*

Le rapporteur de la loi de 1856 résume en ces termes le rôle du gérant de la commandite par actions : « Le gérant » est la personnification de la société. C'est en son nom » que se fait tout le négoce, et c'est lui seul aussi qui est » responsable. Cachés sous le voile de l'anonyme, les » simples commanditaires forment une association de » capitaux ; le gérant donne le mouvement à ces fonds ; » il les fait fructifier par son intelligence, par son acti- » vité ; et sa responsabilité vient fortifier la confiance qui » repose déjà sur la richesse de la société. »

La gestion de la société en commandite appartient, en principe, aux seuls associés commandités.

S'il n'y en a qu'un, il prend inévitablement les fonctions de gérant de la société ? il en est de même, si les statuts nomment un seul gérant.

Y a-t-il plusieurs commandités ? Alors, il faut distinguer

trois hypothèses : ou bien les statuts n'ont point nommé de gérant ; ou bien ils ont confié la gérance à chacun dans une part déterminée ; ou bien ils ont confié la gérance à tous sans détermination.

En l'absence d'une clause formelle de l'acte social, les associés responsables ont le droit de se croire légitimes administrateurs de la société. Dès lors, ils peuvent faire tous les actes de commerce et signer de la signature sociale. Toutefois, si l'un d'eux faisait un acte que les autres désapprouvent, ces derniers ont un droit de *veto*, après lequel on délibère, et la majorité décide. C'est là une garantie pour ceux qui ne gèrent pas ; car il ne faut pas que l'opposition systématique d'un seul empêche la société de marcher.

Le poids de la responsabilité pesant également sur tous les commandités, la majorité doit se compter par tête.

Les statuts ont-ils nommé les gérants en fixant à chacun sa part de pouvoirs ? Il n'y a aucune difficulté : les gérants doivent obéir aux règles imposées par ces statuts.

Ont-ils confié la gérance à tous sans détermination de pouvoirs ? Ils gèrent alors simultanément, comme dans le cas où les statuts ont gardé le silence au sujet de cette gérance.

Un étranger peut-il être choisi comme gérant ?

On a soutenu qu'on ne le pourrait, quand bien même cet étranger consentirait à répondre *in infinitum* de ses engagements, parce que la société manquerait alors d'un des éléments essentiels à sa constitution, et qu'en outre cette même société ne pourrait avoir de raison sociale, puisqu'il résulte de la combinaison des articles 23 et 25 que la raison sociale ne peut comprendre le nom d'une personne étrangère à la société, ni celui d'un commanditaire.

Nous pensons qu'un gérant peut être pris, soit parmi les associés, soit parmi les personnes étrangères à la société. Rien ne s'oppose à ce que l'étranger, admis comme gérant signe de la signature sociale; il obligera ainsi la société, sans s'obliger lui-même, comme le fait un mandataire vis-à-vis de son mandant. C'est le cas, très fréquent en pratique, d'un commis intéressé ou non à qui on donne la signature sociale; les tiers ont la garantie de la responsabilité des associés sur laquelle ils ont compté.

Nous ferons remarquer que l'article 43 du Code de Commerce qu'on nous oppose, est purement énonciatif; et la preuve en est dans l'article 22 de la loi de 1867 qui, exigeant, pour la société anonyme que les gérants soient pris parmi les associés, suppose que cette exigence n'existe pas en droit commun. C'est ce que montrent, du reste, les travaux préparatoires de cet article.

Le même article 22 de la loi de 1867 permet, dans son deuxième paragraphe, aux administrateurs des sociétés anonymes de se substituer un mandataire étranger : or ce que les administrateurs peuvent faire, les statuts doivent à plus forte raison le comporter.

Le gérant peut être nommé, soit dans l'acte de société, soit dans un acte postérieur. Mais grande est la différence qui sépare les deux administrateurs : tandis que le second est révocable comme un simple mandataire, (1856. Code Civil) (1), le premier ne peut l'être sans cause légitime, tant que la société dure (2); bien que simple mandataire, il jouit du privilège de l'irrévocabilité: l'attribution de la gérance au gérant actuel a peut-être été pour lui, pour les autres associés, une condition déterminante de leur entrée dans la commandite.

Il est certain que l'on pourrait par les statuts instituer irrévocable le gérant nommé par acte postérieur, et d'autre part déclarer révocable, à la simple majorité des voix,

---

(1) Req. 28 avril 1863 — D. P. 63. — 1 — 408.
(2) Paris 28 février 1850 — D. P. 50 — 2 — 204.

celui nommé par l'acte social, c'est à dire le gérant statutaire (1).

En l'absence d'une disposition particulière, le gérant nommé par un acte postérieur serait encore irrévocable, s'il avait été désigné au lieu et place d'un gérant statutaire. Toutefois, il faudra que la nomination de ce gérant réunisse l'unanimité des membres de la société.

Si, après avoir laissé l'administration à tous les commandités, les membres de la société voulaient la confier à un gérant unique, l'unanimité serait encore nécessaire, cette nomination étant en effet une dérogation, au moins tacite, à la convention qui leur avait laissé la gestion à tous.

Il est évident que, pour que ce nouveau choix soit opposable aux tiers, il faudra le porter à leur connaissance par les modes établis par les articles 55 et 56 de la loi du 24 juillet 1867.

En principe et surtout depuis la loi de 1867, on doit considérer le mandat des gérants statutaires comme irrévocable : si on a à se plaindre de leur gestion, le conseil de surveillance demandera la dissolution de la société à l'assemblée générale. (Art. 11, 1. 1867).

Lorsque le gérant est révoqué en vertu d'une clause des statuts, qu'il est démissionnaire ou qu'il meurt, la société est dissoute, à moins que l'unanimité des actionnaires ne s'entende pour le remplacer.

§ 2. — *Pouvoirs du gérant.*

Les associés qui nomment un gérant, peuvent donner à ses pouvoirs telles bornes et telle étendue qu'il leur plait ; sa première obligation sera d'y conformer scrupuleusement sa conduite. En l'absence de toute disposition, les pouvoirs du gérant trouvent leurs limites dans les deux principes posés par M. Troplong :

1° Mandataire général de ses co-associés pour les biens

____

(1) Cass. 25 novembre 1872 — Sirey 73 — 1 — 882.

et affaires de la société, le gérant a tous les pouvoirs d'administration ;

2° Spécialement chargé de conduire la société au but en vue duquel elle a été formée, il a tous les pouvoirs nécessaires pour atteindre ce but.

Ainsi le gérant peut faire tous actes conservatoires, recevoir tous paiements, exercer toutes poursuites nécessaires contre les débiteurs. Il peut louer ou affermer les immeubles sociaux, prendre à bail les immeubles ou autres objets dont il pourrait avoir besoin pour l'accomplissement de son mandat.

Il peut enfin engager au service de la société les employés, commis, ouvriers, etc., dont le concours lui paraît utile et nécessaire. De ce droit découle une importante conséquence, à savoir : que le gérant répond, vis-à-vis de la commandite, des vols et détournements commis par un employé, pourvu toutefois que le choix et la direction du personnel lui aient appartenu sans aucun contrôle, et qu'il y ait eu imprudence de sa part. Il répond de leurs délits au nom de la société (1).

Les gérants peuvent contracter en leur nom personnel avec la société ; mais ils doivent pour cela être autorisés par les statuts. L'article 40 de la loi de 1857 en décide ainsi pour les sociétés anonymes : nous croyons qu'ici le principe est le même.

Les gérants de deux sociétés peuvent obliger l'une envers l'autre (2).

Les gérants forment donc ici l'élément prépondérant : ce sont eux qui impriment le mouvement aux affaires sociales. Le conseil de surveillance et l'assemblée des actionnaires peuvent bien leur donner des avis ; mais ils sont libres de ne pas les suivre ; bien plus, ils peuvent passer outre, même en cas de vote du conseil de surveillance ou de l'assemblée. Il est vrai qu'alors ils agissent à leurs risques et périls, à charge de responsabilité person-

---

(1) Lyon 3 décembre 1857 — D. P. — 58 — 2 — 69.
(2) Reg. 4 décembre 1854 — Sirey. 56 — 4 — 592.

nelle vis-à-vis des actionnaires ; mais elle sera souvent illusoire, et en tous cas ne viendra qu'après coup.

Sont au contraire interdits au gérant toute donation, toute remise de dette, en un mot tout acte à titre gratuit ; il n'y a là en effet que perte pure et simple pour la société. Cependant la remise qu'il accorderait dans un concordat, serait valable ; car souvent cette liberté est un acte de sage administration. Sont également valables les gratifications de faible valeur, qui, d'après les usages, sont de rigueur.

Le gérant, ne peut évidemment, à moins d'autorisation expresse dans les statuts ou de l'unanimité des actionnaires, emprunter ou émettre des obligations ; car c'est augmenter le capital social. Toutefois il a été jugé qu'il pouvait emprunter par petites sommes suivant les usages du commerce, c'est à dire en souscrivant des billets ou en prenant des marchandises à crédit, etc. (1)

Le gérant peut-il transiger et compromettre ? En principe, il n'a pas ce droit ; car ces actes supposent essentiellement la faculté de disposer, faculté qui n'appartient pas en général au gérant. C'est également en vertu de cette règle, qui défend l'aliénation au gérant, qu'on décide qu'il ne pourra constituer une hypothèque sur les immeubles sociaux ; mais cela ne s'applique qu'à l'hypothèque conventionnelle : car les actes du gérant peuvent aboutir à une condamnation judiciaire conférant hypothèque judiciaire ; cette dernière ne serait que la conséquence d'actes autorisés, et en tous cas soumise au contrôle de la justice.

Au sujet des actions en justice, l'usage a consacré que le gérant des sociétés commerciales, à la différence de l'administrateur des sociétées civiles, avait le droit de représenter la société dans toutes les instances où elle serait engagée, que ce soit comme demanderesse ou défenderesse (2). Ainsi, l'associé gérant représente la

(1) Req. 18 juin 1872 — D. P. 1872 — 1—268 et trois arrêts identiques rendus le même jour.
(2) Bordeaux, 9 janvier 1826. D. A n° 486 — 1°.

société ; il fait tous les actes nécessaires à son exploitation, nonobstant l'opposition des actionnaires. La société répond des obligations qu'il contracte, des pertes qu'il éprouve, quand elles naissent de l'exécution de son mandat. Toutes les dépenses qu'il fait, grèvent la société; et s'il avance de l'argent, les intérêts lui sont dus de droit et sans stipulation. Souvent même un traitement lui est alloué en rémumération des soins qu'il donne aux affaires sociales.

Tels sont les pouvoirs du gérant, en l'absence de toute disposition particulière des statuts, Cependant il est possible qu'il ne trouve, ni dans les statuts, ni dans le droit commun, le pouvoir de faire un acte cependant éminemment utile aux intérêts sociaux. Dans ces circonstances, son devoir est tout tracé ; il doit convoquer une assemblée générale. Elle a en effet, par délégation, tous les droits qui ne lui ont pas été refusés par les statuts sociaux.

A côté de ces pouvoirs viennent se placer des obligations dont la plus importante est celle de rendre compte de sa gestion, non seulement à la fin, mais au cours de la gérance : il faut que les associés puissent arrêter une gestion désastreuse ou infidèle. Aussi est-il d'usage de présenter tous les ans, ou même tous les six mois, un compte-rendu de l'état des affaires de le société.

Enfin, et c'est leur plus lourde charge, les gérants sont responsables, non seulement de leur dol, mais encore de leurs fautes : ils répondent en outre des dettes de la société *in infinitun.* C'est cette responsabilité des gérants que nous nous proposons d'étudier dans le paragraphe suivant.

<h3 style="text-align:center">§ 3. — Responsabilité du gérant.</h3>

La responsabilité des gérants est toute naturelle, et s'impose par elle-même. Les gérants sont responsables personnellement de tous les actes de la gérance, par le fait même de leur qualité; et de plus, ils partagent, comme actionnaires, la responsabilité générale qui incombe aux associés, en raison de la nullité de la constitution de la société. Quand aux engagements et aux dettes de la société, quant à la responsabilité pécuniaire de gérants, il faut distinguer toutefois celle qu'ils encourent vis-à-vis des tiers, et celle qu'ils encourent vis-à-vis des associés.

1° *Vis-à-vis des tiers.*— Les gérants peuvent être poursuivis *in infinitum* et solidairement pour toutes les dettes de la société, qu'elles aient été contractées par eux ou par toute autre personne ayant pouvoir d'obliger la société.

Ils répondront donc de toutes les dettes résultant de leurs contrats, quasi-contrats, délits ou quasi-délits. De plus, les tiers auront recours contre eux en cas de distribution de dividendes fictifs, la restitution de ces dividendes ne pouvant être réclamée aux actionnaires de bonne foi, (art. 10 § 3 l. 1867).

Il peut se faire qu'en vertu des statuts, par suite de décès ou autre cause, les gérants originaires soient remplacés par d'autres.

Nous avons alors à examiner les différentes responsabilités auxquelles donne naissance cette succession d'administrateurs.

Supposons que, Pierre, Paul et Jacques se soient succédé comme gérants. Quel sera l'effet des actes de Pierre et de Jacques vis-à-vis de Paul?

Paul est un commandité; à ce titre il sera tenu *in infinitum* des actes de Pierre. Il sera également tenu des actes de Jacques, son successeur, s'il vient à donner sa démission de gérant en restant associé.

Il est évident que si Paul venait à mourir, ses héritiers, ne restant pas associés, ne seraient en rien tenus des actes du successeur.

Toutefois, ces principes ne s'appliqueront que si le gérant qui cesse de l'être, ou ses héritiers, ont soin d'empêcher le nouveau gérant de continuer à signer du nom de son prédécesseur. Ainsi, Jacques continue-t-il à signer du nom de Paul? Ce dernier, dont la négligence a endormi la confiance des tiers, se verra tenu des actes de son successeur, non plus comme commandité, mais comme gérant. Ceci est important à constater, si l'on songe que le gérant seul répond, vis-à-vis des tiers, de la distribution de dividendes fictifs, partagés de bonne foi entre les associés.

2° *Vis-à-vis des associés commanditaires.*—Les gérants sont responsables comme tout mandataire, (art. 1992 C. Civil), pour les fautes commises dans leur gestion, mais non pour les opérations malheureuses qu'ils peuvent avoir faites, s'il n'y a pas de faute caractérisée.

Ils seront responsables pour malversation, pour leur dol, enfin pour tout ce que la société peut devoir à des tiers par leur faute.

Les gérants seront en outre responsables de l'accomplissement des formalités initiales. Si la société est nulle, ils doivent rembourser les mises des commanditaires, la société n'ayant pu se former, et les mises ayant été versées sans cause.

Dans quel ordre la poursuite des créanciers, tiers ou commanditaires, s'exercera-t-elle?

Le fonds social étant le gage exclusif des tiers créanciers sociaux, ils devront être payés les premiers sur ce fonds; ce n'est qu'après son épuisement qu'ils pourront poursuivre les commandités sur leurs biens personnels. Cautions solidaires de la société entre eux, les gérants ou commandités subissent la dette, chacun pour leur part et portion; mais ils ne pourront opposer le bénéfice de discussion, ni le bénéfice de division, au créancier qui poursuivra l'un d'eux, (art. 22 C. Com.). Le créancier social pourra poursuivre, soit l'un des gérants, soit tous ensemble (1).

Les créanciers sociaux auront le plus souvent intérêt à demander la séparation du patrimoine de la société de celui des associés, afin d'éviter ainsi le concours de leurs

____

(1) Cass. 24 août 1828 — Sirey 59 — 1 — 332.

créanciers personnels ; mais ils sont libres de ne pas profiter de ce bénéfice.

Tous les principes de la solidarité trouveront ici leur application. Notamment ils pourront être invoqués par les associés entre eux.

Les créanciers peuvent, au lieu de poursuivre le remboursement de leur créance, faire mettre la société en faillite ; les gérants le seront, dès lors, en même temps, la société n'étant mise en faillite que par suite de l'insolvabilité de ses gérants.

Les gérants sont donc tenus solidairement des dettes de la société ; mais celle-ci ne peut être tenue de leurs dettes, car elle ne les représente pas. Cependant, la société se trouverait tenue des dettes du gérant au cas où, celui-ci ayant signé sa simple signature, son engagement aurait profité à la société, ou serait tacitement ratifié par elle. Mais alors quelle serait l'action par laquelle le créancier pourrait poursuivre la société? On a voulu lui donner une action de *in rem verso*. Quant à nous, nous aimons mieux suivre l'opinion de la Cour de Cassation qui accorde au créancier l'action oblique de l'art. 1166, C. Civil, la loi n'ayant nulle part consacré l'action de *in rem verso* d'une façon générale (1).

Le gérant a donc les pouvoirs d'administration les plus larges. Mais comme il n'est pas admissible que les actionnaires soient livrés sans défense à sa merci, on exige qu'il leur rende compte de sa gestion.

Il devra donc tenir des livres et des écritures régulièrement faites, qu'il communiquera au conseil de surveillance. De plus, il devra dresser annuellement un inventaire exact et fidèle, faire un rapport général sur la situation de la société, établir le bilan, et, d'après son résultat, proposer, s'il y a lieu, la distribution des dividendes.

Toutes ces pièces seront soumises à l'assemblée géné-

(1) Cass. 12 mars 1850 — Sirey, 50 — 1 258.

rale qui pourra se rendre compte de la situation des affaires sociales, et arrêter le gérant, s'il conduit la société à sa ruine.

Une dernière question se pose au sujet de la gérance. On sait que l'article 408 du Code pénal frappe d'une peine plus forte, l'abus de confiance, lorsqu'il est commis par un domestique, homme de service à gages, élève, clerc, commis, ouvrier, compagnon ou apprenti, au préjudice de son maître. Nous devons nous demander si le gérant, qui commet un abus de confiance à l'égard de ses commanditaires, tombe sous le coup de cet article.

On a soutenu la négative, en s'appuyant sur ce que le gérant d'une commandite, n'étant pas le mandataire de ses commanditaires, ne pouvait se voir appliquer l'article 408 du Code pénal qui ne doit pas être étendu.

Il est évident qu'il existe des différences entre le mandataire ordinaire et le gérant d'une société; mais il faut bien remarquer que ces différences tiennent au seul fait de la combinaison des deux contrats de société et de mandat, et non à ce que le gérant ne serait pas mandataire des commanditaires. La société en investissant le gérant par les statuts ou un acte postérieur, lui confie un mandat, modifié, il est vrai, par la société, mais qui n'en existe pas moins. Dès lors, l'abus de confiance commis par le gérant rentre dans les termes de l'article 408 du Code pénal (1).

SECTION II.

Conseil de surveillance:

Le caractère particulier de la commandite est, comme nous l'avons vu, de réunir en une seule société, les sociétés de personnes et les sociétés de capitaux entre lesquelles elle sert de transition; elle fait concourir à la réalisation d'une entreprise un gérant tenu sur tous ses

(1) Paris, 23 mars 1845. — Sirey 452 — 833. —Cass, 28 août 1845. — Sirey 45. — 159.

biens, et des actionnaires tenus exclusivement sur la partie de leur fortune engagée ou promise à l'affaire. Les intérêts divers qui par cette combinaison se trouvent mis en présence, doivent forcément se contrôler les uns par les autres ; pendant que le gérant agit, il est juste que les actionnaires surveillent. Mais la loi a pensé que cette surveillance serait le plus souvent illusoire dans les sociétés par actions, si elle était bornée à l'initiative industrielle. Pour remédier à cet inconvénient, elle a prescrit certaines règles relatives à la composition, aux attributions et à la responsabilité d'un conseil de surveillance, chargé spécialement de contrôler les actes du gérant. Ces règles sont d'ordre public ; car elles tendent à protéger les actionnaires contre le pouvoir excessif des administrateurs. Les conventions particulières ne peuvent y déroger.

Nous étudierons successivement le mode de nomination du conseil de surveillance, ses fonctions, et enfin sa responsabilité.

§ Ier. — *Composition du conseil.*

L'article 5 de la loi de 1867 exige que, dans toute société en commandite par actions, il soit établi un conseil de surveillance, composé de trois actionnaires au moins.

« Ce conseil est nommé par l'assemblée générale des » actionnaires, immédiatement après la constitution » définitive de la société, et avant toute opération » sociale. » Ainsi le gérant ne pourra plus, comme cela avait lieu autrefois, nommer lui-même les membres du conseil chargé de le surveiller. La nomination sera faite par l'assemblée générale, soit par celle qui vérifie les apports (article 4), soit par une assemblée postérieure. La loi n'exige ici rien de particulier : la majorité se comptera d'après les règles établies dans les statuts, et, à défaut des statuts, d'après l'équité et le droit commun. La majorité des membres présents suffira.

Le conseil de surveillance devant se composer au

moins de trois membres, est-ce à dire qu'une société en commandite par actions ne pourra exister qu'à la condition de réunir au moins quatre associés, un gérant et trois commanditaires ?

Non, disent certains auteurs, entre autres M. Vavasseur. Le législateur, en édictant l'article 5, a eu en vue le *quod plerùmque fit*.

Pourtant il nous semble que, pour que la loi soit raisonnable, pour que ses décisions soient d'accord avec le bon sens, il faut admettre que nulle société ne peut être constituée en commandite par actions, si elle n'a au moins quatre personnes ; et en effet comment avoir un conseil de surveillance de trois membres, si on n'a qu'un actionnaire? Que serait une assemblée de un actionnaire qui serait chargé de voter l'approbation des apports en nature ? Toutes les dispositions de la loi se placent donc dans des cas où il y a plusieurs actionnaires, trois au moins, et le système que nous soutenons n'en est que la rigoureuse déduction. En effet, nous avons vu que la nomination d'un conseil de surveillance au gérant était d'ordre public, et qu'on ne pouvait y déroger par les statuts; de plus, l'article 7 déclare nulle toute société en commandite par actions, constituée contrairement aux prescriptions de l'article 5. En face de ces textes, il nous semble impossible de déclarer valablement constituée une société en commandite par actions, n'ayant pas au moins quatre personnes.

Il est vrai qu'un arrêt de la Cour d'Aix, du 14 novembre 1857, s'est prononcé en faveur de nos adversaires; mais cet arrêt est isolé, et il est certain que la Cour de Cassation qui, dans un arrêt du 22 janvier 1872, nous enseigne que le conseil de surveillance est un des éléments essentiels de la société qui, sans cette garantie d'ordre public, « n'a pas d'existence légale », l'aurait réformé, si elle eût été saisie de l'affaire.

Nous pensons donc que le concours de quatre personnes, au moins, est nécessaire pour former une société en commandite par actions.

Le premier conseil est nommé pour une année; il ne peut l'être pour un temps plus long : car, en général, on l'accepte sans défiance, d'après les indications des fondateurs, et il faut qu'on puisse le destituer sans scandale, s'il n'a pas rempli consciencieusement son mandat (1).

Quant aux conseils nommés plus tard, la loi de 1867 maintient le principe de la réélection : elle désire que leurs membres ne soient pas inamovibles; elle abandonne cependant aux statuts le soin de déterminer les époques et conditions de la réélection. En pratique, on réélit les membres du conseil de surveillance chaque année, par fractions d'un tiers ou d'un cinquième, pour ne pas mettre à la fois un trop grand nombre d'hommes nouveaux en face du gérant. Presque toujours, aussi, les statuts permettent la réélection des membres sortants.

On fera bien, dans tous les cas, de nommer un ou plusieurs membres suppléants, destinés à remplacer ceux qui viendraient à mourir ou qui donneraient leur démission, afin d'éviter la réunion de l'assemblée générale. Toutefois, si l'on n'avait pas pris cette précaution, la société ne serait pas nulle, et le gérant ne serait pas tenu de suspendre les opérations, dans le cas où le nombre des membres du conseil deviendrait inférieur à trois; le gérant, et, à son défaut, les membres restants du conseil de surveillance en exercice devraient provoquer la réunion de l'assemblée, pour remplacer les membres morts, démissionnaires ou empêchés.

Tout actionnaire peut être nommé membre du conseil de surveillance : il faut seulement qu'il soit actionnaire. D'ailleurs, il n'est pas nécessaire d'avoir *souscrit* des actions ; il suffit d'en posséder, et, par exemple, d'en avoir acheté ou d'en avoir reçu en échange d'un apport

---

(1) C'est du moins le raison donnée dans le rapport de M. Mathieu au Corps législatif.

en nature. Souvent les statuts exigent que les membres du conseil de surveillance aient un certain nombre d'actions libérées, et que ces actions restent déposées dans la caisse sociale pendant la durée de leurs fonctions. C'est là un sûr moyen d'empêcher les membres du conseil de vendre leurs actions, et de surveiller mal les actes des gérants.

Les membres du conseil de surveillance ne peuvent se faire représenter; car ils sont revêtus d'une mission personnelle. Leurs connaissances spéciales, leurs aptitudes les ont fait choisir : or tout cela ne se transmet pas; celui qui se ferait représenter, frusterait la société des avantages qu'elle s'était promis de retirer de son choix.

§ II. — *Des attributions du conseil de surveillance.*

La première fonction du conseil de surveillance est de vérifier si les diverses règles des articles 2 à 5 ont été observées (article 6, L. de 1867).

Le premier conseil de surveillance examinera donc si toutes les conditions exigées par la loi ont été remplies : par exemple, si le capital a été souscrit, si chaque action a versé au moins le quart de sa valeur, si le gérant a fait devant notaire la déclaration qui lui est prescrite, et fourni les pièces qui doivent y être annexées, enfin si les apports en nature ont été vérifiés et approuvés.

Qu'arrivera-t-il si la vérification du conseil de surveillance aboutit à la constatation d'irrégularités ? Il est évident qu'il devra les réparer; autrement il serait ridicule de faire faire une vérification, si elle ne devait aboutir qu'à la constatation d'un fait qu'on ne puisse réparer. Telle a été du reste l'intention du législateur :
» Ce qui vaut mieux que de prononcer des nullités, c'est
» de les prévenir, dit le rapporteur de la loi sur l'article
» 6. Le projet s'efforce d'atteindre ce but, et, après avoir
» imposé aux gérants des sociétés des devoirs qui trou-
» veront leurs sanctions dans les dispositions que nous
» examinerons bientôt, il place ces devoirs sous le

» contrôle du premier conseil de surveillance, qu'il associe
» aux obligations et aux responsabilités du gérant. »
Ces obligations ne s'appliquent évidemment qu'aux irrégularités réparables, et non à celles qui entraînent la
nullité.

Au cours de la société, le conseil de surveillance a
plusieurs devoirs à remplir, (articles 10 et 11) : « Les
» membres du conseil de surveillance vérifient les livres,
» le portefeuille et les valeurs de la société ; ils font
» chaque année, à l'assemblée générale, un rapport dans
» lequel ils doivent signaler les irrégularités et inexacti-
» tudes qu'ils ont reconnues dans les inventaires, et
» constater, s'il y a lieu, les motifs qui s'opposent aux
» distributions des dividendes proposés par le gérant.

» Le conseil de surveillance peut convoquer l'assem-
» blée générale, et conformément à son avis, provoquer
» la dissolution de la société. » Telles sont les fonctions
du conseil de surveillance. Elles consistent en un contrôle
des actes du gérant. Toutefois, ce devoir de surveillance
s'opèrera d'une manière large, et il est bien évident qu'il
ne pourra dégénérer en obsession tracassière pour le
gérant, qui est la cheville ouvrière de la société.

Le conseil de surveillance a le droit de s'entourer de
tous les renseignements que lui fournissent les livres de
commerce tenus par le gérant : il peut prendre communication de ces livres; mais cette communication doit
avoir lieu sans déplacement. C'est là un point qui a été
reconnu, lors de la discussion de la loi du 24 juillet 1867,
à l'égard des commissions dans les sociétés anonymes.
Cette décision doit être étendue *a fortiori* aux sociétés
en commandite par actions, dont la surveillance a besoin
d'être encore plus armée que celle de la société anonyme.

Grâce aux vérifications que la loi leur impose, les
membres du conseil de surveillance ont les éléments
nécessaires pour apprécier la situation de la société,
pour se rendre compte de l'exactitude ou de la fausseté
de l'inventaire dressé par le gérant, et, par suite, pour

juger s'il y a lieu de distribuer un dividende aux actionnaires. Ce rapport est un véritable exposé de la situation ; il approuve ou critique la conduite et les propositions du gérant ; si les membres du conseil ne sont pas d'accord, il indique leurs opinions diverses, entre lesquelles l'assemblée générale aura à se prononcer. Mais il n'appartient pas au conseil de surveillance de refaire les inventaires : il doit seulement se borner à émettre son avis.

Que faut-il entendre par les « irrégularités et inexacti- » tudes de l'inventaire » ? Nous parlerons plus loin des irrégularités qui empêchent la distribution des dividendes ; il nous suffira d'expliquer ici ce qu'on entend par inexactitudes dans l'inventaire. Elles consistent dans une augmentation de valeur donnée aux éléments de l'actif, soit dans une exagération des pertes subies par la société, soit dans une diminution du passif par une dissimulation de dépenses faites. Ainsi certaines valeurs doivent être amorties chaque année ; ce sont les brevets d'invention dont la valeur diminue à mesure que leur terme approche ; le mobilier et l'outillage industriel, qui se déprécient par l'usage.

Quand aux créances, elles ne devront être estimées que pour ce qu'elles valent réellement. Il ne faudra donc pas porter pour leur valeur nominale celles qui sont devenues en partie irrécouvrables, ou absolument mauvaises. Il est bien évident que, lorsque la société sera en possession d'un marché qui doit vraisemblablement lui procurer des bénéfices plus ou moins considérables, ces profits futurs ne pourront être portés à l'actif ; ils ne devront figurer qu'à l'inventaire de l'année qui les a vus se réaliser ; tant qu'une opération n'est pas terminée, son résultat est incertain ; il serait aussi téméraire qu'illégal de considérer comme acquis des bénéfices qui ne sont encore qu'à l'état d'espérances (1).

---

(1) C'est en ce sens que la Cour de cassation a cassé, le 28 juin 1862, l'arrêt rendu par la Cour de Douai dans l'affaire Mirès.

Telles sont, en résumé, les inexactitudes d'inventaire que le conseil de surveillance devra signaler, si elles se trouvent dans l'inventaire dressé par le gérant. S'il ne le fait pas, il manque à ses devoirs, et sa responsabilité peut se trouver engagée.

Le rapport des membres du conseil de surveillance est obligatoire pour eux, et, chaque année, ils doivent convoquer l'assemblée générale pour le lui soumettre, (art. 11.)

Quinze jours au moins avant la réunion de l'assemblée générale, tout actionnaire peut prendre, par lui ou par son fondé de pouvoir, au siège social, communication du bilan, des inventaires et du rapport du conseil de surveillance, (article 12).

« Le conseil de surveillance, nous dit l'article 11, peut » convoquer l'assemblée générale, et, conformément à » son avis, provoquer la dissolution de la société. » Cette convocation n'a donc pour effet que de prendre l'avis de l'assemblée générale, et, sur un vote conforme, de porter la question devant les tribunaux. La loi de 1867 fait ainsi cesser tous les doutes que la rédaction vague de l'article 9 de la loi de 1856 avait soulevés : l'assemblée générale ne peut prononcer *de plano* la dissolution, à moins que les statuts ne lui aient conféré expressément ce droit ; elle ne le peut pas : car elle ne représente que l'intérêt des commanditaires, et sa décision ne peut faire la loi du gérant. L'article 11 ne permet pas davantage au conseil de surveillance d'agir directement et de sa propre autorité en justice, pour obtenir la dissolution ; il l'autorise à réunir l'assemblée générale, et, *conformément à son avis*, à provoquer la dissolution, c'est à dire à la faire prononcer en justice.

Au reste, l'article 1871 du Code Civil peut toujours recevoir ici son application : chaque associé, quand il a de justes motifs, peut demander une dissolution anticipée. Les membres du conseil de surveillance, rebutés

par l'assemblée, resteront donc munis individuellement
de cette arme de droit commun (1).

Les fonctions des surveillants sont-elles gratuites ou
salariées? Sur ce point, la plus complète liberté est
laissée aux conventions sociales, et les statuts spéciaux
formeront la règle à suivre. Il semble alors que la rému-
nération accordée, constituant un avantage particulier
fait à certains associés, devra être fixée par l'assemblée
générale. En tous cas, il sera sage de ne point accorder
de trop forts émoluments; car, si tout travail doit être
justement renuméré, il ne faut cependant pas, par l'exagération du salaire, ôter au conseil de surveillance son
caractère de désintéressement, et entraver peut-être son
impartialité par le désir de conserver une position avan-
tageuse.

§ 3. — *Responsabilité du conseil de surveillance.*

Le principe de la responsabilité des membres du
conseil de surveillance était, sous l'empire de la loi de
1856, l'objet d'une vive controverse. Les interprétations
les plus diverses étaient sorties des termes vagues et
ambigus dont s'était servi le législateur. La loi de 1867
est venue élucider la question et consacrer une doctrine
parfaitement conforme aux principes. Les articles 8 et 9
de notre loi s'occupent de la responsabilité qu'encourent
les membres du conseil de surveillance, soit à raison de
l'annulation de la société, soit à raison de la négligence
qu'ils apportent dans l'exécution de leur mandat.

Lorsque la société est annulée comme constituée en
dehors des conditions prescrites par les articles 1 à 5,
l'article 8 décide que « les membres du premier conseil
» de surveillance peuvent être déclarés responsables,
» avec le gérant, du dommage résultant, pour la société
» ou pour les tiers, de l'annulation dela société. » D'après
la loi de 1856, la responsabilité dont il s'agit, atteignait

(1) Beddarride, loi de 1867, n° 283.
Rousseau, T. I, n° 1256.

les membres des conseils de surveillance successifs, à l'égard, du moins, des opérations postérieures à leur nomination; de plus, il y avait solidarité entre le gérant et le conseil de surveillance. La loi nouvelle corrige ce que cette disposition avait d'excessif: elle supprime la solidarité, et restreint la responsabilité au dommage causé; enfin, par une conséquence logique et équitable, elle n'applique cette responsabilité qu'au premier conseil de surveillance.

La restriction de l'obligation et de ses conséquences à un nombre de personnes exactement déterminé est la garantie d'une exécution plus sérieuse. Les différents conseils qui se succèderont, sont autorisés à se confier aux certificats de ceux qui les ont précédés, et donneront tous leurs soins au présent, sans se préoccuper de réviser indéfiniment le travail de leurs devanciers.

La responsabilité édictée par l'article 8 est subordonnée à une condition: c'est que la société en commandite ait été annulée; tant que la nullité n'en a été ni prononcée ni demandée, la responsabilité qu'il édicte n'est pas encourue. Elle l'est, au contraire, lorsque la société a été annulée, alors même qu'elle l'a été pour une cause autre que celle sur laquelle repose l'action en responsabilité.

Le conseil de surveillance n'obtiendrait pas gain de cause si, par exemple, la nullité avait été prononcée dejà pour défaut de publicité, bien qu'elle ne puisse plus l'être pour cause d'irrégularité de constitution; alors le tribunal appliquerait l'article 8, en se fondant sur l'inaccomplissement des conditions prescrites par la loi, sans avoir besoin de prononcer de nouveau une nullité déjà judiciairement constatée (1).

Cependant, la société étant annulée, la responsabilité des membres du conseil ne sera pas nécessairement encourue. Il y a en effet, pour les juges, simple faculté et

(1) Cass. Rej. 12 avril 1864. D. P. 64 — 1 — 377.

non obligation ; ils peuvent, selon les cas et selon la gravité de la faute, prononcer ou non cette responsabilité. Ainsi ils ne la prononceront pas, s'il leur est démontré que les membres du conseil ont apporté dans leur mission toute la loyauté et tout le zèle de bons pères de famille. Au contraire, ils la prononceront, lorsqu'il leur sera établi que ces membres pouvaient aisément apercevoir les vices de la constitution, que c'est par suite de négligences graves et inexcusables qu'ils n'ont rien empêché.

Les juges pourront même prononcer des condamnations diverses contre chacun des membres du conseil ; car les uns peuvent être de bonne foi, tandis que les autres sont coupables de dol (1).

La responsabilité étant facultative, on doit apprécier dans quelles limites il convient de l'appliquer à chacun. La loi de 1867 n'admet plus le principe de la solidarité entre les membres du conseil et le gérant ; chacun est tenu à raison de ses fautes personnelles. Toutefois, bien que la solidarité ne se prononce pas, la jurisprudence admet que les membres du conseil de surveillance peuvent être condamnés *in solidum*, à raison d'un quasi-délit commis dans l'exercice de leur mandat (2).

Enfin, en cas de condamnation, les membres du conseil de surveillance ont un recours contre le gérant. C'est celui-ci qui doit remplir les formalités prescrites ; c'est lui surtout qui est en faute. La responsabilité des membres du conseil est une garantie pour les tiers ; mais elle n'empêche pas leur recours contre le gérant, qui est en définitive l'auteur principal des irrégularités pour lesquelles la société est annulée (3).

L'article 9 de la loi de 1867 est ainsi conçu : « Les » membres du conseil de surveillance n'encourent aucune

---

(1) Civ. R. 12 mai 1870 — D. P. 70 — 1 — 401.
Div. R. 23 aout 1864. D. P. 64 — 1 — 367.
(2) Cass. 29 déc. 1852 — Rapport. D. P. 67 — 4 104, note 4.
(3) Dall. Jurisp. gen., Société, 1242.

» responsabilité en raison des actes de la gestion et de
» leurs résultats. — Chaque membre du conseil de
» surveillance est responsable de ses fautes personnelles,
» dans l'exécution de son mandat, conformément aux
» règles du droit commun. »

Il ne faut pas se méprendre sur le sens de la première partie de cet article. La loi nouvelle ne vient pas abroger l'article 28 du Code de Commerce en faveur des membres du conseil de surveillance ; elle veut que les fonctions de membre du conseil puissent être acceptées sans crainte par celui qui compte les remplir honnêtement aussi : déclare-t-elle que, si la surveillance a été sincèrement et sérieusement exercée, les membres du conseil ne peuvent être poursuivis à raison des actes du gérant qui auraient mal réussi. Dès lors, l'article 28 du Code de Commerce leur reste applicable, et, s'ils venaient à s'immiscer dans la gestion, ils seraient responsables des dettes et des obligations résultant de l'acte auquel ils auraient participé, et pourraient être déclarés solidairement tenus avec le gérant, des engagements sociaux, antérieurs et postérieurs à l'acte d'immixtion.

Les membres du conseil de surveillance, nous dit l'article 9, (deuxième partie), répondent de leurs fautes personnelles, d'après les règlements du droit commun.

La responsabilité, sous la loi de 1867, n'est plus que personnelle. Chaque membre répond seul des fautes qu'il a pu commettre dans l'exécution de son mandat. Il est évident que punir un membre du conseil de la faute d'un autre, était aussi énorme que d'imposer au conseil la responsabilité des actes de la gestion.

Les tribunaux examineront jusqu'à quel point la responsabilité de chacun est engagée, et s'il se peut que l'un soit acquitté et l'autre condamné.

Mais la solidarité sera prononcée contre eux, lorsqu'il sera impossible de fixer la proportion dans laquelle chacun d'eux aura contribué au dommage. Il est de règle, en effet, que tous ceux qui ont participé à un quasi-délit, peuvent être tenus *in solidum* de réparer le préjudice qui en est résulté. Ceux d'entre eux qui auraient intérêt à revendiquer le bénéfice de la responsabilité personnelle, devront donc, pour se l'assurer, prendre des précautions particulières, et faire constater, d'une façon certaine, non pas leur abstention qui constituerait une faute, mais les dissidences qui les ont maintenus à l'écart de la route suivie par la majorité.

On appliquera aussi aux membres du conseil de surveillance l'article 1992 du Code Civil, c'est à dire l'article qui précise les conditions sous lesquelles la responsabilité de tout mandataire est engagée : « Ce mandataire répond » non seulement de son dol, mais encore des fautes qu'il » commet dans sa gestion. » Les membres du conseil de surveillance devront donc apporter, dans leurs fonctions, les soins de bons pères de famille, et même leur responsabilité sera plus rigoureusement appréciée, s'ils reçoivent un salaire. C'est, du reste, ce qui présentera le plus souvent en pratique, car le jeton de présence accordé aux membres du conseil de surveillance, ressemble bien, selon nous, à un salaire. Dans les grandes industries surtout, ces jetons ont quelquefois une valeur considérable, et peuvent monter annuellement à plusieurs milliers de francs. Dans une telle situation, on ne peut dire que le membre du conseil de surveillance, qui accepte l'allocation de jetons de présence, soit un mandataire gratuit : dès-lors, il devra répondre, comme tout mandataire salarié, non seulement de sa faute lourde, mais encore de sa faute légère.

La responsabilité de l'article 9, comme celle de l'article 8, suppose l'existence d'une faute et d'un préjudice ; les tribunaux reconnaîtront facilement s'il y a ou non préjudice causé. La question de faute sera toujours plus incertaine et plus délicate : elle devra être résolue d'après les circonstances. Ainsi, l'exagération du prix des marchandises dans les inventaires ou dans un état de situation dressé par le gérant, n'entraînera aucune responsabilité pour le conseil de surveillance, si elle a été assez habilement déguisée pour échapper à toutes les vérifications (1). Au contraire, le conseil de surveillance serait responsable, s'il avait laissé porter aux inventaires, comme élément de l'actif, des créances irrécouvrables ou mauvaises, en admettant, du moins, qu'une vérification loyale aurait dû amener la découverte de cette fraude (2).

En résumé, on ne peut guère résoudre la question de responsabilité qu'en fait ; c'est d'après les circonstances qu'il convient de décider s'il y a eu une faute répréhensible, et si cette faute a causé un dommage à quelqu'un.

La responsabilité des membres du conseil existerait même dans le cas où une clause des statuts les déclarerait irresponsables. Telle clause en effet ne peut les exonérer complétement de la responsabilité attachée aux devoirs qui leur sont imposés par les lois générales ou le droit commun ; les tribunaux devront cependant tenir compte de la clause en question, lorsqu'il s'agira de fixer l'étendue de la réparation (3).

Quel sera le *quantum* de la réparation due par le membre responsable ! C'est là une question d'appréciation qu'il est difficile d'étudier et que le juge seul peut résoudre : « Les tribunaux, dit M. Vavasseur, prenant
» en considération les circonstances, pesant dans leur
» sagesse la gravité des fautes, auront le droit de
» modérer le chiffre de la condamnation, et même de la
» répartir inégalement entre les membres du conseil de
» surveillance. Si les tiers ou les actionnaires lésés
» avaient, de leur côté, manqué de prudence, et pou-
» vaient s'imputer, dans une certaine mesure, le préju-
» dice éprouvé, une partie de ce préjudice, équitablement

(1) Cass. 28 novembre 1860. D. P. 61 — 1 — 339.
Cass. 9 juillet 1861. D. P. 61 — 1414.
(2) Lyon, 8 juin 1864. D. P. 65 — 2 — 197.
(3) Douai, 29 juin 1861. ... Sirey, 61 — 2559.
Bourges, 10 mars 1869, — Sirey, 69 — 2 — 255.

» arbitrée par les tribunaux, devrait être laissée à leur
» charge. » Ce serait sortir du cadre restreint de notre
étude que de passer en revue les nombreuses espèces
qui se sont présentées devant les tribunaux : nous préférons renvoyer sur ce point à l'ouvrage éminemment
pratique de M. Rousseau (1).

Terminons par une observation commune aux articles
8 et 9 de la loi de 1867. Aucune règle spéciale n'étant
établie quant à la durée de l'action en responsabilité qui
peut être intentée, soit contre les membres du conseil de
surveillance, soit contre les associés qui ont négligé
de faire vérifier leurs apports ou apprécier leurs avantages particuliers, ces derniers étant mis par l'article 8
sur la même ligne que les membres du conseil de
surveillance, cette action dure trente ans en principe.
Mais une fois la société dissoute, il faut lui appliquer la
prescription quinquennale créée par l'article 64 du Code
de Commerce en faveur des associés non liquidateurs, en
tenant compte, bien entendu, de ce que cette prescription
n'a pas lieu entre associés.

Il est évident que l'action se prescrirait par trois ans
seulement, si la responsabilité avait pour base un fait
délictueux : l'action civile ne survit pas en effet à
l'action publique ; or celle-ci est prescrite au bout de trois
ans quand il s'agit de délits (art. 637 et 638, Code d'instruction criminelle). Le point de départ de la prescription
sera alors, non plus la dissolution de la société, mais le jour
du délit, ou celui du dernier acte de poursuite.

(5) Rousseau, *Sociétés commerciales*. T. 1, n° 1285 et suivants.
Vavasseur. T. I — 696 et suivants.

CHAPITRE VI.

Des commanditaires.

Article 23 du Code de Commerce : « La société en com
» mandite se contracte entre un ou plusieurs associés
» responsables et solidaires, et un ou plusieurs associés
» simples bailleurs de fonds, que l'on nomme commandi-
» taires.»

Les actionnaires de la commandite ou commanditaires
ne sont donc que de simples bailleurs de fonds, n'engageant dans la société qu'une partie de leur fortune, rien
de leur personne. Ils forment entre eux une société de
capitaux que le gérant fait fructifier par son industrie,
sous le contrôle du conseil de surveillance.

En présence de cette situation du commanditaire dans
la société, on comprend que la première et principale
de ses obligations soit d'effectuer le versement de sa
mise. Mais, comme il n'est pas un simple prêteur, comme
il est membre d'un même tout avec les gérants, en un mot
comme il est associé, il a le droit de se faire rendre des
comptes par la gérance et le conseil de surveillance. Nous
avons vu dans le chapitre précédent que ces comptes de
gérance faisaient l'objet d'un rapport annuel du conseil
de surveillance qui, aux termes de l'article 12, devait être
mis à la disposition des actionnaires quinze jours au
moins avant la réunion de l'assemblée générale. En outre
du rapport du conseil de surveillance, les actionnaires
ont encore le droit de prendre connaissance du bilan et
des inventaires.

La loi n'impose pas la communication du rapport du
gérant qui pourtant serait intéressant à étudier, un
amendement proposé sur ce point ayant été rejeté. Les
statuts pourraient cependant imposer cette communication.

31

Toujours au même titre d'associés, les commanditaires ont droit à une part dans les bénéfices de la société, et jouissent de la faculté qui leur est offerte par l'article 1871 du Code Civil.

Tels sont les droits des associés commanditaires ; mais pour les conserver intacts, ils devront bien prendre garde de s'abstenir de tout acte de gestion dans les affaires sociales. A ce sujet, il nous faut examiner leur degré de responsabilité, en distinguant les actionnaires qui ne se sont pas immiscés dans la gestion, de ceux qui y ont pris part.

I. — *Les actionnaires ne se sont pas immiscés dans la gestion.*

Alors, ils ne sont tenus que jusqu'à concurrence de leur mises ; s'il ont payé, ils ne doivent plus rien : ni le gérant, ni les créanciers sociaux exerçant l'action de la société leur débitrice, ne pourront rien exiger d'eux.

Toutefois il est un cas particulier, déjà signalé, où une certaine responsabilité pourra atteindre quelques uns des associés.

Lorsque la société est annulée pour non-exécution des formalités initiales, nous avons vu que les membres du conseil de surveillance pouvaient être déclarés responsables avec le gérant du dommage résultant, pour la société ou pour les tiers, de l'annulation de la société.

La même responsabilité, aux termes de l'article 8, peut être prononcée contre ceux des associés dont les apports ou les avantages n'auraient pas été vérifiés ou approuvés, conformément à l'article 4. Ainsi, tout en ayant versé en nature le montant de leur mise, ces associés n'en restent pas moins tenus ; et, en cas d'insuffisance des valeurs réellement apportées, les tiers pourront exiger d'eux un complément de versement. Ce fait se présentera, lorsque, les associés n'ayant promis qu'une mise en nature, elle n'a pas été approuvée par l'assemblée générale. En effet, il y a eu faute de leur part :

il est donc équitable qu'ils soient tenus de la réparation du préjudice.

En dehors de cette exception, les créanciers ne pourront poursuivre les actionnaires que pour la somme qui leur reste à verser sur leur mise.

Mais ici vient se placer une question délicate, qui est celle de savoir si les créanciers sociaux ont une action directe contre les actionnaires, pour réclamer le versement de leur mise, ou s'ils sont obligés d'avoir recours à l'action oblique et d'exercer, en vertu de l'article 1166, l'action de la société elle-même.

Avant 1856, l'intérêt de la question était celui-ci : si l'action est oblique, elle reste commerciale, et doit être portée devant les arbitres ; si elle est directe, les tribunaux civils doivent en connaître. Aujourd'hui reste l'intérêt suivant : si l'on décide que les créanciers sociaux ne peuvent exercer que l'action oblique en vertu de l'article 1166, les commanditaires pourront opposer à ces créanciers les exceptions qu'ils eussent pu opposer à la société représentée par le gérant. C'est ce qui arriverait si, par exemple, l'un des associés avait stipulé qu'il ne supporterait les pertes sociales que sur une portion de sa mise. L'action que le gérant exercerait en pareil cas pour obtenir des actionnaires l'exécution de leurs engagements pourrait justement être repoussée, et par suite, cette même action, maniée par les créanciers sociaux, devrait subir le même sort.

Ceci posé, examinons la question en elle-même. Trois systèmes ont pris naissance sur ce sujet : les uns refusent l'action directe dans tous les cas ; les autres ne l'accordent qu'après la dissolution de la société ; les derniers enfin l'accordent dans tous les cas. Cette dernière opinion enseignée par notre savant maître, M. Beauregard, à son cours, nous paraît préférable.

Les créanciers sociaux agissant contre les commanditaires qui n'ont pas payé leur mise, pourront donc, suivant nous, repousser légitimement les exceptions que ces actionnaires auraient pu opposer au gérant. En effet, ne serait-il pas injuste de faire souffrir les créanciers des exceptions qu'on pourrait invoquer contre le gérant? Supposons une exception fondée sur la nullité de la société; si elle était valable à l'égard des tiers, la conséquence n'en serait-elle pas la violation de la règle, aux termes de laquelle la nullité ne peut être opposée aux tiers par les associés?

On nous objecte alors que les termes de la loi sont respectés, puisque la nullité n'est pas opposée aux tiers, mais au gérant dont ces tiers exercent l'action. Pour être atteint d'une manière indirecte, le résultat n'en est pas moins le même, et l'esprit de la loi, qui est d'empêcher que les tiers ne souffrent un préjudice quelconque à raison d'une nullité imputable aux seuls associés, est manifestement méconnu, Prenons, par exemple, le cas où les actionnaires prétendraient se retrancher derrière les artifices mis en œuvre par le gérant pour surprendre leur consentement. S'ils triomphent, les conséquences de la fraude vont être supportées par les créanciers. Cependant de ces deux classes de personnes exposées à subir, l'une à défaut de l'autre, le préjudice résultant d'un même fait, laquelle est préférable? Il n'y a pas de doute possible. Les actionnaires sont en faute. Avant d'engager leurs capitaux dans des opérations destinées à être accomplies à leurs risques et périls, ils devaient mûrement en apprécier les chances. S'ils ont été trompés, s'ils ont imprudemment donné leur confiance à un mandataire déloyal, eux seuls doivent en porter la peine. Quant aux créanciers, ils traitent sous la foi des apparences et de la notoriété publique. En cela, ils ne sont pas en faute; car ils n'ont pas, comme les associés, les moyens de pénétrer la réalité des choses. Il leur suffit de savoir tout simplement que des engagements ont été pris, pour qu'ils aient le droit d'en exiger les réalisations.

La doctrine que nous soutenons, n'a pas seulement pour elle ces considérations d'équité; elle est encore conforme à l'esprit de la loi. C'est ce qui résulte d'un passage des travaux préparatoires où il est dit formellement, par opposition à ce qui a lieu dans la société anonyme, que le commanditaire n'étant pas caché, puisqu'il est nommé dans l'acte de société; il répond directement, quoique seulement en proportion de sa mise. (Locré, t. XVII, p. 185).

N'est-il pas évident que, si le commanditaire répond *directement* de sa mise qui forme le gage des créanciers sociaux, il peut être poursuivi au moyen d'une action directe par ces mêmes créanciers?

Et d'ailleurs, pour quels motifs refuser aux créanciers sociaux une action contre les commanditaires alors qu'on leur en donne une contre les commandités. Les uns comme les autres ne sont-ils pas nécessaires pour constituer la commandite? Il est vrai que les commandités sont tenus *in infinitum*, tandis que les commanditaires ne le sont que jusqu'à concurrence de leur mise; mais ils n'en sont pas moins tenus jusqu'à concurrence de cette portion. La seule différence entre eux n'existe donc qu'au point de vue de la quotité.

Enfin nous avons déjà remarqué que le commanditaire n'était pas un prêteur ordinaire. En même temps qu'il confie ses capitaux au gérant, il lui donne mandat d'agir et de traiter pour la société. Les tiers ne peuvent donc ignorer la présence des commanditaires que leur indique nécessairement, du reste, l'acte de société, qui doit mentionner le montant des valeurs à fournir En donnant cette publicité à leur apport, les commanditaires promettent la garantie de leur mise sociale à tous ceux qui traiteront avec la société, et ils s'engagent à répondre de tous les contrats sociaux, au moins jusqu'à concurrence de cette somme. Lorsque plus tard les tiers traitent avec la société, ils acceptent par ce fait même cette promesse d'engagement. L'accord des deux volontés forme le contrat qui fait alors la loi des parties, et donne ainsi aux créanciers sociaux le droit d'agir directement sur la mise sociale qui constitue leur garantie.

Il est bien entendu que les commanditaires ne seront dans aucun cas soumis à la solidarité : du reste, aucun texte ne l'établit, et elle ne se présume pas.

L'engagement de verser une somme pour faire le commerce étant un engagement commercial, il s'ensuit que les créanciers sociaux pourront poursuivre les commanditaires qui n'ont pas payé leur mise, devant les tribunaux de commerce. Toutefois il ne faut pas déduire de là que les commanditaires soient commerçants. On l'a prétendu, cependant, en se fondant sur ce qu'ils font partie d'une société faisant habituellement des actes de commerce. Mais on n'a pas remarqué que c'était non les commanditaires, mais la personne morale société qui faisait le commerce. Pour nous, les commanditaires ne sont que des particuliers qui ont fait un acte isolé de commerce. Penser autrement serait défigurer notre société dont la création a eu surtout pour but de permettre à des non-commerçants de faire valoir leurs capitaux dans des entreprises commerciales.

II. — Le commanditaire s'est immiscé dans la gestion.

(*a*) Voyons d'abord quels sont les actes qui constituent immixtion — Constituent des actes d'immixtion, dans le sens de l'article 27 C. Com., les actes qui mettent les associés commanditaires en rapport avec les *tiers*, et qu'ils feraient « en représentant la société comme *gérant* » la maison commanditée. » (1) Ainsi, il y a immixtion de la part des commanditaires ou actionnaires dans toute participation active aux conventions quelconques passées entre la société et des tiers, telles qu'achats, ventes, baux, emprunts, etc.

L'immixtion, pour entraîner la responsabilité, doit être directe et personnelle.

Ainsi il faut placer en dehors de la prohibition édictée

(1) Avis du conseil d'état 29 avril 1809, approuvé le 17 mai suivant. Dall. J. G. société 1352.

par l'article 27 du Code de Commerce tout ce qui doit être considéré comme acte de gouvernement intérieur. Les commanditaires ne s'immiscent pas, dès lors, dans la gestion de la société, en se réservant le droit d'examiner les magasins, les livres et la caisse sociale, et de demander la situation hebdomadaire de la société, alors qu'ils s'abstiennent de tout fait de gestion (1).

Depuis la loi du 6 mai 1863 qui est venue modifier l'ancien article 27 du Code de Commerce considérant comme un acte d'immixtion le fait, par un commanditaire, d'être employé pour les affaires de la société, celui-ci peut, sans immixtion, être l'agent de la société, son correspondant, s'il n'a jamais usurpé les fonctions du gérant, et n'a joué vis-à-vis des tiers que le rôle d'intermédiaire. Le commanditaire pourra de même, sans immixtion, remplir à l'intérieur de la société des fonctions subalternes, comme celles de caissier, comptable ou employé aux écritures.

Toutes les fois, au contraire, qu'il aura agi directement et personnellement avec les tiers, il y aura immixtion. Il en sera de même si, usant de son influence sur le gérant, il s'est fait donner mandat par lui pour conclure certaines affaires. C'est du reste ce que nous dit l'article 27, C. de Com. : « L'associé commanditaire ne peut faire « aucun acte de gestion, *même en vertu de procuration.* »

Il y aura donc immixtion, toutes les fois que les faits reprochés au commanditaire auront été de nature à le mettre en contact avec les tiers, et à faire penser à ceux-ci qu'il avait une part active dans la gestion. L'immixtion du commanditaire, étant une fraude, peut être prouvée par témoins, et les juges du fond seront souverains appréciateurs des faits constitutifs des actes de gestion, leur appréciation sur ce point étant inattaquable devant la Cour de cassation (2).

(1) Rouen, 9 juin 1875. D. P. 75 — 2 —
(2) Req. 7 mars 1859 — Société — 1370 4°-Dall. J. G. Liv. 2. 24 mai 1859 — Dall. P. 59—
1 — 242 — 243.

(b) Nous arrivons maintenant aux conséquences de l'immixtion.

L'article 28 de la loi du Code de Commerce, modifié par la loi du 6 mai 1863, s'exprime ainsi : « En cas de contra-
» vention à la prohibition mentionnée dans l'article
» précédent (art. 27, C. Com.), l'associé commanditaire
» est obligé, solidairement avec les associés en nom
» collectif, pour les dettes et engagements de la société
» qui dérivent des actes de gestion qu'il a faits, et il peut ;
» suivant le nombre et la gravité de ces actes, être soli-
» dairement obligé pour les engagements de la société,
» ou pour quelques uns seulement. »

L'associé qui s'est immiscé, est donc solidairement responsable, avec le gérant, des dettes qu'a entraînées son acte d'immixtion.

S'est-il immiscé souvent, ou dans des cas très-graves ? Il appartient aux tribunaux d'apprécier s'il doit être déclaré responsable de tout ou partie des engagements de la société.

Le commanditaire ne deviendra donc commerçant que dans les cas seulement où il a été déclaré responsable de tous les engagements de la société. Toutefois, il faut nous demander s'il sera déclaré responsable vis-à-vis des tiers seulement, ou, en même temps, vis-à-vis de la société. On a prétendu que le commanditaire qui s'immiscait à la gestion, abdiquait, par cela même, sa qualité à l'égard de tous : en effet, dit-on, il ne peut usurper un rôle actif et prétendre, en même temps, conserver une situation qui le mettrait à l'abri des conséquences de ce rôle.

La peine contre l'immixtion a été prononcée, à notre avis, uniquement dans l'intérêt des tiers : eux seuls étaient exposés à des fraudes et des surprises ; eux seuls ont pu croire que le commanditaire était devenu comman-dité. Quant aux associés, ils ne devaient pas ignorer quelle était la situation du commanditaire dans la société. Du reste, pour que ce commanditaire soit tenu au-delà de sa mise, il faut, tout au moins, que la société ait aubi un préjudice par son fait ; or, de deux choses l'une : ou l'acte est devenu acte social, et alors la société n'en est tenue que comme elle le serait de tous les actes sociaux ; ou l'acte est resté propre, et alors les créanciers, n'ayant que le commanditaire pour seul et unique obligé, sont dépourvus de toute action contre la société.

Les tiers ont donc seuls qualité, à l'exclusion des associés, pour faire déclarer le commanditaire qui s'est immiscé, responsable de ses engagements(1).

(1) Bordeaux, 4 décembre 1860 ; S. Div. 61 — 2 — 190
Caen, 16 août 1864 ; Sirey, 65 — 2 — 33.
Paris, 6 juilelt 1865 ; Sirey 66 — 2 — 219.

CHAPITRE VII

DES DIVIDENDES

En étudiant les fonctions du conseil de surveillance, nous avons laissé de côté l'examen de tout ce qui a rapport à la répartition des dividendes. Nous abordons maintenant cette importante question, dont l'accès nous a paru devoir être préparé par la connaissance du fonctionnement des différents rouages de la société.

I. — *D'abord, qu'est-ce qu'un dividende?*

Les dividendes sont les bénéfices qui se partagent chaque année, s'il y a lieu, entre les actionnaires. Ce sont des *bénéfices*, c'est-à-dire qu'ils supposent nécessairement que le passif est inférieur à l'actif. La condition essentielle pour qu'un dividende puisse être valablement distribué, est donc que ce dividende existe, qu'il ne soit pas fictif, comme le dit, dans son article 15 § 3, la loi de 1867.

C'est donc en établissant avec soin et équité la composition de l'actif et du passif, qu'on arrivera à déterminer les bénéfices. L'inventaire n'est autre chose que cette opération ; c'est de lui qu'il va résulter une répartition : il importe donc qu'il soit bon et fidèle, qu'il donne à chaque élément de l'actif une valeur réelle, et qu'il n'y fasse figurer que des valeurs acquises.

On voit facilement quel champ est ouvert à la fraude, presque tous les éléments de l'actif étant susceptibles d'évaluations diverses, et combien est délicate la vérification que doit faire le conseil de surveillance, sur qui pèse une lourde responsabilité.

Les dividendes, avons nous dit, peuvent être distribués

quand l'actif dépasse le passif, de telle sorte qu'il reste
encore des bénéfices, quand les déductions voulues auront
été faites.

L'actif se compose des valeurs appartenant à la société,
telles que : matériel, marchandises, effets en portefeuille,
créances diverses, espèces en caisse ou en dépôt.

Quand au passif, il est constitué par le capital social,
le fonds de réserve et les dettes de toute nature.

Grâce à l'inventaire qui séparera ces deux éléments on
déterminera facilement de combien l'actif l'emporte sur
le passif, et réciproquement.

De l'actif brut ainsi connu, on devra déduire : 1° les
frais généraux ; 2° l'intérêt des obligations ; 3° la somme
nécessaire pour amortir le nombre d'obligations qu'il a
été convenu d'amortir ; 4° enfin le prélèvement du vingtième
pour composer un fonds de réserve, (art. 36 1. 1867). Ce
n'est qu'après toutes ces déductions faites, qu'on pourra
distribuer des dividendes.

L'acquisition des bénéfices doit être un fait réalisé
indépendamment de toute éventualité, quelque probables
que puissent être les chances auxquelles elle serait subordonnée. Les sommes dont la répartition s'opère,
doivent être encaissées, ou tout au moins représentées à
l'actif social par des titres ou valeurs indiscutables et de
réalisation certaine. Tous les auteurs ne sont pas cependant de cet avis. Certains pensent qu'il faut entendre par
bénéfices certains et réalisés les seuls bénéfices encaissés :

« Si l'actif n'est pas encaissé, s'il y a des recouvre-
» ments à faire, il ne peut y avoir lieu à une répartition
» de dividendes ; car des évènements ultérieurs, une
» faillite, par exemple, peut rendre l'actif inférieur au
» passif : l'espérance d'un bénéfice n'est pas encore un
» bénéfice (1). »

C'est aller trop loin, et arriver à la négation de la possibilité d'une distribution de dividendes avant la liquidation :

(1) Dalloz, *Société*, n° 1390

ce n'est en effet qu'à cette époque que seront encaissées toutes les valeurs de la société.

Pour nous, l'encaissement n'est pas une condition nécessaire, absolue, pour constituer le bénéfice distribuable. « Par dividendes réellement acquis, on a voulu
» exprimer, dit la commission législative de la loi de 1863,
» les bénéfices qui ne peuvent plus échapper à la société,
» qui ne sont plus à l'état de simple éventualité, dont aucun
» coup du sort, excepté une insolvabilité imprévue ou une
» destruction fortuite, ne peut plus priver la société. Sans
» doute, il ne sera pas toujours nécessaire que le bénéfice
» ait été encaissé; il pourra résulter d'une valeur, d'une
» traite, même d'une simple créance, pourvu qu'elle soit
» réputée bonne, non susceptible de discussion, et de
» nature, suivant les usages du commerce, à figurer à
» l'actif. »

Dans son arrêt déjà cité du 28 juin 1862, la Cour de cassation a adopté cette opinion, qui nous paraît du reste la meilleure à tous les points de vue (1).

Le bénéfice réalisé est donc celui qui est dès à présent fixé.

*II. — Les dividendes touchés par les actionnaires
sont-ils irrévocablement acquis par eux?*

L'article 10 de la loi de 1867 répond à la question en ces termes : « Aucune répétition de dividendes ne peut être
» exercée contre les actionnaires, si ce n'est dans le cas
» où la distribution en aura été faite en absence de tout
» inventaire, ou en dehors des résultats constatés par
» l'inventaire. »

En principe donc, pas de répétition. Mais le législateur apporte à ce principe deux exceptions:

1° Lorsque la distribution a eu lieu en l'absence de tout inventaire;

(1) Cass. 28 juin 1862 — Dalloz, 62 — 1 — 307.
Caen, 16 août 1865 — Dall. 65 — 2 — 192.
Cassat. 7. mai 1872 — Dall. 72 — 1 — 233

2° Lorsqu'elle a été faite en dehors des résultats constatés par l'inventaire.

Dans ces deux cas, en effet, il y a présomption que les actionnaires ont été de mauvaise foi ; or la fraude et la mauvaise foi font exception à toutes les règles. De ce que la loi condamne la distribution des dividendes fictifs, M. Vavasseur conclut que, s'il était démontré que les dividendes distribués en l'absence de tout inventaire sont des dividendes réels, la répétition n'en serait pas admise.

En présence des termes formels de la loi, nous ne pensons pas devoir suivre l'opinion de M. Vavasseur. Pour nous, la présomption posée dans l'article 10 est une présomption *juris et de jure*. L'inventaire fait-il défaut? Le dividende est réputé fictif. Un inventaire est nécessaire pour fixer le dividende ; s'il n'en est pas fait, il ne peut y avoir de dividendes ; et s'il en est distribué en son absence, ils ne peuvent être que fictifs. Telle est, selon nous, la présomption de la loi, présomption qui n'admet pas la preuve contraire.

Les créanciers ne peuvent donc, sauf les exceptions posées par la loi et celle de fraude, réclamer la restitution des dividendes touchés par les actionnaires.

« L'action en répétition, ajoute l'article 10, dans le cas » où elle est ouverte, se prescrit par cinq ans à partir du » jour fixé pour la répartition des dividendes. » Le point de départ de la prescription sera uniforme pour tous les actionnaires ; à quelque époque qu'ils aient reçu les dividendes fictifs, ils seront à l'abri de toute recherche cinq ans après l'époque fixée pour la répartition. C'est là, il faut l'avouer, une prescription singulière : la loi n'admet l'action en répétition que dans le cas de mauvaise foi ; ne pouvait-elle du moins la laisser soumise au droit commun? Cette faveur accordée par le législateur à la fraude et à la mauvaise foi, est certes bien étrange. Toutefois, la loi est telle, et il faut bien l'appliquer. Mais disons cependant que ces dispositions n'ont pas été admises sans de grandes protestations, et qu'elles ne l'ont

été que par une espèce de surprise législative. Lors de la
discussion du projet de loi, le Corps législatif paraissait
se rallier à l'idée de M. Pouyer-Quertier, qui proposait
de consacrer le principe de la répétition des dividendes
fictifs, en limitant l'action à cinq ans ; mais l'amendement fut renvoyé à la commission qui, au lieu de
modifier sa rédaction en ce sens, proposa l'article 10 tel
que nous venons de le voir et qui fut voté ainsi.

Notre article s'applique même aux actions en répétition antérieures à la loi de 1867. C'est ce que nous dit du
reste son dernier paragraphe : « Les prescriptions com-
» mencées à l'époque de la promulgation de la présente
» loi, et pour lesquelles il faudrait encore, suivant les
» lois anciennes, plus de cinq ans à partir de la même
» époque, seront accomplies par ce laps de temps. »

Ainsi les lois anciennes reconnaissaient aux créanciers
le droit d'exiger des actionnaires la restitution des dividendes fictifs indûment perçus, et cette action ne se
prescrivait que par trente ans, à compter du jour de la
perception : c'est cette prescription que la loi nouvelle
est venue limiter. Pour les distributions de dividendes
antérieures à la promulgation de la loi de 1867, les
associés peuvent donc toujours être condamnés à les
restituer, même s'ils les ont reçus de bonne foi : mais, en
vertu de notre article 10, cette action en répétition contre
les actionnaires est prescrite par cinq ans.

Examinons maintenant les deux sortes de dividendes
que peuvent distribuer les sociétés : dividendes réels, et
dividendes fictifs.

III. — Les dividendes réels, avons-nous dit, sont
l'excédant des bénéfices sur les dépenses, constaté par
un bon et fidèle inventaire. Ces dividendes sont acquis,
dès qu'ils sont touchés. Cela est parfaitement logique, si
on admet que les dividentes sont des fruits, En règle
générale, ces fruits se consommant au jour le jour, ce
serait ruiner les actionnaires que d'exiger d'eux, après

nombre d'années, tous les bénéfices distribués précédemment.

Cependant on a soutenu que les bénéfices ne devraient être considérés comme acquis qu'au jour de la dissolution : car, a-t-on dit, une société n'est pas constituée seulement pour quelques opérations, mais pour toutes celles qui doivent se faire pendant sa durée, et par suite, les bénéfices réalisés sur telle opération peuvent être absorbés par une autre qui n'a pas réussi.

Soutenir une telle opinion, c'est se mettre en contradiction avec les traditions de la pratique, et retirer à l'inventaire une grande partie de son importance. En effet, l'inventaire arrête l'année commerciale, liquide, chaque fois qu'il est fait, la situation de la société qui continue ses opérations sur les bases fixées par l'inventaire.

Les bénéfices constitués par l'inventaire sont donc des fruits fournis par le travail de chaque année, et définitivement acquis par la perception. Nos adversaires ne tendent-ils pas, avec leur système, à rendre impraticable la société en commandite ? Quel actionnaire consentirait à immobiliser ses capitaux pendant un laps de temps fort long, avec la perspective de ne toucher des bénéfices qu'à la dissolution de la société ?

Et du reste, qui pourrait se plaindre de ces distributions de dividendes ? Les tiers ? Mais ils ne peuvent exiger qu'une chose : c'est que leur gage soit maintenu intact ; or, le gage réside dans le capital social qui ne diminue pas par la distribution des bénéfices réellement acquis. L'actionnaire doit donc être considéré comme définitivement propriétaire des bénéfices réels à lui distribués après chaque inventaire.

Mais s'il a omis de les toucher, s'il les a laissé dans la caisse de la société, peut-il les en retirer ultérieurement, même après une perte subie ?

La question ne peut se poser que s'il n'y a pas eu de convention à cet égard ; car, si les associés sont convenus de laisser les dividendes en compte, il est bien évident qu'ils deviennent alors créanciers de la société pour le montant de leur part. Dans le cas contraire, doit-on présumer que cette convention existe, ou plutôt décider qu'il y aura accroissement de mise de la part de l'actionnaire qui a omis de toucher?

Nous croyons qu'il faut décider que, dans ce cas, l'actionnaire, n'ayant pas usé de son droit de participer aux bénéfices, doit être considéré comme y ayant renoncé pour laisser ses bénéfices non prélevés se confondre avec sa mise. Dès lors, si la société a subi postérieurement des pertes, il ne pourra réclamer les dividendes qu'il a négligé de toucher, non seulement à l'égard des créanciers sociaux, mais même à l'encontre du gérant. Et en effet, les bénéfices venant accroître la mise, il y a une augmentation du capital, et par suite dérogation aux statuts : la peine de cette violation du pacte social sera la perte des dividendes.

C'est ce qu'a parfaitement bien jugé le tribunal de Roubaix dont la décision, confirmée par la cour de Douai le 27 janvier 1873, a été maintenue par la Cour de cassation (1) le 5 août 1873.

« Attendu, dit le tribunal de Roubaix, qu'il n'y a pas eu
» de comptes spéciaux et distincts de bénéfices ; qu'ils ont
» toujours été confondus avec l'apport de chacun ; que l'ac-
» cessoire est ainsi resté uni et incorporé au principal ;

« Attendu que, sans contester que le commanditaire ne
» saurait être actionné en restitution de dividendes pério-
» diquement touchés et réalisés de bonne foi, il n'en est pas
» moins vrai que si consentant à réunir l'accessoire au
» capital, il s'abstient de toucher les bénéfices, s'il ne les a
» pas consommés, il a volontairement renoncé au droit
» qu'il a perdu par sa faute ;

« Que les pertes succédant aux bénéfices, le commandi-
» taire ne peut plus prétendre qu'à recueillir les débris de

<hr>

(1) Cassation 5 aout 1873. Dall. 74 — 1 — 127

» son apport social. Que conséquemment sa prétention à
» cet égard tendrait à retirer, sous forme de bénéfices, et
» avant toute liquidation, sa commandite dans sa presque
» totalité, etc.. »

IV. — *Les dividendes fictifs, avons-nous dit, sont ceux perçus en l'absence de bénéfices.*

Avant la loi de 1867, ces dividendes devaient être rapportés, même s'ils avaient été perçus de bonne foi ? Aujourd'hui, il n'en est plus de même : le législateur, assimilant l'actionnaire au possesseur de bonne foi ? déclare qu'on ne pourra répéter contre lui les dividendes perçus en absence de tout dol de sa part. Quand la restitution doit avoir lieu, elle doit être faite immédiatement, et on ne pourrait demander qu'il y fût sursis jusqu'à la liquidation.

Les dividendes ont-ils été perçus de bonne foi. L'actionnaire qui doit cependant restituer, n'en devra l'intérêt que du jour de la demande. L'ont-ils été de mauvaise foi. C'est du jour de la perception que l'intérêt sera dû. Cette distinction a été mise en pratique par la Cour de Bourges, dans un arrêt du 21 août 1871 (1) dont voici un des considérants : « Considérant, dit la cour, que l'article
» 1846 du Code civil oblige de plein droit l'associé qui en
» a retiré pour son profit personnel des sommes sociales,
» à payer les intérêts : le premier, à partir du jour où il
» devait faire son versement; le second, à partir du retrait
» qu'il a opéré, parce que l'un a pu ignorer son obligation,
» l'autre son infraction, et que tous deux sont ainsi réputés
» légalement de mauvaise foi. Mais que l'actionnaire qui a
» reçu, non comme restitution de sa mise, mais à titre de
» dividendes, des sommes qu'il est ensuite tenu de rappor-
» ter comme prélevées sur le capital social, sans pouvoir
» se couvrir de sa bonne foi, est au contraire, au point

(1) Bourges, 21 août 1871 ; Dall. 73 — 2 — 84.

» de vue des intérêts des sommes reçues, protégé par
» cette présomption jusqu'à preuve contraire... »

Supposons que l'inventaire d'une société constate une
perte importante, telle que la réserve ne puisse suffire à
la combler ; en un mot, supposons que le capital social se
trouve entamé à l'époque d'un inventaire annuel. Si,
l'année suivante, les opérations sociales produieent des
bénéfices, pourra-t-on les distribuer avant d'avoir recons-
titué le capital? Assurément, il sera toujours prudent
d'opérer avant tout cstte reconstitution du capital, et
même de l'exiger par une clause formelle des statuts.
Mais, d'un autre côté, dans les sociétés par actions, qui
réunissent des capitaux nombreux, il peut être fort dur
de refuser, pendant plusieurs années, toute espèce de
répartition aux commanditaires. Il est entendu que,
l'année où la perte s'est produite, aucun dividende ne
pourrait être régulièrement donné, puisque, suivant une
expression consacrée, l'exercice se solde en perte.

La question que nous soulevons est celle de savoir si
cette perte doit influer sur les exercices suivants, au point
d'absorber tous les bénéfices de l'entreprise jusqu'à la
reconstitution entière du capital. Il nous semble que
cette reconstitution serait, à la fois, trop rigoureuse et
trop absolue. Les dividendes sont des bénéfices annuels,
périodiques ; chaque inventaire est une liquidation partielle ; si un exercice se solde en perte, le capital social
se trouve réduit dans une certaine mesure : on pourra,
sans violer la loi, ne porter au passif de l'inventaire suivant que le capital ainsi réduit ; et si cet inventaire est
fait sérieusement et consciencieusement, il sera possible
de distribuer un dividende. Dira-t-on que le capital
social est le gage des tiers, qu'il ne peut être entamé
jusqu'à la liquidation définitive? Cet argument prouve-
rait trop ; car il conduirait à dire que les dividendes
réels doivent être rapportés en cas de perte. D'ailleurs le
capital social est bien, dans l'espèce, resté la garantie des
tiers ; s'il est aujourd'hui diminué, il ne l'est pas au profit

des actionnaires qui n'ont rien repris de leur mise : son chiffre est réduit, parce qu'il a servi en partie à payer les créanciers de la société, à solder les pertes d'un exercice désastreux ; le surplus est laissé intact ; et les tiers ne peuvent rien exiger au-delà, car ils ont dû prévoir le cas où la société éprouverait des revers et subirait des pertes. En conséquence, si de bons principes financiers doivent conduire à la reconstitution du capital, nous croyons qu'aucune règle juridique ne s'oppose à ce que cette reconstitution ait lieu successivement par prélèvements sur les bénéfices, dont une partie peut être distribuée aux actionnaires chaque fois qu'un exercice, pris isolément, présente des bénéfices résultant d'un inventaire loyal et sincère.

V. — Des intérêts.

En principe, les sommes mises dans la société par les actionnaires ne peuvent produire d'intérêts, en l'absence de bénéfices. Dans ce cas, en effet, les intérêts, ne pouvant être pris que sur le capital, constitueraient un dividende fictif.

Quant aux créanciers de la société et quant aux obligataires, ils auront toujours droit de toucher des intérêts ; car ce sont de véritables créanciers, et le paiement des intérêts à eux dûs est une charge qui fait partie du passif.

Tels sont les principes qu'il faut appliquer en cas de silence des statuts sur ce point.

Mais on stipule ordinairement dans les sociétés en commandite que les commanditaires toucheront périodiquement l'intérêt de leur mise, outre le droit éventuel à une part dans les bénéfices.

Cette clause peut se présenter de différentes manières.

Si les statuts portent que l'intérêt sera prélevé sur les bénéfices nets, il aura certainement le caractère de dividende : il ne pourra être exigé en l'absence de bénéfices ;

et s'il a été distribué indûment, c'est à dire en l'absence d'inventaire ou en dehors des résultats constatés par l'inventaire (art. 10), il sera sujet à répétition (1).

Il en est de même si les statuts stipulent simplement que l'intérêt à 5 ou à 6 0/0 sera distribué chaque année. L'effet de cette clause est de permettre la distribution des intérêts avant le prélèvement de la part des bénéfices attribuée presque toujours au gérant (2). L'intérêt devient une charge de la société, en ce sens que la part du gérant ne se prélèvera qu'après qu'il aura été déduit des bénéfices ; mais il conserve le caractère de dividende en ce qui touche l'application de l'article 10.

Enfin les statuts pourraient stipuler que le paiement des intérêts aurait lieu même en l'absence de bénéfices, sauf à prélever les fonds nécessaires sur le capital social.

Cette clause est souvent employée dans les statuts des sociétés fondées pour de grandes exploitations, sociétés qui doivent souvent faire exécuter de longs et importants travaux avant de pouvoir fonctionner : elles attireraient difficilement les capitaux si elles ne donnaient que l'espoir d'un paiement de dividendes dans un avenir fort éloigné : aussi le plus souvent sacrifie-t-on une partie du capital au paiement des intérêts des sommes versées, et ce, pour faire couvrir le nombre des actions émises.

L'opinion générale est qu'une telle clause est valable, sous la condition d'être publiée ; et, en effet, dès qu'elle est connue des tiers, elle ne peut leur nuire ; car ils doivent considérer l'intérêt dû aux actionnaires comme une dette de la société, comme une charge obligatoire dont ils ont à tenir compte, lorsqu'ils traitent avec un gérant. Du reste, ajoute M. Vavasseur : « la liberté des » conventions est une règle d'ordre supérieur qui domine » tous les contrats, et qui n'a d'autres limites que la » nature des choses, ou la volonté formellement mani-

(1) Orléans, 20 décembre 1860 — Sirey 61 — 2 — 289.
Cassat. 15 janvier ; 1862 — Sirey 62 — 1 — 133.
(2) Tribunal de Commerce, Seine — 27 octobre 1858.

» festéc par la loi. Or, pourquoi les bailleurs de fonds
» d'une entreprise, capitalistes de toute condition,
» riches quelques uns, besoigneux beaucoup, ne pour-
» raient-ils s'assurer un produit périodique destiné à
» faire fonction de revenu? Ce sont, objectez-vons, des
» fractions du capital, qui, dans les mauvaises années,
» seront ainsi prélévées. Cela est vrai, mais avec l'espé-
» rance de jours meilleurs qui permettront de recons-
» tituer le capital entamé. »

La jurisprudence paraît définitivement fixée en ce
sens, et sanctionne, même à l'égard des tiers, la validité
de la clause qui stipule le paiement des intérêts comme
charge sociale, et indépendamment de toute réalisation
de bénéfices (1).

Au fond, une telle clause est exorbitante puisqu'elle
transforme à peu près les commanditaires en prêteurs
investis d'un droit de créance contre la société. C'est
pour cela qu'on ne doit pas la présumer, et que, lorsque
les statuts disent simplement qu'un intérêt sera payé,
nous les interprèterons en ce sens que l'intérêt sera pris
sur les bénéfices avant le calcul de la part réservée
au gérant.

<hr>

(1) Lyon, 8 juin 1864 ; Sirey 65 — 2 — 38.
Caen, 16 août 1864 ; Sirey 65 — 2 — 33.
Cassation 4 janv. 1865 ; Sirey 65 — 1 — 193.
Angers, 11 janv. 1867, sous l'arrêt de Cassat. du 17 février 1868. Sirey, 68 — 1 — 261.
Cassat. 14 décembre 1869. Sirey, 1870 — 1 — 165
Paris, 9 août 1877.

CHAPITRE VIII.

Les assemblées d'actionnaires ont, dans la commandite par actions, un pouvoir presque souverain : elles nomment le conseil de surveillance, autorisent les gérants dans certains cas, vérifient les inventaires annuels, ordonnent les distributions de dividendes, et au besoin provoquent, sur la demande du conseil de surveillance, la dissolution de la société. Les pouvoirs étendus de l'assemblée des actionnnaires n'ont, au reste, rien d'exorbitant. Le fonds social se composant des capitaux des actionnaires, il est juste que ces derniers aient un droit de contrôle sur l'usage qui en est fait.

I. — *Des diverses espèces d'assemblées.*

Il y a trois espèces d'assemblées d'actionnaires : les assemblées générales constitutives ; les assemblées annuelles ordinaires, et les assemblées générales extraordinaires.

Les assemblées générales constitutives sont au nombre de deux, et leurs décisions ne sont prises, aux termes de l'article 4 de la loi de 1867, qu'à la majorité du quart des actionnaires représentant le quart au moins du capital social en numéraire.

La première de ces assemblées constitutives nomme une commission chargée de vérifier les apports en nature et les avantages particuliers. Il est bien évident que, dans cette assemblée, les actionnaires qui font des apports en nature ou à qui sont accordé des avantages particuliers, ne peuvent être admis à la discussion et n'ont pas voix délibérative.

La seconde assemblée se réunit, après nouvelle convocation, pour statuer sur les résultats de la vérification à laquelle la commission d'examen a procédé, et sa décision se détermine d'après un rapport imprimé et distribué cinq jours au moins avant la délibération. C'est dans cette seconde réunion que le conseil de surveillance est nommé, ainsi que nous l'avons vu plus haut ; nous rappelons que cette élection ne peut être que le second acte de l'assemblée, et ne pourrait en aucun cas précéder la vérification des apports en nature et des avantages particuliers, sauf cependant si la condition des associés est la même pour tous, ou si tous les apports sont faits en numéraire.

Chaque porteur d'actions n'a dans cette assemblée qu'une seule voix, et si on peut stipuler qu'il en aura davantage, ce qui, après tout, est fort équitable, il faut, en présence de l'article 4, 4°, qui dit que la majorité doit comprendre le quart des actionnaires, que la clause soit formelle et sans ambiguïté.

Telles sont les seules règles posées par la loi quant à la composition des assemblées générales, et il faut remarquer qu'elles n'ont trait qu'aux assemblées constituantes.

Quant aux assemblées ordinaires et extraordinaires, nous pouvons conclure du silence de la loi que les statuts ont carte blanche sur ce point, pour donner à ces assemblées tels pouvoirs qu'il jugent convenables, et organiser la composition et le vote à leur gré.

Mais quel est le droit commun en cette matière ?

Dans le silence des statuts, l'assemblée ordinaire des actionnaires doit avoir lieu au moins une fois par an. C'est dans cette assemblée que les actionnaires prendront connaissance du rapport du gérant, et des observations du conseil de surveillance sur l'inventaire et la répartition des dividendes.

Mais ces assemblées annuelles ne rassemblant souvent que la simple majorité des actionnaires, ne peuvent sortir de la sphère d'action qui leur a été délimitée par les

statuts. Dès-lors, dans toutes les circonstances importantes il faudra recourir à la réunion d'une assemblée
extraordinaire des actionnaires. C'est ce qui aura lieu si
le gérant a une difficulté à leur soumettre, ou bien si le
conseil de surveillance se trouve dans la nécessité de
dénoncer aux actionnaires des fautes du gérant, ou même
de demander la dissolution de la société.

Dans les assemblées extraordinaires, on exige souvent
la représentation d'une plus grande partie du capital
que dans les assemblées ordinaires. Cela n'est du reste
que fort juste, les délibérations de l'assemblée générale
extraordinaire étant toujours de la plus haute importance pour l'avenir de la société.

Quel sera le mode de votation dans ces assemblées ?

« Le vote a lieu par tête, dit M. Vavasseur (1), et
» tout souscripteur, n'eût-il qu'une action, a le droit de
» voter. C'est le suffrage universel introduit dans le
» régime des assemblées d'actionnaires ; mais il n'y a
» pas à s'en plaindre : c'était le seul moyen d'empêcher
» le retour des abus qu'on voulait détruire ; car on sait
» parfaitement qu'à l'origine les fondateurs, leurs clients
» et amis, souvent se partagent une grande partie des
» actions, et forment ainsi un noyau qui aurait emporté
» la majorité, s'il était permis d'exclure ceux qui n'au-
» raient qu'une seule action. »

Il n'est pas douteux que les statuts pourraient choisir un autre mode; mais en droit commun, le vote par
tête forme la règle.

Dans le silence des statuts, nous croyons qu'il sera bon
d'étendre à la commandite par actions les dispositions de
notre loi sur les sociétés anonymes, en ce qui concerne
la réglementation des différentes assemblées.

Les gérants ne pourront évidemment pas prendre part
au vote ; il en sera de même pour toutes autres per-

_____

(1) Tome 1, n° 420. Vavasseur.

sonnes intéressées dans la délibération. La défense faite
en l'article 4 est une règle de droit commun qui s'impose
dans tous les cas où l'intérêt particulier de quelques
associés est en contradiction avec l'intérêt de tous.

Pouvoir des assemblées d'actionnaires

Nous venons de voir que l'assemblée ordinaire ou
annuelle a tout pouvoir sur les vérifications de comptes
et les répartitions de dividendes. Mais là ne se bornent
pas ses fonctions : elle est encore souveraine pour ce qui
concerne l'administration des biens de la société et la
gestion des affaires. Elle délibère valablement sur tout
ce qui n'est qu'une application ou une interprétation des
statuts; mais elle ne doit pas s'écarter de cette limite.

Quant aux pouvoirs des assemblées extraordinaires,
ils sont en principe les mêmes que ceux des assemblées
annuelles; mais dans certains cas ils sont plus étendus :
ainsi l'assemblée extraordinaire peut être convoquée
d'urgence pour se prononcer sur la dissolution de la
société. C'est même là le seul droit que, dans le silence
des statuts, l'assemblée générale extraordinaire ait de
plus que l'assemblée ordinaire.

Toutefois l'assemblée générale ne peut prononcer *de
plano* la dissolution, à moins que les statuts ne lui aient
conféré expressément ce droit ; elle ne le peut pas, car
elle ne représente que l'intérêt des commanditaires, et sa
décision ne peut faire la loi au gérant.

Ainsi donc, pour que la majorité ait le droit de modification, il faut que la permission lui en ait été donnée
par une clause expresse et formelle ; sinon il faudra le
consentement de l'unanimité des contractants. Le contrat de société résulte en effet du concours de plusieurs
volontés, et, tant que l'une de ces volontés persiste à en
réclamer l'exécution, toutes les autres viennent se briser
contre cette résistance.

Nous rapporterons ici les considérants d'un arrêt de la cour de Paris du 19 avril 1875 qui donne l'état de la jurisprudence en cette matière.

» Considérant, dit la Cour de Paris, que le pouvoir de » modifier les statuts, étant une exception aux disposi- » tions du contrat de société dans lequel se sont enga· » gées les parties, doit toujours être entendu d'une » façon restrictive ; qu'en dehors des objets spéciaux sur » lesquels le contrat aurait expressément permis aux » assemblées générales de modifier les statuts, le pouvoir » de modification ne peut s'appliquer qu'à des change- » ments qui se feraient dans les limites des règles » d'administration ou d'organisation, sans altérer les » bases constitutives de la société, de manière à blesser » l'essence du pacte social ;

» Que dans cette mesure seulement les associés sont » censés s'être donné les uns aux autres le mandat de » statuer souverainement en assemblée générale, sur les » modifications statutaires qu'il serait de l'intérêt de la » société d'adopter. »

L'assemblée générale ne pourra donc prendre en principe que des mesures d'administration. Il n'en serait autrement que si les statuts sociaux avaient accordé à la majorité le pouvoir de modifier les bases constitutives de l'association.

CHAPITRE IX

DE LA PUBLICITÉ.

Nous avons vu, au commencement de notre étude sur la commandite par action, que la loi exigeait, pour la formation de la société, la rédaction d'un écrit (art. 39, C. de Com.). Cette formalité, d'une utilité incontestable, n'était pas cependant suffisante pour avertir les tiers de la naissance d'une nouvelle personne morale : aussi le législateur a-t-il imposé la publication de cet écrit, évitant de cette façon l'obligation de fournir, à chaque opération faite ou à faire, la preuve de l'existence de la société. L'obligation pour les sociétés de confier à la publicité les conditions constitutives des associations apparaît pour la première fois dans une ordonnance de Blois, exigeant que les sociétés entre étrangers soient inscrites et enregistrées aux registres des baillages et sénéchaussées et hôtels communs des villes.

Ces prescriptions étant fort peu observées, l'ordonnance de 1629 leur rendit une vigueur nouvelle, en même temps qu'elle leur imprima une extension générale. Toutefois le résultat ne fut pas meilleur, et il fallut l'ordonnance de 1673, appuyée d'une sanction énergique, pour réprimer les nombreux abus qui se produisaient à cette époque. La réaction ne tarda pas à se produire, et elle brava tellement les dispositions en vigueur, qu'il était permis aux associés eux-mêmes d'opposer aux tiers le défaut d'enregistrement. Cette ordonnance, dans la crainte d'écarter les capitaux civils dont les propriétaires, étant donné leur situation sociale, voulaient garder l'incognito, ne soumit à la publication que les associations formées entre négociants.

Depuis l'article 2 de l'ordonnance de 1673, la publicité

se faisait par l'enregistrement d'extraits des actes au greffe de la justice consulaire, de l'Hôtel-de-ville ou de la justice civile, et par l'affiche des extraits dans un tableau exposé en lieu public. Le Code de 1807, voulant concilier l'intérêt général et l'intérêt particulier, décida que, dans tous les cas, il faudrait une publication, mais qu'on ne publierait jamais le nom du commanditaire, et qu'on se bornerait à publier le montant des apports. Il exigeait, en outre, le dépôt d'un extrait au greffe du tribunal de commerce, avec publication dans les journaux désignés au mois de janvier de chaque année par les tribunaux de commerce, et l'affichage pendant trois mois dans la salle des audiences de ces tribunaux. La loi de 1867 est enfin venue compléter encore cette publicité et établir un système uniforme pour toutes les sociétés. A côté de la publicité originaire, elle impose aux sociétés par actions une publicité permanente, empruntée à la loi de 1863 sur les sociétés à responsabilité limitée, et plus efficace que la première. L'article 45 de notre loi abroge expressément les articles 42 à 46 du Code de Commerce, qui se trouvent remplacés par plusieurs textes que nous allons maintenant expliquer.

1° *Publicité originaire.* — Par publicité originaire nous entendons celle qui consiste dans l'accomplissement de certaines formalités qui doivent avoir lieu à l'origine même de la société.

L'article 55 de la loi de 1867 est ainsi conçu : « Dans
» le mois de la constitution de toute société commerciale,
» un double de l'acte constitutif, s'il est sous seing privé,
» est déposé aux greffes de la justice de paix et du tri-
» bunal de commerce du lieu dans lequel est établie la
» société,
» A l'acte constitutif des sociétés en commandite par
» actions et des sociétés anonymes sont annexées :
» 1° Une expédition de l'acte notarié constatant la sous-
» cription du capital social et le versement du quart ;
» 2° une copie certifiée des délibérations prises par l'as-

» semblée générale dans les cas prévus par les articles 4
» et 24. »

Au fond, remarquons le bien, il suffisait d'exiger le
dépôt de l'acte constitutif; évidemment, lorsque cet acte
n'est pas complet par lui même, ce qui arrive toujours
pour les commandites par actions, la déclaration notariée
du gérant et la délibération de l'assemblée générale, en
sont des annexes inséparables, puisqu'elles constatent la
constitution définitive de la société, de sorte qu'en réalité
le dépôt au greffe comprend simplement l'acte de société
et les actes ou délibérations accessoires qui le rendent
definitif. Il n'est pas nécessaires de joindre à l'acte la liste
des souscripteurs et le montant de la mise de chacun
d'eux : l'article 55, en exigeant cette annexe pour les
sociétés anonymes, ne permet pas de l'imposer aux
sociétés en commandite. Le législateur a pensé que la
responsabilité du gérant et des membres du conseil de
surveillance couvrait assez les tiers qui n'avaient pas
besoin de connaître le nom de ceux qui fournissent le
capital. Un chiffre leur suffit.

Le depôt, nous dit la loi, aura lieu aux greffes du tribunal de commerce et de la justice de paix. Il est bien
évident que, dans les arrondissements qui n'ont pas de
tribunaux de commerce, le dépôt se fera au greffe du
tribunal civil, le tribunal civil jugeant commercialement
dans ces arrondissements.

Les greffiers n'ont pas à vérifier la validité de l'acte :
ils se contentent de l'enregistrer avec les pièces dont l'article 55 exige le dépôt (1).

Dans le même délai d'un mois, nous déclare l'article 56, un extrait de l'acte constitutif et des pièces
annexées, devra être publié dans l'un des journaux désignés pour recevoir les annonces légales. Il sera justifié

---

(1) Il en est autrement en Angleterre; le *Registrar* chargé d'enregistrer les sociétés qui s'établissent, l'est en outre de vérifier si les actes déposés sont conformes à la loi, et si les sociétés sont
valablement constituées...... (M. Beud., *Rev. Prat*). T. XXV, p. 312.

de l'insertion par un exemplaire du journal certifié par l'imprimeur, légalisé par le maire, et enregistré dans les trois mois de sa date.

La publicité des insertions dans les journaux n'ayant pour but que de faire connaître l'existence de la société et de répandre le bruit de sa constitution, la loi n'impose qu'un *extrait*. Ceux qui voudront connaître l'acte constitutif en entier, iront en prendre connaissance aux greffes ou dans les bureaux de la société. Mais que doit contenir cet extrait ?

La réponse se trouve dans l'article 57 :

« L'extrait doit contenir les noms des associés autres
» que les actionnaires ou commanditaires ; la raison de
» commerce ou la dénomination adoptée par la société, et
» l'indication du siège social ; la désignation des associés
» autorisés à gérer, administrer et signer pour la société ;
» le montant des valeurs fournies ou à fournir par les
» actionnaires ou commanditaires ; l'époque où la société
» commence, celle où elle doit finir, et la date du dépôt
» fait aux greffes de la justice de paix et du tribunal de
» commerce. »

Article 58. — « L'extrait doit énoncer que la société
» est en nom collectif, ou en commandite simple, ou en
» commandite par actions ou anonyme, ou à capital
» variable.

» Article 60. — L'extrait des actes ou pièces déposés
» est signé, pour les actes publics, par le notaire, et pour
» les actes sous seing privé, par les associés en nom
» collectif, par les gérants des sociétés en commandite,
» ou par les administrateurs des sociétés anonymes. »

Une controverse s'était élevée sur l'article 43 du Code de Commerce ; on se demandait si l'extrait devait être inséré dans *tous* les journaux désignés pour recevoir les annonces légales ; la loi nouvelle exige seulement l'insertion dans *un* de ces journaux.

Ces journaux sont ceux que visait le décret du 27 février 1852, dont l'article 23 décidait que les annonces judiciaires, exigées par les lois pour la validité des procédures et contrats, seraient insérées, à peine de nullité, dans le journal ou les journaux de l'arrondissement désignés chaque année par le préfet qui devra également régler le tarif des impressions de ces annonces.

Cet article, actuellement encore en vigueur à Paris, a été abrogé par un décret du 28 décembre 1870, dont l'article unique est ainsi conçu : « Provisoirement, et » jusqu'à ce qu'il en ait été autrement décidé, les an- » nonces judiciaires et légales pourront être insérées, au » choix des parties, dans l'un des journaux publiés en » langue française dans le département. Néanmoins » toutes les annonces judiciaires relatives à une même » procédure de vente, seront insérées dans le même » journal. »

Aujourd'hui donc les associés sont libres de choisir le journal qui doit contenir l'insertion.

La loi ne s'occupe pas du contenu des extraits des actes ou délibérations qui doivent être annexés à l'acte constitutif, ou déposés conformément à l'article 61 ; l'objet spécial de ces actes ou délibérations indique assez ce que l'extrait doit contenir Du reste, les dispositions que nous venons d'examiner, ne sont pas limitatives ; les extraits doivent donc mentionner toutes les clauses dérogatoires au droit commun susceptibles d'être opposées aux tiers (1).

S'il y a des différences entre l'extrait publié et l'acte de société, l'extrait fait loi vis-à-vis des tiers (2).

Si la société a des établissements commerciaux dans divers arrondissements, la publication a lieu dans chacun de ces arrondissements. C'est du reste ce que décide l'article 59 en ces termes : « Si la société a plusieurs » maisons de commerce situées dans divers arrondisse- » ments, le dépôt prescrit par l'article 55 et la publication

---

(1) Douai, 21 nov. 1840—Paris, 4 avril 1837, Lyon, 26 novembre 1863—Cassat. 12 août 1862—Sirey. 63 — 1 — 459.

Cassat. 22 décembre 1874. Sirey. 75 — 1 — 104

(2) Trib. de Commerce de la Seine — 18 mai 1870.

» prescrite par l'article 56, ont lieu dans chacun des
» arrondissements où existent les maisons de commerce.
» Dans les villes divisées en plusieurs arrondissements, le
» dépôt sera fait seulement au greffe de la justice de paix
» du principal établissement. »

Les auteurs et la jurisprudence sont d'accord pour ne regarder comme maisons de commerce que des établissements permanents, des magasins, des bureaux, des succursales organisées (1).

L'insertion dans les journaux, comme le dépôt aux greffes, doit avoir lieu dans le délai d'un mois; elle doit suivre le dépôt dont l'extrait indique la date (art. 57). Le délai d'un mois dont il s'agit n'est pas augmenté à raison des distances; ainsi, dans le cas où les publications doivent se faire dans plusieurs arrondissements, aucune prolongation de délai n'est accordée. D'ailleurs, ce délai n'est pas fatal: même après son expiration, la société dont la nullité n'est pas demandée, peut consolider son existence en se conformant aux prescriptions de la loi. Toutefois le délai passé, la nullité peut être demandée, et l'accomplissement des formalités légales après la demande n'empêcherait pas l'annulation de la société.

En résumé, la publication ne pouvant avoir lieu au moment même de la signature du contrat, le législateur donne un délai pour le faire; dès que le délai est passé, la nullité peut être demandée; si elle ne l'est pas, la publication tardive régularise suffisamment la position de la société. Si donc la publication n'a pas lieu dans le délai légal, il n'est pas nécessaire de passer un nouvel acte pour rendre la société valable; seulement on ne pourra opposer aux tiers devenus créanciers de la société avant la rectification, les clauses non-publiées en temps utile; mais l'acte primitif n'en serait pas moins valable, et deviendrait tout à fait inattaquables après l'accomplissement des prescriptions légales.

(1) Bédarride, n° 257 ter. Rousseau n° 187.
Cass. 4 mars 1845. — Sirey, 45 — 1 273.
Cass. 2 mai 1857 — Sirey 57 — 1 — 461.

En édictant les formalités de publicité que nous venons d'étudier, le législateur avait pour but de sauvegarder l'intérêt des tiers. Mais un danger était encore à redouter. Il y avait en effet à craindre qu'au cours de son existence, la société ne modifiât sa forme, sa nature ou ses éléments essentiels. C'est ce qui a été prévu dans l'article 61 dont voici les termes : « Sont soumis aux formalités » prescrites par les articles 55 et 56, tous les actes et » délibérations ayant pour objet la modification des » statuts, la continuation de la société au-delà du terme » fixé pour sa durée, la dissolution avant ce terme, et » le mode de liquidation, tout changement ou retraite » d'associés et tout changement à la raison sociale. »

Il est bien entendu que pour tous les actes qui interviennent au cours de la société, le délai d'un mois exigé par la loi pour la publication, ne courra qu'à partir de la date même de ces actes.

Les tiers ont évidemment intérêt à connaître les modifications apportées aux statuts, de même que les changements apportés dans la durée de la société, aussi on comprend que l'article 61 en exige la publication, mais les précautions du législateur ne s'arrêtent pas là, il veut encore que la dissolution de la société avant ce terme soit annoncée au public.

Déjà une prescription analogue avait été édictée par l'article 46 du Code de commerce et avait soulevé la question de savoir si les formalités de la publication devaient être restreintes aux cas où la dissolution était la conséquence d'un acte volontaire ou si on devait les étendre aux cas où la dissolution provenait d'un fait involontaire comme le décès, la faillite, l'interdiction ou même un jugement.

La même question se pose encore en présence des termes généraux dont se sert l'article 61 de la loi de 1867. Certains auteurs, se fondant sur le texte même de la loi, en apparence très général, ont pensé que la nécessité de publication s'appliquait à toute espèce de changement survenu dans une société, soit que le changement résultât d'un fait volontaire de la part des associés ou de l'un d'eux, soit qu'il fût la suite d'un événement de force majeure, comme, par exemple, le décès de l'un des associés, décès qui, d'après l'article 1865 du Code civil, entraîne la dissolution de la société de plein droit (1).

Nous préférons nous ranger à l'avis de M. Bédarride. Nous ne croyons donc pas que l'on doive assimiler à la dissolution conventionnelle celle que la loi fait résulter de la mort civile ou naturelle d'un associé, de son interdiction ou de sa faillite.

« En effet, dit M. Bédarride (2), il est évident qu'aucun » de ces faits ne s'occomplit sans acquérir une notoriété, » une publicité certaine. Les gens de la localité ne sau- » raient les ignorer, quant à ceux qui habitent au loin, il » est difficile d'admettre qu'ils ne les aient pas connus, » soit s'ils étaient déjà en relation avec la société par une » annonce directe ou indirecte, soit par les renseigne- » ments qu'ils ont dû recueillir si leurs relations n'ont » commencé que postérieurement. »

Cette opinion qui est acceptée par beaucoup d'auteurs (3) trouve, du reste, sa confirmation dans le texte même de la loi qui ne parle que des actes et délibérations portant dissolution de la société. C'est donc que le législateur n'a pas voulu exiger la publication de la dissolution de la société en cas de décès ou de faillite, ces faits étant suffisamment notoires par eux-mêmes.

La loi veut aussi qu'on fasse connaître aux tiers le mode de liquidation. Cette opération ayant pour but d'établir et de solder le passif pour dégager l'actif net forme le complément de l'acte de société. On comprend

(1) Troplong, nᵒˢ 903. — Alauzet nᵒˢ 218 et 247.
(2) M. Bédarride; *Sociétés*. T. II. p. 13
(3) Bravard-Veyrières, p. 91 — Dalloz nᵒ 981.
Vavasseur, nᵒ 1038 — Rivière, nᵒ 387.
Dall. Per. 47 — 1 — 353 — Dall. per. 48 — 1 — 33.

dès lors que les tiers soient intéressés à connaître le mode adopté par les parties pour cette réunion des éléments épars du passif, le nom et la demeure de ceux à qui sont confiés les pouvoirs nécessaires pour conduire à bonne fin la liquidation.

L'article 61 de la loi de 1867 exige encore la publication de tout changement ou retraite d'associés.

Il est bien entendu que dans la commandite par actions, cette exigence de la loi ne peut s'appliquer que s'il s'agit du changement d'un des associés en nom. Les commanditaires étant inconnus du public qui du reste n'a pas intérêt à les connaître. Dans le cas où cette disposition de la loi n'aura pas été suivie, les créanciers sociaux pourront, selon leur intérêt, considérer les anciens membres comme faisant encore partie de la société. Mais ceux-ci ne pourraient réciproquement arguer du fait, que leur retraite n'a pas été rendue publique, pour se faire de nouveau déclarer membres de la société (1).

Enfin le public ayant intérêt à savoir les innovations survenues dans le nom de la personne morale, dont on lui a révélé la naissance, afin de ne pas être trompé par un ex-associé signant des engagements peut être considérables avec l'ancienne raison de la société, la loi exige la publication de tout changement à la raison sociale.

L'article 61 termine ainsi l'énumération des cas où il devra y avoir publication d'après le mode des articles 55 et 56 : « Sont également soumises aux dispositions » des articles 55 et 56 les délibérations prises dans les » cas prévus par les articles 19, 37, 46, 47 et 49 ci-des- » sus. » Le législateur a voulu viser ici le cas où des délibérations prises en vertu d'une autorisation des statuts auraient pour but de transformer une société en commandite par actions en société anonyme. On comprend facilement cette exigence de la loi si on songe qu'en réalité au fond de toute transformation de société,

(1) Cass 27 mai 1861 ; Sirey 62 — 1 — 47.

soit par voie de fusion ou de substitution, soit par tout autre mode, il y a une nouvelle société qui se forme et dont la naissance doit être révélée aux tiers.

De l'examen que nous venons de faire de l'article 61, il résulte donc cette règle : tout changement survenu à l'acte social lui-même ou à son cours régulier, toute clause dérogeant à l'une de celles révélées par l'extrait public, toute modification aux éléments essentiels de la société dans sa forme ou dans ses rapports avec le public, tout ce qui en un mot touche à l'intérêt des tiers doit être publié (1).

La sanction du défaut de publication est ici encore la nullité. L'article 61, en effet, renvoie expressément à l'article 56 ; en conséquence, les tiers pourront considérer comme non avenus les actes ou délibérations non publié au cours de la société ; et lorsque la publication de ces actes ou délibérations aura été omise, les associés auront le droit de faire annuler la société, parce qu'elle ne peut pas fonctionner utilement sous le coup de la nullité que les tiers peuvent faire prononcer.

§ 2. — *Publicité permanente.*

Le dépôt au greffe, l'insertion dans les journaux, ont lieu dans un délai assez court, soit à partir de la constitution de la société, soit à compter de la date des actes soumis à la publication. Ces formalités seraient vaines ou tout au moins insuffisantes, si leur but unique était de conserver les actes de société. Aussi, s'inspirant de la loi anglaise du 7 août 1862 sur les sociétés, le législateur de 1867 a-t-il ajouté une autre sorte de publicité à cette publicité originaire.

Les mesures relatives à la publicité permanente sont contenues dans les articles 63 et 64 de la loi de 1867.

Article 63. — « Lorsqu'il s'agit d'une société en com-

(1) Lyon, 26 novembre 1868 ; Sirey, 61 — 2 — 202.

» mandite par actions ou d'une société anonyme, toute
» personne a le droit de prendre csmmunication des pièces
» déposées au greffe de la justice de paix et du tribunal de
» commerce, ou même de s'en faire délivrer, à ses frais,
» expédition ou extrait par le greffier, ou par le notaire
» détenteur de la minute.

» Toute personne peut également exiger qu'il lui soit
» délivré, au siège de la société, une copie certifiée des
» statuts, moyennant le paiement d'une somme qui ne
» pourra excéder un franc. »

Enfin, les pièces déposées doivent être affichées d'une manière apparente dans les bureaux de la société.

Ainsi, tout le monde, tiers et actionnaires, ont droit d'avoir une expédition des pièces déposées ou une copie certifiée. De plus, l'article 64 ajoute : Dans tous les actes, factures, annonces, publications et autres documents imprimés ou authographiés, émanés des sociétés anonymes ou des sociétés en commandite par actions, la dénomination sociale doit toujours être précédée ou suivie immédiatement de ces mots, écrits lisiblement en toutes lettres : *société anonyme* ou *société en commandite par actions*, et de l'énonciation du montant du capital social. Cet article 64 ne s'applique qu'aux documents *imprimés* ou *autographiés*. Il suffirait donc à une société, quand elle ne voudrait pas se faire connaître, d'écrire à la main tous ses actes, billets et factures. C'est là un vice de rédaction dont on ne peut trouver l'explication ; il faut en conclure que le législateur n'a songé qu'aux sociétés qui sont assez riches pour recourir à l'imprimerie ou à l'autographie ; celles dont les actes sont manuscrits échappent, par conséquent, à la publicité permanente, car on ne peut étendre une peine par voie d'analogie.

L'omission de la double formalité prescrite par l'article 64 est punie d'une amende de 50 à 1000 francs, mais elle n'entraîne pas la nullité de la société.

Toutefois, aucune pénalité ne garantit le droit des tiers de prendre communication des pièces déposées et de l'affiche de ces pièces dans le bureau de la société ; l'observation en fût faite lors de la discussion au corps législatif, sans qu'il paraisse qu'on y ait pris garde.

Pour forcer le gérant à se conformer aux prescriptions de l'article 63, il suffirait de s'adresser au tribunal de commerce, ou même, en cas d'urgence, de se pourvoir en référé près le Président, qui aurait le droit d'ordonner une communication immédiate des pièces.

Quant à l'amende prononcée par l'article 64, il est évident qu'elle s'applique non seulement à l'omission de toutes les formalités qu'exige cet article, mais même à l'oubli d'une seule : toutes, en effet, sont également utiles aux tiers, et il ne peut être permis d'en oublier une seule.

Mais cette amende doit-elle être prononcée contre chacun des actes contenant l'omission, ou au contraire ne s'applique-t-elle pas seulement à l'omission constatée dans une série d'actes de même nature ?

Si l'on s'en tient au texte, il faut prononcer l'amende pour *toute* contravention à l'article 64, de sorte que la peine pourrait atteindre des proportions considérables. L'esprit de la loi n'exige pas qu'on aille jusque-là : il nous semble qu'une seule amende suffirait pour chaque espèce de contravention à l'article 64, la société ne payerait pas autant d'amende qu'elle a émis de factures, mais bien une seule amende de cinquante à mille francs, suivant les cas.

Nous venons d'exposer le système de publicité adopté par la loi de 1867. En terminant, nous ne pouvons mieux faire que de constater sa supériorité sur les systèmes suivis antérieurement, car il arrive à avertir suffisamment les tiers de l'existence de la société. La publicité absolue étant du reste impossible à obtenir.

CHAPITRE X.

SANCTIONS DES RÈGLES CONTENUES DANS LA LOI DU 24 JUILLET 1867.

I. — *Sanctions civiles.*

En étudiant les règles relatives aux conseils du surveillance nous avons déja vu l'une des sanctions civiles de la loi de 1867, celle qui consiste dans la responsabilité de certaines personnes, soit dans le cas où la société ne s'est pas constituée régulièrement (art. 8), soit dans celui où les membres du conseil de surveillance n'ont pas rempli loyalement et avec soin, la mission qui leur est confié (art. 9).

L'article 7 contient une autre sanction dont il nous faut maintenant parler.

« Est nulle et de nulle effet à l'égard des intéressés, » toute société en commandite par actions constituée » contrairement aux prescriptions des articles 1, 2, 3, 4 » et 5 de la présente loi. Cette nullité ne peut être » opposée aux tiers par les associés. »

Sera nulle, par conséquent, toute société, dont le capital, n'excédant pas 200,000 francs, a été divisé en actions ou coupons d'actiona de moins de 100 francs, ou dont le capital, supérieur à 200,000 francs, a été partagé en actions ou coupons d'action de moins de 500 francs ; sera nulle la société dont la totalité du capital n'a pas été souscrite, et dont les actions n'ont pas été libérées du quart : la sanction serait la même si les versements avaient été fictifs ou si la société n'avait été formée qu'au moyen de prête-noms complaisants auxquels plus tard devaient être substitués des souscripteurs plus sérieux(1) si la déclaration de ces faits n'a pas été faite par le gérant

---

(1) Aix, 16 mai 1860, — Sivey 60 — 2 — 439.

dans un acte authentique avec l'annexe de l'acte de société, de la liste des souscripteurs et de l'état des versements, ou si elle l'a été faussement (1); sera nulle la société si les apports en nature et avantages particuliers n'ont pas été soumis à une première assemblée générale et approuvés dans une seconde, après rapport déposé au moins cinq jours à l'avance.

Si le vote de ces assemblées n'a pas été pris à la majorité composée comme il est dit en l'article 4;

Si, avant toute opération sociale, un conseil de surveillance n'a pas été nommé selon les prescriptions de l'article 5.

Si les actions ont été créées au porteur ou déclarées négociables avant leur libération de moitié, ou avant la constitution de la société.

Voilà quelques unes des hypothèses dont la violation est réglée par l'article 7 et qui l'était déjà du reste dans la loi de 1856, que la loi de 1867 reproduit ici.

La nullité édictée par la loi est une nullité absolue et d'ordre public; on en peut conclure que chaque actionnaire sera libéré non-seulement de tout engagement pour l'avenir mais qu'il sera autorisé à répéter du gérant tout ce qu'il aurait pu verser antérieurement.

De plus, les tribunaux ne pourront se refuser à la prononcer, si elle est encourue, et aucune ratification ne pourra la couvrir.

On controverse toutefois le point de savoir si cette nullité sera prescriptible par trente ans.

Trois opinions sont en présence :

La première pose en principe que l'article 1304 s'applique dans notre espèce; mais elle n'apporte aucune preuve à l'appui de cette affirmation. M. Vavasseur (2), qui partage cette première opinion s'exprime en ces termes : « La loi, dit-il, aurait pu mitiger ce qu'il y a de » sévère dans l'article 7 en abrégeant la durée de l'action

(1) Cass. 12 avril 1864; Sirey, 64 — 1 — 169.
(2) M. Vavasseur — n° 710.

» en nullité. Un délai de deux ans eut été bien suffisant
» pour tous les intéressés; mais en l'absence de déroga-
« tion au droit commun, elle ne se prescrira que dix ans
» après la nullité commise. »

Une deuxième opinion admet bien la prescription,
mais la prescription de trente ans (1). Cette opinion
fait observer avec raison que la prescription édictée par
l'article 1304 n'est applicable qu'aux actions en nullité
ou en rescision des conventions qui, bien qu'entachées
d'un vice, sont susceptibles de ratification. Or nous ne
sommes pas dans ce cas, dit-on, il faut donc revenir au
temps normal de la prescription c'est à dire trente ans
(art. 2.262, Code civil).

Nous ne pouvons nous rallier à aucune de ces opinions
et la raison en est qu'on ne peut admettre qu'une chose
en principe radicalemeat nulle, légalement inexistante,
puisse, par un certain temps, acquérir une existence
qu'elle n'a jamais eue. La prescription est un moyen
d'acquérir ou de se libérer, mais non de faire que des
personnes non associées le deviennent au bout d'un
certain temps écoulé. Est-ce qu'un mariage incestueux,
comme le fait remarquer un des partisans de notre système, devient légitime au bout de trente ans? Est-ce que
l'action en nullité d'une telle union se prescrit par dix
ans? Il faut donc décider que la nullité édictée par l'article ne pourra jamais être prescrite (2).

En principe, toute personne, pourvu qu'elle y ait
intérêt, pourra demander la nullité d'une société illégalement constituée. Le pourront donc les créanciers sociaux, (3) les créanciers personnels d'associé (4), les
associés et le gérant (5).

(1) Bédarride, n° 89 — Rivière, n° 74. — Dalloz, *Répert.* — Sociétés — n° 1263.
(2) M. Alauzet, *Sociétés* — n° 665
(3) Cass. 18 janvier 1851; Sirey 51 — 1 273. — Paris, 21 juin 1852; Sirey, 52 — 2—607.
(4) Cass. 11 mai 1870 — Sirey, 70 — 1 — 428.— Lyon, 28 janvier 1873—D. P. 73 — 2 — 35.
Grenoble 11 juillet 1873 — D. P. 74 — 167.
(5) Cass. Req. 23 décembre 1844. D. P. 45 — 1 — 113.
Cass. C. Civ. 31 décembre 1844. D. P. 45 — 1 — 75.
Cassat. 22 nov. 1869 — D. P. 70 — 1 — 23.
C. Civ. 3 juin 1862 — D. P. 63 — 1—24.

Il n'y a pas même à distinguer si le demandeur est ou non l'auteur de la faute qui doit entraîner l'annulation. Sans doute ce dernier pourra plus tard être déclaré personnellement responsable ; sans doute il pourra avoir à subir les conséquences des actes auxquels il aura participé ; néanmoins, il est toujours recevable dans son son action : la nullité est d'ordre public. Il a été jugé que même le syndic de la faillite d'une société irrégulièrement constituée pouvait faire prononcer son annulation.

« Toutefois, ajoute l'article 7, cette nullité ne peut être » apposée aux tiers par les associés ». Cette disposition que l'article 7 a prise dans la loi de 1856, est parfaitement équitable. En effet, la nullité étant le fait des associés, on ne pouvait les autoriser à s'en prévaloir contre les tiers, qui eux ne peuvent s'imputer à faute l'inaccomplissement des formalités exigées par la loi. Il n'y a pas à hésiter entre les deux situations. Les associés sont évidemment en faute d'avoir négligé de veiller à l'observance des prescriptions légales, alors qu'on ne peut reprocher aux tiers une confiance que commande la rapidité des affaires commerciales.

Par tiers, il faut ici entendre tous ceux qui n'ont pas pris, ou pu prendre, une part active à la formation de la société. Il s'ensuit que l'actionnaire, poursuivi par un créancier social en versement de sa mise, ne pourra s'y refuser, en opposant la nullité de la société : au créancier seul appartiendra le droit de considérer la société comme nulle ou comme valable, selon son propre intérêt.

En général, les créanciers sociaux auront tout intérêt à invoquer l'existence de la société, afin de pouvoir opposer aux actionnaires les actes faits par le gérant, et pour être payés avant les actionnaires, ou les poursuivre en complément de mise.

Il pourra cependant se présenter un cas où les créanciers auront intérêt à invoquer la nullité. C'est ce qui arrivera dans le cas où, par exemple, ayant traité avec un actionnaire auquel les statuts défendaient de gérer, ils devront choisir entre le maintien de la société ou son annulation, et ne pourront maintenir certaines parties de l'acte, et annuler certaines autres.

Les créanciers personnels des associés ont aussi intérêt à se prévaloir de la nullité. Ils mettent ainsi obstacle à la diminution du patrimoine de leur débiteur. En effet, si des apports ont été faits, ils empêchent ainsi que la société soit liquidée à leur égard, comme si elle avait acquis avec le caractère d'être moral une individualité distincte de celle des associés.

Mais entre associés non en faute, comment les choses se passeront-elles lors de la liquidation ?

La société, n'ayant pas existé légalement, n'a pu produire aucun effet. Seulement, en fait, elle a été remplacée par une communauté d'intérêts qu'il s'agit de préciser. S'il y a eu des pertes subies ou des bénéfices réalisés, la répartition se fera entre les associés d'après les statuts, non pas parceque le contrat est valable, mais parce qu'il est naturel de régler les droits des parties d'après leur intention probable, et que cette intention a dû être de s'en référer au pacte social, puisqu'on l'a exécuté malgré la nullité qui le viciait. Cette solution ne nous paraît pas contestable ; Dès lors, la société étant annulée, on devra exécuter cependant, si elles n'ont rien toutefois d'illicite, les clauses des statuts relatives au partage des bénéfices réalisés, ou aux pertes subies, jusqu'au jour où a cessé de fait toute communauté d'intérêts entre les associés (1).

La nullité édictée par le législateur dans l'article 7 n'est pas la seule sanction civile qu'il impose. L'article 56 *in fine* prononce encore la même sanction en cas de défaut des publications exigées.

« Les formalités prescrites par l'article précédent et le » présent article, nous dit l'article 56, seront observées, à » peine de nullité, à l'égard des intéressés ; mais le

____

(1) Cass. 7 juillet 1873 — Dall. 73 — 1 327.

» défaut d'aucune d'elles ne pourra être opposé aux tiers
» par les associés. »

De la simple inspection du texte il résulte bien que la
nullité édictée dans l'article 56 a les mêmes caractères
que celle mentionnée dans l'article 7. Toutefois il y a
entre elles une différence importante.

En effet, en étudiant la publicité elle-même, nous avons
remarqué que la nullité de l'article 7 rendait nulle la
société pour le passé et pour l'avenir. Ici, au contraire,
on peut faire la publication à quelque époque que ce soit,
et du jour où cette publication est faite, la société prend
une existence légale.

La nullité édictée dans l'article 56 ayant le même
caractère que celle de l'article 7 son effet est donc de
maintenir entre les associés une simple communauté de
fait que toute personne intéressée pourra faire tomber
même après le temps normal de la prescription. Les
tiers aurons ici encore le droit d'option entre la nullité ou
le maintien de la société, et ne pourront se voir opposer
la nullité par les associés.

Par tiers, nous voulons toujours entendre les personnes
qui n'ont pas pris une part active à la formation de la
société, tels que les créanciers sociaux, les débiteurs
sociaux et les créanciers personnels des associés.

On a cependant soutenu que les créanciers personnels
des associés ne pouvaient être assimilés à des tiers dans
le sens que nous l'entendons ; car, en vertu de l'article
1166, les créanciers personnels ne peuvent avoir plus de
droits que leur débiteur ; or, le texte de la loi ne conserve
pas expressément pour les créanciers personnels des
associés un droit indépendant de celui de ces derniers.

De plus, objecte-t-on, la loi donne aux tiers un droit
d'option ; or les créanciers personnels n'ont qu'un intérêt,
faire prononcer la nullité : la loi ne s'adresse donc qu'aux
créanciers sociaux.

Cette opinion n'a pas prévalu en doctrine ni en jurisprudence. On ne peut nier, en effet, que la loi ait compris
les créanciers personnels des associés dans son excep-

tion. Le législateur distingue deux classes de personnes: les associés et les tiers intéressés. Dans quelle classe comprendre les créanciers personnels? Il est bien évident que ce ne peut être parmi les associés; donc ce sera parmi les tiers. Qu'on ne vienne donc pas dire que les créanciers personnels ne font que se substituer aux associés pour exercer l'action en nullité en leur lieu et place, en vertu de l'article 1166; qu'ils ne peuvent dès lors avoir plus de droits que leur débiteur. Ils sont munis d'une action directe, qui leur est accordée par l'article 56 en considération de l'intérêt qu'ils ont à ce que la société soit publiée, cette publication devant les avertir qu'une portion parfois considérable du patrimoine de leur débiteur est soustraite à leur droit de gage (1).

Il reste maintenant à nous demander si les créanciers personnels seront payés par préférence, sur la part revenant à leur débiteur dans l'actif social, ou bien en concurrence seulement avec les créanciers sociaux.

La réponse n'est pas douteuse. Pour nous, l'intérêt que doivent inspirer tous les créanciers, doit être égal et, dés lors, le concours doit être admis.

En effet, on ne peut conclure de la nullité de la société la nullité des actes consommés de bonne foi entre les associés et les tiers : ce serait leur faire supporter la peine d'une négligence qui n'est pas la leur. La nullité de la société est un fait acquis ; mais l'effet de cette nullité, surtout dans le passé, ne peut être d'anéantir les faits accomplis et de les effacer entièrement. La société a fonctionné au grand jour ; elle n'était pas régulière : cela est possible ; mais les créanciers qui ont traité avec elle, sont aussi peu responsables de cette irrégularité que les créanciers personnels des associés : ils doivent donc venir en concours avec ces derniers sur les biens des

____

(1) Bédarride, *Société*, n° 362 ter;— Rivière, n° 364 ; Cass. 13 fev. 1855 — Sirey 55 — 1 — 71.
Cassat. 11 mai 1870 ; Sirey 70 — 1 428.
Grenoble, 28 décembre 1871 ; Sirey 1872 — 2 — 37.
Lyon, 28 janvier 1873: Sirey 74 — 2 — 107, et Grenoble, 11 juillet 1873.

associés. Et il n'y a là rien que de très équitable: car, en définitive, l'irrégularité dont l'acte social était entachée ayant empêché la constitution de l'être moral, les associés sont restés co-propriétaires du fonds spécial qui, n'a pas passé aux mains de l'être moral société, de sorte que les créanciers sociaux ne sont plus que des créanciers personnels, pour la part de l'associé, dans la société de fait. Tous les créanciers formeront donc une seule masse, et viendront concourir, au marc le franc, à la distribution de l'actif de leur débiteur (1).

Nous venons d'examiner les deux catégories de cas où la nullité de la société en commandite par actions est édictée par la loi de 1867. Toutefois ce ne seront pas les seuls; car les règles du Code civil sur la nullité ordinaire des contrats restent toujours applicables. C'est ainsi que, en vertu de l'article 1108 du Code civil, la société pourra être annulée pour défaut de consentement de l'une des parties, ou bien en raison des vices qui auraient accompagné ce consentement.

On applique ici, du reste, les mêmes principes qu'aux autres contrats.

Ainsi la violence exercée contre un des associés rendra la société annulable, si elle rentre dans l'application des articles 1111 à 1125 du Code civil.

Le dol sera aussi un vice de consentement. Mais il ne pourra être considéré comme tel, et entraîner la nullité du contrat, que s'il émane de l'une des parties, et non s'il est le fait d'un tiers: c'est là une différence avec la violence. De plus, il faudra qu'il y ait eu manœuvres de la partie, c'est à dire des actes empreints d'une véritable fraude. Quant à l'erreur, elle devra porter sur la substance même du contrat, et non sur la forme seule de la société (2).

Enfin, l'erreur sur la personne, surtout celle portant

______

(1) En ce sens; Cass. 18 mars 1846 — Sirey 46 — 1 — 683; Cass. 7 mars 1849 — Sirey 49 — 1 — 397. Cass. 13 février 1855 — Sirey, 55 — 1 — 721.
Rennes, 6 mars 1869 — Sirey, 69 — 2 254.

(2) Rouen, 19 fév. 1840 et Cass., 9 juin 1841.

sur la personne du gérant, sera susceptible d'entraîner l'annulation du contrat.

L'article 1108 exige encore, pour qu'un contrat soit valable, la capacité chez les co-contractants de s'obliger. Donc, les mineurs, les interdits, les femmes mariées, dans les cas exprimés par la loi, étant considérés comme incapables de s'obliger valablement, ne pourront contracter une société.

Le mineur émancipé pourra-t-il former une société?.

La loi n'exigeant pas une capacité spéciale pour contracter une société, il est évident que le mineur émancipé, autorisé à faire le commerce, pourra former une société. Pourquoi, en effet, lui refuserait-on le bénéfice de l'association (1), si on l'a jugé apte à faire le commerce?

Quant à la femme mariée, elle pourra former une société avec l'autorisation de son mari. Nous ne visons ici que le cas où elle se trouverait parmi les associés responsables; car il est évident que la femme mariée qui aurait l'administration de ses biens, pourrait valablement et sans autorisation de son mari souscrire des actions d'une société.

Mais la femme simplement autorisée à faire le commerce, pourrait-elle par cela même contracter une société sans avoir recours à une nouvelle autorisation?

Nous ne le pensons pas. Nous sommes ici en présence du principe de l'autorité maritale, et ce serait y porter atteinte que d'étendre une simple autorisation de faire le commerce jusqu'à la faculté pour la femme de contracter une société qui l'obligerait indéfiniment. En effet, un sens aussi large donné à la simple autorisation du mari confèrerait au tiers le pouvoir d'obliger la femme, et fournirait à celle-ci le moyen de paralyser le droit réservé au mari de retirer, en quelque temps que ce soit, l'autorisation

____

(1) M. Alauzet, n° 149 — Caen, 11 août 1828, Dalloz 31. — 2 — 19.

qu'il a accordée. C'est là du reste l'opinion unanimement reçue dans la doctrine et la jurisprudence (1).

L'article 1108 du Code civil exige enfin pour la validité des contrats un objet certain qui forme la matière de l'engagement, et une cause licite.

Ces principes s'appliquent encore en matière de société dans le cas où l'objet certain se retrouve dans l'apport fait en vue de bénéfices à réaliser, et la cause licite dans l'objet même de la société qui ne doit être contraire ni à la loi ni aux bonnes mœurs.

Après avoir examiné rapidement ces différentes sources de nullité des sociétés, tant au point de vue de l'application de la loi de 1867, qu'au point de vue des principes du Code civil, il nous faut maintenant passer en revue les sanctions pénales que le législateur de 1867 a cru devoir y ajouter comme garantie d'une exécution plus fidèle des dispositions édictées par lui.

Sanctions pénales.

Les articles 13, 14 et 15 de la loi de 1867, prévoient et punissent un certain nombre de faits, dont quelques uns étaient déjà réprimés par la loi de 1856.

Avant de pénétrer dans le détail des faits prévus et punis par les articles 13 à 15, nous devons signaler une disposition qui a été insérée dans la loi pour faire cesser une controverse qui s'était élevée au sujet de la responsabilité des conseils de surveillance. Sous l'empire de la loi de 1856, la jurisprudence avait fini par admettre que les membres du conseil de surveillance étaient civilement responsables des délits du gérant, et qu'ils pouvaient être cités devant la juridiction correctionnelle, alors même qu'ils n'étaient point complices de ces délits (2). Le légis-

---

(1) Bravard, Tome 1, p. 118 — Bédarride, *des Commerçants*, n° 125 — Demolombe. T. 4, n° 297 — Cass. 9 nov. 1859, Sirey 59 — 1 — 501.

Lyon 28 juin 1866: Sirey 67 — II — 146.

(2) Casst. 2 avril 1859.

lateur de 1867 n'a pas voulu se montrer trop rigoureux, aussi avons-nous déjà vu, dans l'article 9, qu'il proclamait le principe que chaque membre du conseil de surveillace ne répond que de ses fautes personnelles. Cependant pour faire céder tout espèce de doute à cet égard, l'article 15 déclare que « les membres du conseil » de surveillance ne sont pas civilement responsables des » délais commis par le gérant. » Le législateur a pensé avec raison qu'il ne fallait pas écarter des conseils de surveillance les hommes honnêtes que la juridiction correctionnelle effraierait ; et d'ailleurs, la base de la responsabilité civile ne faisait-elle pas défaut, puisque le conseil de surveillance n'a aucune action sur le gérant pour l'empêcher de connaître des délits ? Cependant, il résulte des travaux préparatoires, qu'on a bien eu soin d'excepter le cas de complicité : si un membre du conseil de surveillance est complice des délits du gérant, ou si lui-même commet un délit, il sera certainement passible de la juridiction correctionnelle.

L'article 13 est ainsi conçu : « L'émission d'actions ou » de coupons d'actions d'une société constituée con- » trairement aux prescripteurs des articles 1, 2 et 3 de » la présente loi, est punie d'une amende de 500 francs » à 10.000 francs. Sont punis de la même peine :

» Le gérant qui commence les opérations sociales » avant l'entrée en fonctions du conseil de surveillance ;

» Ceux qui en se présentant comme propriétaires d'ac- » tions ou de coupons d'actions qui ne leur appartiennent » pas, ont créé frauduleusement une majorité factice » dans une assemblée générale, sans préjudice de tous » dommages intérêts, s'il y a lieu, envers la société ou » envers les tiers ;

» Ceux qui ont remis les actions pour en faire l'usage » frauduleux.

» Dans les cas prévus par les deux paragraphes pré- » cédents, la peine de l'emprisonnement de quinze jours » à dix mois peut, en outre, être prononcée. »

1° Le premier fait prévu par l'article 13 est l'émisssion d'actions d'une société illégalement constituée. Ce que l'on punit, c'est l'émission, c'est à dire le fait par le gérant ou les fondateurs d'avoir fait souscrire et mis en circulation des titres révêtus d'une forme qu'on n'eût pu leur donner qu'après l'accomplissement des prescriptions des trois premiers articles de la loi. On n'incrimine pas le fait d'avoir délivré des titres provisoires, des récépissés; autrement, on eût empêché la société et entravé la possibilité de faire des souscriptions et des appels au public.

Ainsi l'émission entraîne, soit contre le gérant, soit contre le banquier par l'intermédiaire de qui elle a lieu, les peines portées par l'article 13, si elle est faite en dehors des conditions légales, c'est à dire si le taux des actions est inférieur au minimum fixé par la loi, si elle n'ont pas été toutes souscrites et libérées jusqu'à concurrence du quart de leur montant, si le gérant n'a pas fait la déclaration notariée que la loi lui impose, enfin si les actions ne sont pas nominatives. Toutefois l'article 12 ne serait pas applicable, si ces diverses conditions étant remplies, l'émission avait lieu avant la réunion des deux assemblées générales prescrites par l'article 4. C'est là un oubli de la loi vraiment regrettable, et on ne peut y suppléer; car, dans le silence du législateur, il est impossible d'étendre une peine d'un cas à un autre.

Les dispositions de l'article 13 étant d'ordre public, on devra les appliquer à toute société qui émet des actions en France, même aux sociétés étrangères. En effet, ce serait ouvrir la porte aux fraudes en permettant d'éluder les prescriptions de la loi française par ce seul fait que la société a été fondée à l'étranger.

2° En second lieu, l'article 13 punit le gérant qui commence les opérations sociales avant l'entrée en fonctions du conseil de surveillance. — Le conseil de surveillance devant contrôler les opérations du gérant, il faut donc qu'il soit nommé avant le commencement des opérations : telle est l'idée qui a guidé le législateur, lorsqu'il a frappé le gérant, dans notre hypothèse, d'une amende de 500 à 10.000 francs, avec faculté d'y joindre un emprisonnement de quinze jours à six mois.

Mais la contravention n'existerait que si l'opération, précédant l'entrée en fonctions du conseil de surveillance, avait été faite au nom social. Si le gérant l'avait entreprise en son nom personnel, il serait à l'abri de tout reproche, alors même qu'il l'aurait plus tard mise au compte de la société.

3° Enfin notre article punit de l'emprisonnement et de l'amende ceux qui, en se présentant comme propriétaires d'actions ou de coupons d'actions qui ne leur appartiennent pas, ont créé frauduleusemeut une majorité factice dans une assemblée générale ; et ceux qui ont remis les actions pour en faire l'usage frauduleux.

Le principe de cette répression se trouve dans la loi du 23 mai 1863 sur les sociétés à responsabilité limitée; il importe de bien préciser le fait que la loi a voulu punir.

Et d'abord le délit qui nous occupe n'existe que si, par fraude, on est arrivé à émettre dans une assemblée des votes qui n'auraient pas dû se produire; et si, d'autre part, une majorité factice a été créée à l'aide de ces votes. Le fait de se présenter avec des actions appartenant à un autre ne constitue donc pas le délit: les actionnaires peuvent, en effet, se faire représenter à l'assemblée générale par un mandataire, à moins toutefois que les statuts ne s'y opposent.

Il y a fraude lorsque, par exemple, de faux actionnaires viennent voter dans les assemblées, en se présentant comme propriétaires d'actions déposées dans la caisse sociale et tirées frauduleusement de cette caisse par le gérant qui les leur a remises. Du reste, la fraude seule ne suffit pas, pour que l'article 13 soit applicable; il faut encore qu'elle ait servi à créer une majorité factice au sein de l'assemblée générale. Peu importe donc que la majorité ait été rendue plus considérable au moyen de manœuvres frauduleuses ; le délit n'existe qu'autant

que ces manœuvres ont créé une majorité, qui n'aurait
pas existé sans elles, et c'est anx tribunaux qu'il appartient d'apprécier le caractère factice ou sincère de la
majorité, lorsqu'ils sont appelés à faire l'application de
la peine. Il est bien évident qu'en outre, la délibération
de l'assemblée genérale ainsi viciée dans son essence
devra être annulée.

L'article 14 de loi de 1867 est ainsi conçu : « La négo-
» ciation d'actions ou de coupons d'actions dont la valeur
» ou la forme serait contraire aux dispositions des
» articles 1, 2 et 3 de la présente loi, ou pour lesquels le
» versement du quart n'aurait pas été effectué conformé-
» ment à l'article 2 ci-dessus, est punie d'une amende de
» 500 à 10.000 francs. Sont punies de la même peine
» toute participation à ces négociations, et toute publica-
» tion de la valeur des dites actions. »

Sont donc frappées : 1° la négociation ; 2° la participation à la négociation ; 3° la publication d'actious qui
présenteront l'un de ces trois caractères : 1° être d'un
taux inférieur à 100 ou 500 francs, suivant le cas ;
2° être au porteur, en dehors de l'exception de l'article 3,
alors qu'elles ne seraient pas entièrement libérées ;
3° n'avoir pas été libérées, au moins, de la moitié de leur
montant.

La peine prononcée dans l'article 14 peut atteindre le
cessionnaire, aussi bien que le cédant, des actions négociées irrégulièrement ; elle atteint même les banquiers
ou les agents de change qui ont servi d'intermédiaires à
la transmission. Elle atteint, en dernier lieu, tous ceux
qui ont publié, au moyen de prospectus, d'annonces dans
les journaux, ou autrement, la valeur des actions dont la
négociation ne pouvait avoir lieu régulièrement.

Cette extension donnée par le législateur à la peine
édictée par l'article 14, peut paraître sévère ; mais il faut
bien remarquer qu'il résulte d'un passage formel du
rapport de la Commission (1) et de l'esprit de la loi qui

____

(1) «Désormais les magistrats pourront faire à la boune foi sa part, et n'atteindre que la
fraude.» (Rapport de la commission législative).

assimile tous les faits qu'elle punit, aux véritables délits, que la peine ne sera encourue qu'en cas de mauvaise foi. Si donc l'intention frauduleuse résulte toujours de la qualité de fondateur ou de gérant, qui rend l'erreur inexcusable, les tribunaux pourront, au contraire, présumer raisonnablement la bonne foi des simples intermédiaires des négociations, et ne les condamner que s'il est prouvé qu'ils ont agi en connaissance de cause.

Les faits constitutifs du délit d'escroquerie qui peuvent se produire dans une société en commandite, donnent lieu à l'application des peines portées par l'article 405 du Code pénal (1).

La loi de 1867 assimile en outre à l'escroquerie certains faits prévus par elle dans l'article 15, qui est ainsi conçu : « Sont punis des peines portées par l'article » 405 du Code pénal, sans préjudice de l'application de » cet article à tous les faits constitutifs du délit d'escro- » querie : — 1° Ceux qui, par simulation de souscriptions » ou de versements qui n'existent pas, ou de tous autres » faits faux, ont obtenu ou tenté d'obtenir des souscrip- » tions ou des versements ; — 2° Ceux qui, pour provo- » quer des souscriptions ou des versements ont, de » mauvaise foi, publié les noms de personnes désignées, » contrairement à la vérité, comme étant ou devant être » attachées à la société à un titre quelconque. »

De simples assertions mensongères ne sauraient constituer un délit : il faut que l'assimilation se compose

______

(1) Art. 405 du Code Pénal : Quiconque, soit en faisant usage de faux noms ou de fausses qualités, soit en employant des manœuvres frauduleuses pour persuader l'existence de fausses entreprises, d'un pouvoir ou d'un crédit imaginaire, ou pour faire naître l'espérance ou la crainte d'un succès, d'un accident ou de tout autre événement chimérique, se sera fait remettre ou délivrer, ou aura tenté de se faire remettre ou délivrer des fonds, des meubles ou des obligations, dispositions, billets, promesses, quittances ou décharges, et aura par un de ces moyens, escroqué ou tenté d'escroquer la totalité ou partie de la fortune d'autrui, sera puni d'un emprisonnement d'un an au moins et de cinq ans au plus, et d'une amende de 50 francs au moins et de 3.000 francs au plus.

Le coupable pourra-être, en outre, à compter du jour où il aura subi sa peine, interdit, pendant 5 ans au moins et 10 ans au plus, des droits mentionnés en l'article 42 du présent code ; le tout, sauf les peines plus graves, s'il y a un crime de faux.

d'un ensemble de faits capables d'induire les personnes en erreur. Ce sera au juge à examiner s'il y a, dans les faits incriminés, matière à poursuite.

Quant à la publication, elle se présente avec un caractère plus précis : elle constitue un fait palpable qu'il suffit de constater, et qui tombe de lui-même sous les dispositions de notre article.

Le paragraphe premier punit les manœuvres qui s'adressent aux personnes en particulier; le paragraphe deuxième punit celles adressées au public en général, par la fausse désignation des noms de personnes honorables, et jouissant d'un grand crédit commercial.

Il est incontestable que ces manœuvres dolosives, abstraction faite des peines qu'elles font encourir à leurs auteurs, amènent la nullité du contrat entre les parties contractantes, en vertu de l'article 1110 du Code civil, c'est à dire entre le souscripteur d'une part, et le gérant représentant la société d'autre part.

Enfin dans un 3e alinéa, l'article 15 punit de la même peine mentionnée plus haut, les gérants qui, en l'absence d'inventaire ou au moyen d'inventaires frauduleux, ont opéré entre les actionnaires la répartition de dividendes fictifs. Ainsi, la peine n'est encourue que si le gérant n'a pas fait d'inventaire, ou si l'inventaire dressé par lui est frauduleux. On conçoit que de simples irrégularités puissent engager la responsabilité du gérant; mais, lorsqu'il s'agit de porter contre lui des peines plus sévères, la loi exige alors une fraude évidente et prouvée. Si l'on constatait dans les inventaires des inexactitudes ou irrégularités commises de bonne foi ou par négligence, notre article ne serait pas applicable; mais alors la responsabilité pécuniaire du gérant et du conseil de surveillance serait engagée.

L'article 16 qui termine la partie pénale de la loi de 1867, applique aux faits prévus par les articles 13, 14 et 15, l'article 463 du Code pénal, c'est à dire qu'il permet aux inculpés d'obtenir des circonstances atténuantes.

CHAPITRE XI

DES ACTIONS JUDICIAIRES
COMPÉTENCE ET PROCÉDURE.

Avant la loi de 1856, la connaissance des difficultés qui pouvaient s'élever relativement aux sociétés, était portée devant des arbitres, seuls compétents en cette matière, d'où le nom d'arbitres forcés qui leur était donné.

Cette loi étant venue supprimer l'arbitrage forcé pour confier aux tribunaux de commerce la connaissance des procès intéressant les sociétés, il n'y a plus que ces tribunaux qui soient seuls compétents aujourd'hui ; et, d'après le droit commun, ce sera devant le tribunal de commerce du lieu où la société a son siège social qu'on devra porter les demandes dirigées contre elles. Toutefois une société peut avoir plusieurs établissements. On distingue alors suivant l'importance de ces succursales. Sont-elles de peu d'importance? L'action devra être portée devant le tribunal du siège social. Forment-elles, au contraire, de petits centres d'opérations, et ont-elles à leur tête un agent qui a mandat de représenter la société? l'assignation sera alors valablement portée devant le tribunal du lieu où elles se trouvent (1).

C'est ainsi qu'il a été jugé que bien qu'une compagnie, de chemins de fer n'ait pas de domicile partout où elle a une gare, elle est cependant valablement assignée au lieu où se trouve l'une de ces gares par les tiers qui ont contracté avec elle dans ce lieu (2).

La société peut donc être valablement assignée devant le tribunal de ses succursales, mais seulement pour les

(1) Cass. 2 juillet 1872 — Sirey, 72 — 1 — 299.
Cas. 15 novembre 1875 — Sirey, 76 — 1 — 36.
(2) Cass. 30 juin 1858 — Sirey, 58 — 1 — 60.

contestations relatives aux obligations contractées avec ces succursales. En dehors de ces cas, l'action devra toujours être portée devant le tribunal de commerce du siège social (1).

Dans les contestations qui s'élèvent entre les tiers et la société en commandité, la société est toujours représentée par son gérant, en qui elle se personnifie légalement; et la conséquence rigoureuse en est que les jugements prononcés contre lui sont opposables à la commandite. Mais lorsque le différend s'élève dans le sein même de la société, le gérant ne peut plus représenter tout le monde. Dès lors il faudrait, en appliquant les principes dans toute leur rigueur, que chacun des action-naires intervînt directement et personnellement: c'était multiplier les frais. Aussi l'article 17 a-t-il pour but d'éviter ces inconvénients en permettant aux «action-
» naires représentant un vingtième au moins du capital
» social de charger, dans un intérêt commun, à leurs
» frais, un ou plusieurs mandataires de soutenir, tant
» en demandant qu'en défendant, une action contre les
» gérants, ou contre les membres du conseil de surveil-
» lance, et de les représenter en ce cas en justice, sans
» préjudice de l'action que chaque actionnaire peut
» intenter individuellement en son nom personnel. »

Cette disposition empruntée en partie à la loi de 1856 a l'avantage de rendre la procédure plus simple et plus économique; mais il faut que les actionnaires représentent le vingtième au moins du capital. Le motif de cette première condition nous est fourni par un passage du rapport de la commission au Corps législatif: «Plaider
» par mandataires, c'est une exception au droit commun,
» qu'il importe de restreindre, au lieu de l'étendre. En
» faire bénéficier les minorités, sans se préoccuper de la
» part qu'elles représentent dans le capital social, c'est

<hr>

(1) Cassat. 3 janvier 1870 — Sirey, 73 — 1 — 69.
Cassat. 26 mars 18 73 73 —— 1 — 387.

» exposer la société à des attaques indiscrètes, encou-
» rager l'esprit processif, en abaissant l'obstacle qui
» l'arrête, la responsabilité des frais engagés dans la
» contestation. »

En second lieu les actionnaires doivent être plusieurs :
car la raison même de l'exception qui est de simplifier le
procès en accélérant la décision et en diminuant les
frais, ferait défaut, si le procès était engagé par un seul,
représentant le vingtième du capital. Enfin il faut que le
procès concerne l'association. Cela va de soi : les récla-
mations entre actionnaires, ou de la société à ses actionnaires, rentrent dans le droit commun, et les obligations
particulières ne peuvent motiver notre exception.

En dehors de ces règles, la loi laisse entière la liberté
des conventions : les actionnaires qui ont un procès à
soutenir, peuvent choisr un ou plusieurs mandataires, les
prendre parmi eux ou en dehors de la société, leur donner
des pouvoirs plus ou moins étendus à leur gré. Mais
tout représentant n'est élu que pour une seule contestation, et point d'avance, ni d'une manière générale et
permanente.

L'article 17 étant une dérogation au principe que
« *nul en France ne plaide par procureur*, » les commissaires agiront en leur nom propre et personnel ; mais
en définitive, comme ils ne sont que des mandataires,
pour connaître l'étendue de leurs pouvoirs, il faudra se
référer à l'acte de nomination ou au droit commun, si cet
acte est muet. Ainsi ils ne pourront valablement, à
moins d'un pouvoir spécial, ni se désister de l'action, ni
compromettre, ni transiger, ni acquiescer au jugement.
Ils seront soumis à l'application de l'article 1991 du
Code civil, et pourront être condamnés à la réparation du
préjudice causé par leur négligence.

Mais comment nomme-t-on ces commissaires ? L'associé
qui croit que l'intérêt social exige qu'une action soit
intentée contre le gérant, convoque les actionnaires ;
il les convoque comme il l'entend ; c'est à lui de choisir

les moyens les plus convenables ; car il est intéressé à ce que la convocation aboutisse. L'assemblée étant ainsi réunie par les intéressés, si des actionnaires représentant le vingtième du capital se mettent d'accord, ils nomment des commissaires pour les représenter : sinon l'action collective est impossible, et il ne reste plus qu'à recourir à l'action individuelle, que l'article 17 réserve expressément. Du reste, alors même que certaines fractions de la commandite seraient représentées par des mandataires, chaque actionnaire conserverait le droit d'intervenir au procès pour son propre compte et à ses frais.

Nous ferons remarquer en terminant, que la procédure exceptionnelle édictée par l'article 17 ne peut être étendue à d'autres cas que ceux spécialement prévus par la loi. Ainsi toutes constestations, autres que celles qui s'élèveraient entre le gérant et les actionnaires ou partie des actionnaires, ou bien encore entre les membres du conseil de surveillance et les actionnaires, resteront soumises à l'application pure et simple du principe : *nul ne plaide en France par procureur.*

CHAPITRE XII.

DISSOLUTION DE LA SOCIÉTÉ EN COMMANDITE PAR ACTIONS

Le Code de Commerce, pas plus que les lois qui l'ont suivi, ne s'occupe de la dissolution des sociétés. Il faut donc nous reporter sur ce sujet au droit civil qui forme le droit commun.

L'article 1865 du Code civil énumère d'une façon générale les diverses causes de dissolution des sociétés.

Parmi ces causes, les unes opèrent de plein droit; les autres, au contraire, n'ont pour effet que de permettre une action en justice pour obtenir la dissolution.

Il s'ensuit, comme conséquence, que les tribunaux n'auront, dans le premier cas, qu'à rechercher si la cause de dissolution existe réellement, pour qu'elle s'impose d'elle-même. De plus, la dissolution aura son effet du jour de la naissance de la cause, tandis que dans le second cas, la dissolution ne remontera jamais qu'au jour de la demande en justice.

Etudions maintenant chacune des causes de dissolution de la commandite par actions.

1° Expiration du temps pour lequel la société a été contractée. — Quand la société a été contractée pour un temps déterminé, elle se dissout par l'expiration de ce temps (art. 1865 1° C. civ.), sauf le droit qu'ont les parties, de la proroger d'un commun accord. Alors il faudra l'accord unanime des associés, et l'acte de prorogation devra être revêtu des mêmes formes que le contrat de société lui-même.

Les statuts peuvent du reste subordonner la durée de la société à l'événement d'une condition; par exemple la perte d'une partie du capital. L'arrivée de cette condition sera une cause de dissolution.

2° Extinction de la chose, ou consommation de la négociation. — La dissolution d'une société en commandite résulterait évidemment de la perte du fonds social, ou de la réalisation des opérations en vue desquelles elle s'était formée. Mais serait-elle également la conséquence de la perte de l'apport de l'un des associés ? La question est complexe, et il importe de faire des distinctions :

Si l'apport consiste en une chose indéterminée, de l'argent par exemple, la société ne sera pas dissoute pour cela. Elle ne peut pas l'être non plus si l'apport consiste dans la propriété ou l'usufruit d'un corps certain, appartenant à l'associé qui l'a promis ; car les droits réels se transmettent aujourd'hui par le seul effet des conventions, (art. 1138 C. civil). C'est seulement lorsqu'un associé a promis la jouissance d'un corps certain, ou sa propriété, que la perte de la chose peut entraîner la dissolution de la société.

Toutefois il faut que l'objet périsse, avant d'avoir été livré à la société, qu'il périsse durant le temps où il est encore aux risques de l'associé : s'il venait à périr après, la société n'en subsisterait pas moins, pourvu que cette perte partielle ne fût pas assez importante pour l'empêcher de faire ses affaires.

Dès lors, se pose la question de savoir à quel moment on peut dire que l'apport est effectué, et que les risques de cet apport cessent d'être pour l'associé.

On sait que sous la législation actuelle, la propriété se transfère non plus par la tradition, mais par l'effet même du contrat. Or, l'article 1867, en matière de société, laisse supposer que ce n'est pas le contrat mais bien la tradition qui transfère la propriété. Que peut signifier cette dérogation au droit commun ? La société ne serait donc pas propriétaire du jour de l'approbation de l'apport ? Il faudrait alors l'apport effectif du corps certain, pour que le contrat fût parfait et la loi abandonnerait ainsi le principe général qu'elle a posé dans les articles 711, 1138 et 1583 ; le contrat transfère la propriété.

C'est ce qu'a prétendu M. Pardessus, qui s'exprime ainsi au numéro 1055 de son ouvrage sur les sociétés : « Le contrat de société, quoique parfait par le seul » consentement, ne produisant jamais une simple obliga- » tion de livrer, mais créant entre les contractants des » rapports personnels qui tiennent de l'obligation de » faire, devient un contrat conditionnel : car la livraison, » qui ordinairement termine tous les rapports entre le » vendeur et l'acheteur, n'est que le principe des rap- » ports individuels que la société fera naître pendant sa » durée, entre les associés. Les contractants sont pré- » sumés avoir entendu se mettre en société, sous la con- » dition expresse que chacun d'eux réaliserait l'apport » destiné à former le fonds social, sans lequel la société » se trouverait n'avoir aucun objet, aucun moyen » d'exister. »

M. Delangle (1) qui partage également cette opinion, ajoute : « Il est évident que le législateur a fait dépendre, « non de l'échange régulier du consentement, mais du » fait de la livraison, l'exécution des engagements » contractés par chaque associé. Les mots : *avant que la* » *mise en soit effectuée*, ne peuvent laisser aucun doute. » On n'effectue pas une mise par cela seul qu'on a » déclaré dans un acte de société qu'on apporterait tel » ou tel objet déterminé. Effectuer c'est mettre à effet ; » c'est exécuter. On effectue sa mise, en mettant la » société en possession des objets dont elle se compose. »

Il nous paraît impossible que le législateur en édictant l'article 1867, ait voulu y créer une exception à la règle générale, que le seul consentement transfère la propriété. D'ailleurs, pour prétendre que notre article a créé une exception en matière de société, il faudrait que cette exception fût bien explicite. A notre avis, le texte prévoit une hypothèse toute différente de celle qu'on prétend lui faire résoudre. L'article 1867 n'a eu en

____

(1) M. Delangle n° 74 — Sociétés Comm.

vue que les cas où, par exception, la propriété n'est pas transférée par le seul consentement. Les mots « avant » que la mise en soit effectuées », ne sont pas synonyme de ceux-ci: « avant que la délivrance en soit faite. » Leur sens est expliqué par le dernier alinéa du texte, qui leur fait antithèse. Il signifient « avant que la propriété » promise en soit apportée à la société. » En effet, la propriété d'un corps certain n'est pas toujours transférée au moment de la convention : c'est ce qui se présente si l'on a promis d'apporter la propriété d'une chose appartenant à un tiers, ou encore si l'on n'a promis que sous condition. Dans ces deux cas, l'apport ne sera effectué, c'est à dire la propriété transmise à la société, qu'à compter du jour où l'associé se sera procuré la propriété de la chose promise, ou du jour de la réalisation de la condition. Si la chose périt avant ce temps, l'associé ne pourra faire son apport, une des conditions essentielles du contrat. Dès-lors, s'il ne peut plus faire partie de la société, la société doit être dissoute, et, comme le dit l'article 1867, elle doit être dissoute par rapport à tous les associés.

Ainsi, « ce qui était en question dans l'article 1867, » comme le fait remarquer M. Paul Pont (1), ce n'est » pas le mode suivant lequel la propriété est transférée; » c'est le point de savoir à qui incombait la responsabi- » lité des risques, c'est à dire sur qui, de la société ou » de l'associé, devait retomber la perte fortuite de l'ap- » port. C'est ce point seulement que l'article 1867 a voulu » résoudre; et la preuve en est dans les observations du » Tribunat, qui a lui-même proposé et fait admettre la » rédaction de l'article, et qui, dès-lors, en a précisé nette- » ment la signification. Lorsque, a-t-il dit, la chose dont » l'un des associés *a promis* de mettre en commun la » propriété même, vient à périr *avant* que la mise en com- » mun en soit effectuée, la perte de cette chose doit sans

<hr>

(1) Paul Pont — *Sociétés civiles*, T. 1, n° 1377 et suivants.

» doute opérer la dissolution de la société ; *cet associé se*
» *trouvant réduit à l'impossibilité de réaliser sa mise.* Mais
» si la chose dont la propriété même est mise en com-
» mun, ne vient à périr qu'après avoir été effectivement
» apportée à la société, *la perte en tombe alors sur la*
» *société qui en est demeurée propriétaire.* (1) Ainsi, d'après
» les rédacteurs de la loi, il faut distinguer sur cette
» question de la responsabilité des risques ou des effets
» de la perte fortuite, eu égard à l'existence de la société ;
» il faut dire que l'extinction ou la destruction d'un
» apport par cas fortuit rompra le contrat, ou le laissera
» subsister, suivant que le cas fortuit sera survenu avant
» que la société fût devenue propriétaire, ou qu'il aura
» lieu quand elle le serait déjà devenue. »

Donc, quand, par exception aux règles générales, la
propriété d'un corps certain, faisant l'objet d'un apport,
n'est pas transféré à la société par le seul fait du contrat, et que ce corps certain périt avant que la mise en
ait été effectuée, la société est dissoute. Telle est l'explication de l'article 1867. (2)

L'associé a promis à la société la jouissance d'un corps
certain. Ici l'apport n'est jamais, à aucune époque, pleinement réalisé ; car il consiste dans l'obligation de procurer chaque jour à la société la jouissance de la chose
promise. Dès lors, à quelque moment que la perte de la
chose arrive, elle est pour l'associé, et entraîne la dissolution ; car il serait contraire à l'équité que celui qui
n'apporte rien, qui ne concourt pas à la production des
bénéfices de la façon qui a été convenue, concoure à ses
bénéfices.

Quand le but est atteint, la société, n'ayant plus de
cause, doit prendre fin. Cette cause de dissolution, appelée
consommation de la négociation, trouvéra rarement son
application dans les sociétés de commerce ou d'industrie

qui supposent des opérations successives et indéfinies. Elle ne peut s'appliquer qu'aux sociétés ayant pour objet une affaire déterminée et spéciale, comme la construction d'une voie ferrée ou le creusement d'un canal.

3°. *Mort d'un associé* (art. 1865 § 3 C. civ.) La mort naturelle d'un des associés, même d'un commanditaire, dissout en principe la société ; mais nous savons que *l'intuitus personæ* n'existe pas dans les commandites, par actions, au moins en ce qui touche les associés qui peuvent se retirer à leur gré : aussi la mort d'un de ces associés laisserait elle subsister la société. Dans tous les cas, la mort d'un des associés responsable serait une cause de dissolution, à défaut de clause spéciale. En pratique, on convient souvent que la société continuera d'exister entre les survivants seuls, ou entre les survivants et héritiers de l'associé décédé. Cette convention est licite, ainsi que celle qui donne à l'assemblée générale le droit de remplacer le gérant qui meurt au cours des opérations sociales.

Mort civile. — Interdiction ou déconfiture de l'un des associés (art. 1865 § 4). — Nous n'avons rien à dire de la première de ces causes de dissolution, la mort civile ayant été abolie par la loi du 3 mai 1854.

Quant à l'interdiction et à la faillite personnelle d'un associé, on ne peut y voir des causes de dissolution de la société, si cet associé est un commanditaire. S'il s'agit du gérant, nous avons vu qu'il pouvait être remplacé. Il n'y aura donc lieu, dans ces cas, et lorsqu'il s'agira des associés en nom, qu'à un remplacement du gérant, et non à une dissolution.

Mais on se demande si la faillite de la société elle-même est, de plein droit, une cause de dissolution ?

Certains auteurs ont soutenu l'affirmative. La société, a-t-on dit, est arrêtée dans sa marche par la faillite. L'état de faillite dessaisit le failli de l'administration de ses biens, et on ne peut, dès lors, concevoir comment la société ne serait pas dissoute. La faillite n'est pas autre chose que l'absorption de l'actif par le passif. Il y a pour la société perte de la chose, extinction de son capital sous le poids des dettes. Or, selon le deuxième alinéa de l'article 1865 du Code civil, la société est dissoute par l'extinction de la chose (1).

Nous n'admettons pas cette opinion, et nous pensons, avec la jurisprudence actuelle, que la faillite de la société n'est pas une cause de dissolution.

D'abord, l'article 1865 du Code civil est complètement muet sur ce point. De plus, si, pour les sociétés de personnes, on a étendu à la faillite personnelle de l'associé l'article 1865, 4°, du Code civil, c'est que cet événement atteint la société dans ses conditions constitutives, et que les rapports entre les associés, tels qu'ils avaient été établis dans l'esprit du contrat, sont rompus.

Ici, au contraire, l'égalité subsiste : tous les associés sont également atteints par le même malheur ; leurs rapports subsistent, tels qu'ils avaient été originairement réglés, et, en principe donc, la faillite n'atteint pas l'existence même de la société.

En vain objecte-t-on que la société finit par l'extinction de la chose, et que, dans le cas de faillite de la société, il y a extinction de son capital. « Cette extinction,
» comme le fait remarquer M. Rivière (*Des sociétés*,
» page 158), n'est pas une conséquence nécessaire de
» l'état de faillite, qui peut exister malgré la conser-
» vation d'un reliquat actif. L'article 531 (C. de Comm.),
» d'ailleurs, en permettant de ne consentir un concordat
» qu'en faveur d'un ou de plusieurs des associés, suppose
» bien qu'un concordat peut être accordé à la société

____

(1) Troplong, *Sociétés*, n° 937 — Pardessus, n° 1060 — 2° — Duranton, T. XVII, n° 474.

» elle-même ; et si un semblable traité peut avoir lieu
» en sa faveur, c'est que le fait de faillite ne l'a pas
» dissoute. »

Enfin, nous trouvous encore un argument en faveur
de notre doctrine dans l'article 487 (Code Comm.). Cet
article accorde au failli, et par suite à la société tombée
en faillite, le pouvoir d'empêcher une transaction qui a
pour objet des biens immobilisés, et cela même après
que les syndics ou le juge commissaire y ont consenti.
C'est donc que la société a encore des droits qui lui sont
attribués par la loi, qu'elle a également des intérêts à
sauvegarder et à défendre et dès lors nous devons en
conclure qu'elle existe toujours. C'est seulement lorsque,
la liquidation de la faillite étant terminée, il se trouve
que tout ce qui composait le fonds social a été absorbé
par les créanciers, que la société est dissoute. Alors, ce
n'est pas la faillite, mais la perte de la chose qui est la
cause de la dissolution. La société n'est donc pas dissoute
de plein droit par sa mise en faillite (1).

5° *Volonté d'un ou de plusieurs associés.* — Cette
cause de dissolution, aux termes de l'art. 1869, ne
s'applique qu'aux sociétés dont la durée est illimitée.
Chaque associé individuellement a donc le droit de provoquer la dissolution d'une société dont la durée est
illimitée.

Le gérant ou les membres du conseil de surveillance,
qui auraient en vain demandé la dissolution à l'assemblée
générale, conserveront ce droit individuel qui, du reste,
est d'ordre public.

Quant aux actionnaires, comme il n'y a pas pour eux
d'engagement perpétuel, puisqu'ils jouissent de la liberté
de céder leurs actions et de sortir ainsi de la société

(1) Cass. Req. 9 mai 1854 — Dall. 54 — 1 — 203.
Lyon, 3 juillet 1862 — Dall. 63 — 2 — 95.
Paris, 12 juillet 1869 — J. Pal, 1871 — p. 761.

nous devons en conclure qu'ils n'auront pas le droit de provoquer individuellement la dissolution de la Société (1).

En dehors de ces causes que nous venons d'énumérer, la dissolution pourra encore s'opérer par l'accord unanime des associés. C'est, du reste, l'application d'un principe de droit commun.

6° *Décision Judiciaire.* — Aux termes de l'article 1871 du Code civil, la dissolution de la société peut être prononcée en justice, même avant le terme fixé, pour des causes « dont la légitimité et la gravité sont laissées à » l'arbitrage des juges. » Ce principe ne s'applique qu'aux sociétés à durée limitée, pour les autres, en effet, la simple volonté de ne plus rester en société opérant la dissolution.

En dehors de ces cas, l'article 18 de la loi de 1867 fournit une cause de dissolution judiciaire. Cet article est ainsi conçu : « Les sociétés antérieures à la loi du » 17 juillet 1856, et qui ne se seraient pas conformées à » l'article 15 de cette loi (relatif à la nomination d'un » conseil de surveillance) seront tenues, dans un délai » de 6 mois, de constituer un conseil de surveillance, » conformément aux dispositions qui précèdent. — A » défaut de constitution du conseil de surveillance dans » le délai ci-dessus fixé, chaque actionnaire a le droit de » faire prononcer la dissolution de la société. »

Cette disposition avait déjà été édictée par la loi de 1856.

Le législateur de cette époque ordonnait aux commandites par actions la nomination d'un conseil de surveillance, et fixait un délai de 6 mois pour l'exécution de cette formalité. Mais ce délai n'était pas fatal, et pouvait être prorogé. Le législateur de 1867 aurait pu ne pas

(1) Cass. Req., 6 décembre 1843 — Dall. 43 — 1 — 736.
Cass. 13 juillet 1868 — Dalloz — 69 — 1 — 137.

reproduire cette disposition de la loi de 1856 et faire tomber comme nulles les sociétés qui n'étaient pas encore en règle. Par une faveur spéciale, il a préféré maintenir les dispositions de l'article 15 de la loi de 1856, en supprimant toutefois la latitude laissée précédemment aux tribunaux, de proroger le délai.

Nous en avons fini avec l'étude des causes de dissotion de la société. Toutefois, il est bon de rappeler, en terminant qu'aux termes de l'article 61 de la loi de 1867, tout acte portant dissolution de la société doit être publié comme l'acte constitutif, et se trouve soumis aux formalités et aux pénalités prescrites par les articles 55 et 56.

CHAPITRE XIII

SECTION I

LIQUIDATION.

La société étant dissoute, il est nécessaire de la liquider. Cette opération comprend trois choses. Il faut d'abord
terminer les affaires en cours et n'en plus faire de nouvelles, sauf toutefois si cela était nécessaire pour conserver la clientèle de la société qu'on se propose de vendre
plus tard. En second lieu, il faut faire rentrer les créances
de la société. Il faut enfin éteindre le passif social en
payant les dettes de la societé, et en restituant à leurs
propriétaires les biens qu'elle possède. Pour procéder
à ces diverses opérations, on nomme un ou plusieurs
liquidateurs.

Demandons-nous tout d'abord comment se fera cette
nomination.

Le plus souvent l'acte constitutif de la société s'explique sur ce point. et désigne d'avance un ou plusieurs
liquidateurs. Une telle clause est sage; car elle prévient
les dissentiments qui peuvent s'élever lors de la dissolution, et elle permet aux liquidateurs ainsi nommés d'entrer
en fonctions au moment même où cesse l'administration
des gérants. Mais, dans le silence des statuts sur ce
point, des auteurs pensent que la nomination des liquidateurs ne pourra être faite que par l'unanimité des associés, et, à défaut d'unanimité, par la justice (1). A l'appui
de cette doctrine, on fait valoir l'importance d'une opération ielle que la liquidation, et on en conclut qu'aucun
membre de la société ne peut être contraint d'accepter
pour mandataire une personne dont il ne veut pas.

(1) Troplong. T. II n° 423 — Pardessus T. III, n° 1074.

Quant à nous, nous préférons admettre l'opinion qui donne à la majorité des associés le pouvoir de nommer les liquidateurs (1). En effet, cette nomination a un caractère de nécessité absolue, et, par suite, ce n'est pas le cas d'exiger la volonté unanime des parties, qui est indispensable pour la formation d'un contrat : ce qui le prouve, c'est que le système que nous combattons, viole lui-même ce principe fondamental des contrats, en permettant de recourir à la justice.

Il faut remarquer que, quand les liquidateurs sont nommés par l'acte social, ils ne peuvent être révoqués même par l'unanimité des associés; car cette nomination est une partie intégrante du pacte social. Il n'en serait pas de même dans les autres cas.

Il est évident que la liquidation pourrait être faite par tous les associés ensemble : c'est du reste ce qui arrivera le plus souvent pour les sociétés peu importantes ; mais pour les grandes sociétés, une telle façon de liquider ne pourrait qu'entraîner à de nombreuses difficultés.

La société étant dissoute, il semble qu'elle ne devrait plus être considérée comme personne morale pendant la liquidation. Il en est ainsi à certains points de vue ; en effet, la société dissoute perd son caractère de personne pour l'avenir ; elle le conserve néanmoins pour les actes antérieurs à la dissolution. C'est là une règle traditionnelle que la jurisprudence (2) consacre, et que la Cour de cassation formule expressément en ces termes : « Si par l'effet
» de la dissolution, la société cesse d'exister pour l'avenir
» et pour les opérations en vue desquelles elle avait été
» constituée, si elle ne peut plus vendre, acheter, faire le
» commerce, elle continue néanmoins d'exister pour
» régler ses affaires, c'est à dire, pour se liquider. Suivant
» la formule employée dans le langage commercial, elle
» ne subsiste plus que pour sa liquididation ; mais à ce

(1) Bravard et Demaugeat, T. 1, page 430.
Delangle, T. II n° 685.
(2) Cass. Req. 29 mai 1865 — Sirey 65 — 1 — 325.

» point de vue et dans ce but, elle conserve tous ses
» droits et tous ses biens. La force des choses veut qu'il
» en soit ainsi pour les nécessités de la liquidation,
» laquelle deviendrait impossible, si l'on admet que, par
» l'effet de la dissolution, la communauté prend la place
» de la société dissoute, et que les droits individuels et
» primitifs des anciens associés, devenus simples commu-
» nistes, sont substitués ou superposés au droit exclusif
» de la société. »

Ainsi, pour faciliter la liquidation, on maintient la
fiction de l'être moral, jusqu'à la fin des opérations du
liquidateur. Il en résulte, comme conséquence, que les
créanciers sociaux continuent à avoir pour gage le fonds
social, que les liquidateurs représentent la société dans
les procès intentés contre elle, qu'enfin les immeubles
communs ne peuvent être grevés d'hypothèque du chef
des associés. De même, les paiements faits à l'associé
non liquidateur seraient nuls, même pour la part de cet
associé (1).

Il importe cependant de bien remarquer que la fiction
qui prolonge l'être moral de la société, n'existe que pour
les seules opérations de la liquidation, de sorte que si le
gérant liquidateur (2) faisait de nouvelles opérations de
commerce, elles seraient à son compte, et la société y
demeurerait étrangère.

I. — *Des liquidateurs et de leurs pouvoirs.*

« Le liquidateur, dit M. Pont au n° 1935 de son *Traité*
» *des Sociétés Civiles et Commerciales*, est celui qui a pour
» mission de régler les affaires de la société après sa
» dissolution et de la liquider... Il est le mandataire de
» la société même. Ce qu'il représentera, c'est l'être moral,
» la personnalité juridique, qui, nous l'avons vu, survit
» à la dissolution ; il est à la liquidation ce que le gérant

(1) Cass. ch. des Req. 27 juillet. 1863.
(2) Cass. 13 mars 1854. Dall. 54 — 1 — 378.
Cass. 16 mai 4867 et 25 aout 1879.

» était à la société; il est, en quelque sorte, sinon le
» gérant même, au moins le continuateur du gérant. Il
» peut sans doute, en certaines hypothèses, être manda-
» taire à la fois de la société et des associés, ou de l'un d'eux;
» mais la vérité est, qu'en thèse, les relations de mandat
» s'établissent entre le liquidateur et l'être moral, dans
» lequel la masse des associés est personnifiée, et non entre
» le liquidateur et chacun des associés pris individuelle-
» ment. »

Remarquons que le liquidateur représente la société
dans l'intérêt des associés, et non pas dans l'intérêt des
créanciers sociaux. Dès lors, les créanciers ne peuvent
en aucune façon prendre part aux opérations de la liquidation. Ils n'ont d'autres droits que ceux que la loi
confère d'ordinaire aux créanciers, c'est à dire qu'ils
pourront prendre des mesures conservatoires, attaquer
les actes faits en fraude de leurs droits, poursuivre et faire
déclarer la faillite, s'ils ne sont pas payés à l'échéance
Mais tant que la société restera debout et fera face à ses
engagements, elle se liquidera pour elle, pour dégager
l'actif qui sera à partager entre les associés. C'est à ceux
dont les créances constituent le passif, à veiller et à
prendre des mesures; le législateur n'a ni à les défendre
ni à les représenter.

Le liquidateur est donc le mandataire de la société et on
devra lui appliquer les règles du mandat. Sa renonciation
au mandat mettrait fin à ses fonctions, sauf pourtant le
cas où il serait chargé de sa liquidation à ses risques
et périls: il serait alors présumé avoir renoncé au droit
de donner sa démission. De même l'achèvement de la
liquidation mettrait fin aux fonctions du liquidateur, qui
ne pourrait en aucune manière prétendre procéder au
partage (1), la liquidation et le partage formant deux
opérations tout-à-fait distinctes. Du jour de sa nomination,

(1) M. Pont. *Sociétés* — n° 1948.
Alauzet, n° 439.

le liquidateur est saisi de l'actif de la société et en devient
responsable. Il devra donc, avant tout, faire inventaire ,
car en négligeant cette formalité, il s'expose à des condamnations personnelles que pourraient obtenir contre lui
les créanciers sociaux ou les associés, faute par lui de
pouvoir prouver la consistance réelle de l'actif. Il devra
également dresser des états de situation qu'il soumettra
aux associés afin de leur faire connaître l'état des opérations dont il s'est chargé. Le liquidateur devra faire tous
les actes conservatoires, tels que les actes interruptifs de
prescription, les renouvellement d'inscriptions hypothé-
caires C'est lui encore qui devra régler la situation des
associés vis-à-vis de la société, recevoir les comptes du
gérant, poursuivre les commanditaires qui n'ont pas
versé leur mise, enfin payer tout ce qui est dû.

Le liquidateur peut vendre les marchandises qui se
trouvent en magasin ; il peut même les donner en nan-
tissement (1).

Il pourra recevoir tout ce qui est dû à la société et en
donner bonne et valable quittance; même il pourra
poursuivre les débiteurs à mesure des échéances, et les
contraindre à l'exécution de leurs engagements par
toutes voies de droit.

Les jugements rendus contre le liquidateur seront
opposables aux associés, et ceux-ci ne pourront pas même
les frapper de tierce-opposition. Le liquidateur pourra-t-il
vendre les immeubles sociaux? on l'a prétendu en se
basant sur cette considération qu'il ne fallait pas entraver
à plaisir les opérations de la liquidation qui doivent être
menées le plus vivement possible et que du reste, la vente
pouvait être nécessaire. Quant à nous, en présence de
l'article 1998 du Code civil qui déclare que le mandat
général ne comprend pas le pouvoir d'aliéner, nous
refusons ce pouvoir au liquidateur. Et d'ailleurs, en cas
de faillite, la vente aussi est nécessaire, cependant les

(1) Cass. 5 mars 1850 — Sirey — 50 — 1 — 261.
Rousseau, n° 662.

syndics ne peuvent vendre sans une permission spéciale du juge commissaire. Donc, si les circonstances nécessitent la vente d'un immeuble, le liquidateur devra avertir les associés qui délibèreront sur le parti à prendre.

De même, le liquidateur ne pourrait sans un pouvoir spécial, hypothéquer un immeuble de la société, et à plus forte raison ne pourrait-il ni transiger, ni compromettre au nom de la société.

Il est bien évident que l'autorisation de faire ces actes pourrait être donnée au liquidateur lors de sa nomination. Pourrait-il endosser et négocier des effets de commerce ?

Nous croyons qu'il le pourrait, car il y a là, pour lui, un moyen de faciliter le recouvrement des créances et de se procurer de l'argent pour faire face aux échéances. Et, en effet, comme on l'a très bien fait remarquer, l'intention des actionnaires qui l'ont nommé ne peut avoir été d'entraver à ce point des opérations dont ils ont intérêt à hâter le dénouement. Enfin on ne peut comprendre qu'un liquidateur, pressé de solder une créance dûe, puisse, enfin d'éviter des poursuites onéreuses, se servir des fonds provenant directement de la vente des marchandises sans pouvoir, dans les mêmes circonstances, faire usage du papier qu'il a en portefeuille (1).

Tels sont les pouvoirs du liquidateur qui ont tous pour but unique la réalisation de l'actif et le partage de la société. Il ne nous reste plus qu'à étudier les fonctions de ce liquidateur dans ses rapports soit avec les tiers, soit avec les associés.

II. — *Rapports du liquidateur avec les tiers.*

Vis-à-vis des tiers, le liquidateur représente la société en liquidation ; il en est mandataire. Il a donc qualité pour donner quittance, recevoir décharge et agir en justice au nom de la société. C'est ainsi qu'il a été jugé (2) que

---

(1) Delangle, n° 690 — Cass. 19 nov. 1834, Sirey 36 — 1 — 132 ; — Paris 9 août 1865.
(2) Rouen, 12 avil et 26 aout 1845.

le jugement, obtenu par un créancier contre le liquidateur et signifié par lui à ce liquidateur, est passé en force de chose jugée à l'égard de tous les associés après l'expiration des délais d'appel qui courent du jour de cette signification.

C'est donc entre les mains du liquidateur que devront se faire les paiements, ct, en conséquence, il aura le droit de procéder à la main-levée de l'hypothèque ou à la remise du gage, si la dette était garantie par une hypothèque ou par un gage.

Quand aux créanciers sociaux, ils pourront poursuivre la société dans la personne du liquidateur. Toutefois, ce n'est là qu'une faculté, car la jurisprudence (1) leur reconnaît toujours le droit d'atteindre les associés solidaires. Un arrêt de la Cour de Toulouse s'exprime ainsi à ce sujet : « La recevabilité de l'action est incontestable,
» soit parce qu'il n'existe dans le Code de commerce ni
» dans aucune loi, nul texte qui soumette le créancier à
» reconnaître le liquidateur pour son obligé, soit parce-
» que le liquidateur n'étant, en résultat, que le manda-
» taire des anciens associés, il impliquerait qu'il fût
» prohibé aux créanciers de poursuivre le mandant, leur
» débiteur légal et direct, pour concentrer leur action
» sur le mandataire, qui pourrait même ne pas être un
» des débiteurs solidaires, soit parce qu'on ne saurait
» concevoir qu'après la dissolution de la société les droits
» du créancier reçussent une modification aussi impor-
» tante d'un fait auquel il est étranger ; ce qui aurait lieu
» cependant si, après cette dissolution, un seul individu,
» associé ou non, pouvait être directement poursuivi
» pour obtenir le paiement d'engagements sociaux, tan-
» dis qu'on ne saurait méconnaître que, pendant l'exis-
» tence de la société, le créancier ait le droit de pour-
» suivre celui des associés qui lui plaît, même celui qui
» n'aurait pas souscrit l'effet qui forme son titre. »

(1) Aix, 1864 — Bédarride n° 598 et 599,
Toulouse arrêt du 6 aout 1834.

Le liquidateur peut-il être poursuivi par les créanciers à propos des dettes par lui contractées valablement, pendant la liquidation ?

Évidemment oui, s'il s'est obligé en son nom personnel, ou s'il s'est chargé de gérer à ses risques et périls.(1) Non, s'il a agi en sa qualité de liquidateur seulement.(2) Ce n'est là qu'une application des règles du mandat.

Cependant, si le liquidateur était en même temps associé, alors il serait tenu des dettes valablement contractées pendant la liquidation, dans la mesure même où il est tenu des autres dettes sociales.

Nous savons que malgré l'état de liquidation où se trouverait la société, les créanciers conservent toujours le droit de la mettre en faillite, dans ce cas, le liquidateur continuerait encore de représenter la société et d'exercer les droits laissés aux faillis par le législateur.

III. — Rapport du liquidateur avec les associés.

Dans ses rapports avec les associés le liquidateur est encore à considérer comme le mandataire et le représentant de l'être moral qui personnifie la liquidation. C'est ainsi qu'il a qualité pour poursuivre les associés qui n'auraient pas rempli envers la société toutes les obligations dont ils étaient tenus sans que ceux-ci puissent lui opposer aucune compensation, même pour la part qui leur reviendrait dans l'actif social (3). En effet, comme le fait remarquer M. Paul-Pont (n° 1966), « il y a là, non pas » deux créances respectivement liquides, mais la créance » de société d'une part, et, d'autre part, un droit de co-» propriété dans le fonds social, droit éventuel tant que » subsiste l'être moral, par conséquent jusqu'au jour où » le partage et la liquidation seront terminés. »

Quand aux associés, s'ils étaient créanciers de la société, ils n'auraient qu'à s'adresser au liquidateur pour se faire payer de ce qui leur est dû.

---

(1) Cass. 24 novembre 1869. Dall. 71 — 1 — 118.
(2) Cass. 21 novembre 1848 — Dall. 49 — 1 — 252.
(3) Lyon, 5 février 1864 — Dalloy, 65 — 2 — 177.

Le liquidateur pourra donc poursuivre tous les associés qui n'auraient pas versé intégralement leurs mises, il pourra même s'adresser à ceux qui auraient obtenu des dispenses d'apport, sans qu'on puisse repousser sa demande par une fin de non-recevoir. En effet, ces dispenses d'apports non seulement sont contraires aux status sociaux, et à ce titre ne peuvent être valablement consenties, ni par le gérant, ni par la majorité des associés, mais encore sont en opposition avec les principes essentiels de toute société. Il atteindra de la même manière tout rachat d'actions fait avec les fonds sociaux, tout paiement de dividendes fictifs dont les bénéficiaires n'étaient pas de bonne foi ou ne sont pas couverts par la prescription.

Cependant le liquidateur ne pourra jamais réclamer aux Commanditaires que le versement ou le rétablissement de leur mise, mais rien de plus. De même il ne pourra réclamer aux associés en nom que l'apport qu'ils avaient promis dans le pacte social. D'une part, en effet, les commanditaires ne sont tenus que jusqu'à concurrence de cette somme, et d'autre part, les associés tenus *in infinitum* envers les tiers ne doivent à la caisse sociale que le montant de leur apport. La société n'a donc pas le droit d'exiger un versement supérieur à cet apport.

Comme ce n'est pas seulement dans l'intérêt des tiers, mais aussi dans l'intérêt de la société elle-même, que la loi défend à l'associé commanditaire de faire aucun acte de gestion, il faut en conclure que le liquidateur, représentant de la société en liquidation, aura qualité pour faire déclarer obligé le commanditaire qui se serait immiscé. Il en sera de même en ce qui concerne l'action en responsabilité des membres du conseil de surveillance, au cas de l'article 9 de la loi de 1867.

Enfin le liquidateur sera responsable, vis-à-vis des associés, de la négligence qu'il aurait apporté dans le mandat à lui confié. Toutefois il ne répond que de son dol et de sa faute, n'étant tenu que des soins d'un bon père de famille, à moins cependant qu'il ne lui soit payé des honoraires.

Dans le cas où des tiers auraient profité des actes engageant la responsabilité du liquidateur, il est bien évident que les associés ne pourraient agir en dommages-intérêts contre ces tiers. Il n'en pourrait être autrement qu'autant que les tiers auraient colludé avec le liquidateur, alors les associés auraient le droit d'attaquer les actes dolosivement accomplis (1).

Mais le liquidateur peut-il se substituer un tiers ? non, en principe, car si on l'a choisi, c'est qu'on avait en lui la plus large confiance. Cependant nous ne voyons pas pourquoi on lui refuserait le bénéfice de l'article 1994 du Code civil. Dès lors, il pourra, comme tout mandataire, se substituer un tiers, mais il restera responsable vis-à-vis des associés des fautes de ce tiers comme s'il les avait commises lui-même, sauf bien entendu, son recours contre le substitué.

Examinons maintenant quelles sont les obligations des associés envers le liquidateur. Tout d'abord, la société doit le rendre indemne de tous les engagements qu'il a contractés pour elles, sans sortir des limites de son mandat. Toutes les sommes qu'il a payées sur ses deniers personnels lui seront remboursées du jour de l'avance faite. Il aura également droit de se faire indemniser de toutes pertes éprouvées à l'occasion de sa gestion, pourvu qu'il n'y ait pas eu imprudence de sa part.

Mais par quels moyens le liquidateur se fera-t-il payer?

S'il y a excédant d'actif, il pourra prélever sur cet actif tout ce qui lui est dû. Il faut cependant remarquer qu'il ne pourra agir ainsi qu'après paiement de tous les créanciers sociaux, car n'étant pas leur mandataire, il ne pourrait prétendre qu'ils sont obligés vis-à-vis de lui. Mais si l'actif est insuffisant, il aura son recours contre

<hr>

(1) M. Delangle (n° 695). Paul Pont, sociétés — n° 1973.

les associés qui se verront obligés envers lui suivant la mesure dont ils sont tenus des dettes sociales, c'est à dire, pour les gérants, solidairement sur tous leurs biens, pour les commanditaires jusqu'à concurrence seulement de leurs mises (1).

L'article 2002 du Code civil ne trouvera pas ici son application. Le liquidateur étant le mandataire de l'être moral, société, et non de chacun des associés en particulier, ne rentre pas dans les termes de cet article qui ne vise que le cas où le mandataire a été constitué par plusieurs personnes pour une affaire commune. Dès lors, les associés ne pourront être tenus solidairement envers le liquidateur de tous les effets du mandat.

(1) Cass. 24 décembre 1872 — Sirey 73 — 1 — 46.

CHAPITRE XIV

DU PARTAGE

Lorsque la liquidation est terminée, si, toutes les dettes et charges sociales étant acquittées, il reste un excédant, le partage intervient pour faire cesser l'état d'indivision dans lequel se trouvent les associés. De ce moment, nous l'avons vu, les pouvoirs du liquidateur cessent et il doit rendre compte aux associés. Donc, en dehors d'une convention spéciale à ce sujet, le liquidateur ne peut procéder au partage.

En matière de partage des sociétés, les clauses du pacte social formeront, en principe, la loi des parties. A défaut de convention, le partage de la société se trouve placé sous l'empire du principe général formulé dans l'article 1872 du Code civil : « Les règles concernant le » partage des successions, la forme de ce partage, et les » obligations qui en résultent entre les cohéritiers s'ap- » pliquent aux partages entre associés. »

Toutefois certaines restrictions doivent être apportées à ce principe. Et d'abord, les articles 815 et suivants ne s'appliqueront pas en nôtre matière. Les articles 1865 et 1869 du Code civil règleront seuls la durée de l'indivision.

Il en sera de même de l'article 841 qui permet le retrait successoral. L'essence et la cessibilité de l'action empêchant ici encore son application (1) L'article 832 (2) qui veut que les lots se composent de même quantité de meubles et d'immeubles sera sans application, car rien ne s'oppose, ici, à ce que tout soit cédé à l'un des copartageants pourvu qu'il s'engage à indemniser les autres.

Enfin il n'y a pas lieu de se préoccuper de l'état des personnes ; peu importe que parmi les associés ou les

---

(1) Delangle, n° 713 ; — Cass. 13 mai 1862. Sirey 52 — 1 — 825.
(2) Cass. 29 mars 1736 — Sirey, 36 — 1 — 492.
Angers, 27 décembre 1843.

héritiers se trouvent des mineurs, des interdits ou des absents. Il ne sera nécessaire ni d'apposer les scellés aussitôt après la dissolution de la société, ni de recourir à la forme du partage judiciaire : (1) ce serait en effet jeter la société dans les plus grands embarras.

Les règles du rapport ne pourront être appliquées, et notamment la Cour suprême a cassé un arrêt qui, par application de l'article 856, avait déclaré que l'associé reconnu comptable d'une somme envers l'un de ses co-associés, devait l'intérêt de cette somme, à dater, non du jour de la demande en justice, mais de celui de la dissolution de la société (2). — A l'appui de son opinion, la Cour de cassation fait valoir cette considération que, la dispositin de l'article 856 ayant été édictée dans une pensée d'équité, pour éviter que les donataires aient à rapporter des fruits qui doivent être consommés, on ne saurait l'invoquer par analogie pour ou contre les associés dont les obligations et les droits sont nés de rapports conventionnels, qui n'ont rien de commun avec l'hypothèse prévue dans l'article 856.

L'article 882, qui refuse aux créanciers non-opposants d'attaquer le partage des successions comme fait en fraude de leurs droits, est-il applicable à notre matière ?

Oui. En effet, l'article 1872 est général, et ne permet de déroger aux règles des successions que dans le cas seulement où l'application de ces règles serait incompatible avec la nature des sociétés. — On nous objecte que si le législateur, en matière de succession a voulu que le partage consommé sans opposition ne pûtêtre attaqué, c'est que l'ouverture d'une succession est un fait notoire, qui a mis le créancier de l'héritier à même de veiller à la conservation de ses droits. — Mais à ce point de vue de la notoriété, n'est-ce pas surtout du côté des sociétés

---

1) Contra, pour les créanciers: Cass. 23 juillet 1872 — Dall. 73 — 1 — 855.
(2) Cass. 24 février 1879 — Dall. 79 — 1 — 103.

qu'elle existe principalement, puisque pour elles la naissance, la vie et la mort sont entourées de la plus grande publicité?

Dira-t-on qu'en notre matière, la rescision ne porte aucun trouble dans les familles, et que, dès-lors, l'article 882 n'est pas applicable? Mais l'article 882 n'est pas motivé seulement par la crainte de porter le trouble dans les familles, mais aussi par les inconvénients qu'entraînerait à tous les points de vue l'annulation d'un partage. « Or, dit M. Demangeat (1), au point de vue de la » complication des opérations, du chiffre des intérêts et » du nombre des intéressés, il est certain qu'en général » le partage des sociétés, ne le cède en rien au partage » des successions, loin de là ; à ce triple point de vue, la » nécessité de recommencer le partage aurait souvent » plus d'inconvénients encore qu'en matière de succes- » sion. »

Il est hors de doute que l'effet déclaratif du partage s'applique en matière de société (2). Mais faut-il faire remonter son effet rétroactif jusqu'à l'époque de la constitution de la société, ou seulement jusqu'au jour de sa dissolution? Nous préférons adopter la dernière solution : avant la dissolution en effet, il n'y avait qu'un seul propriétaire : c'était la société ; ce n'est donc que du jour où l'être moral a disparu, c'est à dire du jour de la dissolution, que l'indivision a pu commencer.

Tel n'est pas l'avis de tous les auteurs.

Selon nos adversaires, l'idée de co - propriété et d'indivision, est inséparable de l'idée de société. Et si elle est momentanément interceptée par la personnalité civile, elle finit par se faire jour et par reprendre sa réalité, lorsque cette personnalité a disparu, c'est à dire au moment de la dissolution. Dès-lors, l'effet rétroactif, ne rencontrant plus aucun obstacle « agit en toute liberté sur

<hr>

(1) Demangeat sur Bravard, p. 467.

(2) Voir à ce sujet une brochure de notre éminent Professeur et Doyen, M. de Folleville, ur *l'effet déclaratif du partage*. — Paris, E. Thorin, 1877.

» un passé, qui, dans la vérité des choses n'a pas cessé
» d'être un état d'indivision » (1).

Il nous faut tout d'abord remarquer que l'opinion adverse ne repose sur aucun texte. De plus, elle se trouve formellement contredite par l'article 529 du Code civil.

Cet article déclare en effet que les actions des sociétés sont des droits mobiliers tant que dure la société : or, s'il était vrai que l'effet rétroactif remontât jusqu'à la formation de la société, il en résulterait nécessairement que les immeubles tombés au lot d'un associé seraient réputés lui avoir appartenu dès l'origine, c'est à dire qu'il aurait eu, dès l'origine un droit immobilier. Cela est impossible en présence des termes de l'article 529, et nous force à rejeter l'opinion de nos adversaires. Nous maintenons donc que c'est seulement à l'époque de la dissolution que les biens sociaux, n'appartenant plus à la société, être moral, deviennent la propriété indivise des associés.

Cependant, de ce fait que la personne morale subsiste même pendant la liquidation, ne pourrait-on pas conclure que l'indivision commence seulement le jour où la liquidation est terminée, et, partant, que l'effet rétroactif du partage doit s'arrêter là? Nous ne le croyons pas. En effet la société personne morale a disparu du jour de la dissolution, et cette dissolution a été publiée dans le mois où elle a eu lieu. Dès ce moment, la société est morte, et ce n'est que pour la plus grande commodité de la liquidation, comme nous l'avons déjà remarqué, qu'on la suppose encore existante. C'est donc du jour de la dissolution que doivent se placer l'indivision et la copropriété et par conséquent que doit rétroagir le partage (1),

Il est incontestable qu'en matière de société, comme en matière de succession, les associés se devront mutuellement garantie pour tous les objets compris dans leurs

(1) Troplong. n° 1063 — M. Bédarride, n° 511 et suivants.
(2) Paul-Pont, *Sociétés* n° 1987.

lots. De plus, chaque associé aura le droit d'invoquer en sa faveur le privilège que confère l'article 2103.

3° aux copartageants. — Les prescriptions des articles 2109 du Code civil et de l'article 6 de la loi du 23 mars 1855, relatives à la conservation de ce privilège, s'appliqueront également ici.

CHAPITRE XV

PRESCRIPTION.

Nous avons vu précédemment que les tiers, considérés dans leurs rapports avec la société en liquidation, avaient exactement les mêmes droits qu'avant la dissolution : c'est ainsi qu'ils peuvent la poursuivre en paiement de ce dont elle est débitrice, et la faire condamner ; ils le peuvent, tant que leur créance n'est pas atteinte par la prescription du droit commun, la prescription trentenaire. Mais intimement liés à l'existence de l'être moral, ces droits des tiers ne sauraient en aucun cas persister à partir du jour où, les opérations de la liquidation et du partage étant achevées, la personne morale a cessé d'exister.

Quand donc l'être moral société sera-t-il définitivement éteint ?

Nous n'hésitons pas à admettre que ce sera du jour de la reddition par le liquidateur de son compte de liquidation. De ce jour, en effet, la fiction de l'être moral, qui subsistait pour simplifier les rapports entre le liquidateur et les tiers, quels qu'ils fussent, n'a plus raison d'être. La société est éteinte, et les droits des tiers qui étaient intimement liés à l'existence de la personne morale, ne peuvent plus être exercés.

Toutefois si ce n'est plus contre la société que les tiers peuvent agir, ils ne perdent pas néanmoins leurs droits, qui subsistent toujours, et dont l'article 64 du Code de commerce règle l'exercice.

Cet article est ainsi conçu : « Toutes actions contre les » associés non-liquidateurs et leurs héritiers ou ayant- » cause, sont prescrites cinq ans après la fin ou la disso- » lution de la société, si l'acte de société qui en énonce » la durée, ou l'acte de dissolution, a été affiché et enre- » gistré conformément aux articles 42, 43, 44 et 46, et

» si, depuis cette formalité remplie, la prescription n'a
» été interrompue à leur égard par aucune poursuite
» judiciaire. »

Pour plus de clarté dans le commentaire de cet article,
nous nous placerons successivement à trois points de
vue :

I. — *Rapports des créanciers sociaux avec les associés non-liquidateurs.*

Aux termes de l'article 64, les obligations des associés
envers les tiers s'éteignent cinq ans après la dissolution
de la société. En établissant ce délai, le législateur a
voulu concilier tous les intérêts, celui des associés qui
ne doivent pas rester trop longtemps dans l'incertitude,
ce qui les empêcherait de se livrer à de nouvelles affaires,
et celui des créanciers diligents, qui ont ainsi un temps
suffisamment long pour réclamer leurs créances.

La généralité des termes de l'article 64 nous conduit à
admettre que la prescription quinquennale sera applicable, non seulement aux gérants, mais aussi aux commanditaires, bien qu'elle se justifie moins faiblement à
leur égard, puisque leur obligation n'est ni solidaire, ni
indéfinie (1).

Donc, cinq ans après la dissolution, les créanciers
n'ont plus aucun recours contre les associés non-liquidateurs. Toutefois, il faut bien remarquer que cette prescription ne s'applique qu'aux seules actions ayant pour
but de faire condamner un associé non-liquidateur à
l'exécution d'une obligation qu'il aurait contractée comme
associé, et non à titre personnel (2).

Nous venons de voir que l'article 64 accorde la prescription quinquennale aux associés *non*-liquidateurs.
Est-ce à dire qu'il la refuse aux associés qui auraient été
chargés de la liquidation? On l'a prétendu en se fondant

(1) Cass. Ch. des Req. 21 juillet 1835.
(2) Cass. 27 janv. 1873. Sirey, 1873 — 1 — 433.

sur le silence de la loi en ce qui touche les associés liquidateurs. L'article 64, a-t-on dit, ne vise que les associés
non-liqnidateurs : c'est donc qu'il veut laisser les associés
liquidateurs sous l'empire du droit commun, qui est la
prescription trentenaire (1).

Les expressions dont s'est servi le législateur, n'im-
pliquent pas, selon nous, l'idée que toutes les actions
auxquelles sont soumis les associés liquidateurs en leur
double qualité d'associés et de liquidateurs, restent sous
l'empire du droit commun. La loi veut dire que les liquidateurs, en tant qu'associés, sont libérés par la prescription de 5 ans; mais, en tant que liquidateurs, ils peuvent être encore poursuivis selon le droit commun. C'est
du reste ce qui ressort clairement des travaux préparatoires.

En équité il ne pourrait en être autrement. « Le liqui-
» dateur associé, comme le fait remarquer M. Paul Pont
» dont nous suivons l'opinion, réunit en lui deux qua-
» lités parfaitement distinctes En qualité de liquidateur,
» il est tenu d'obligations spéciales envers la société
» qu'il représente, et dont l'action se prolonge tant que
» n'est pas accomplie, la prescription du droit commun.
» Comme associé il est tenu des obligations qui pèsent
» sur les autres associés, mais de celles-là seulement. Or,
» s'il en est ainsi, si, en règle générale, sa situation est
» indentique à celle de ses co-associés, pourquoi l'ag-
» graver au point de vue de la prescription? Pourquoi
» le retenir encore dans les liens de l'obligation, quand
» les autres associés sont déjà libérés? Ce ne serait pas
» seulement laisser peser sur lui le fardeau de sa respon-
» sabilité passée; ce serait l'aggraver encore de la façon
» la plus injuste (2) ».

Enfin, si on admet le système que nous combattons, on
rend inutile la disposition de l'article 64. En effet, la loi

---

(1) Troplong — n° 1051; Bédarride, n° 676.

(2) M. Paul Pont — *Sociétés*, n° 2010..

déclare les associés libérés au bout de cinq ans; mais en réalité ils ne pourront jamais l'être si, pendant trente ans, on peut les atteindre, par ricochet, par les recours du liquidateur qui aura été forcé de payer. Telle n'a pu être la pensée de la loi; aussi nous n'hésitons pas à soutenir que l'associé liquidateur jouit, aussi bien que l'associé non-liquidateur, du bénéfice de la prescription édictée par l'article 64 (1).

Une controverse s'élève encore sur l'application de cet article aux associés qui auraient été apportionnés de valeurs sociales, avant que les créanciers de la société fussent intégralement payés. Les associés ont pu prématurément toucher leur part dans l'actif social; ils ont pu se partager cet actif avant le désintéressement de tous les créanciers : ils ont donc trop perçu. Seront ils couverts par la prescriqtion de cinq ans de l'article 64?

Tout d'abord, nous croyons que si l'apportionnement a eu lieu avant l'expiration des cinq ans, la prescription, une fois accomplie, pourra être valablement opposée aux créanciers qui agiraient après cette époque, alors qu'ils avaient le temps nécessaire pour empêcher la prescription de s'accomplir. Cependant, par suite de difficultés survenues aux cours des opérations, il peut arriver que le partage soit fait après que la prescription est acquise.

Quoique il puisse paraître bizarre, au premier abord, qu'une obligation soit prescrite avant d'être née, nous n'hésitons pas néanmoins à adopter l'opinion de la Cour de Cassation qui déclare que la prescription abrégée de l'article 64 du Code de Commerce s'applique à toutes les actions qui peuvent être dirigées par les créanciers sociaux contre l'associé non-liquidateur, sans qu'il y ait à distinguer entre les actions ayant pour but de contraindre ce dernier à l'exécution des obligations personnelles qu'il aurait contractées comme associé, et celles tendant à

(1) M. Bravaid-Veyrière. T. 1 p. 466.

lui faire restituer les sommes qu'il aurait indûment reçues sur l'actif social. (1)

A l'appui de cette opinion, on invoque, d'abord la généralité des termes de l'article 64 qui parle de toutes les actions, enfin la loi de 1867 qui fournit deux arguments d'analogie : le premier, tiré de l'article 10, qui libère après cinq ans les associés, même de mauvaise foi, qui auraient reçu des dividendes fictifs, lesquels sont aussi une répartition indue ; le second tiré de l'article 52 de la même loi, qui déclare libéré par cinq ans l'associé d'une société à capital variable qui s'est retiré.

Il est à remarquer, que dans les travaux préparatoires, les dispositions des articles 10 et 52 de la loi de 1867 ont été considérées comme des applications de l'article 64 du Code de commerce, ce qui semble bien démontrer que notre interprétation est exacte avec l'esprit de la loi. Il est vrai qu'alors la position des créanciers sera assez critique ; mais ils pourront toujours prendre des mesures conservatoires, et de plus, ils jouiront toujours de leur droit de recours, pendant trente ans, contre la liquidation qui est en faute d'avoir fait ou laissé faire ce partage. (2)

En résumé, les créanciers qui avaient pour obligés, pendant la durée de la société et jusqu'à la fin de la liquidation, le fonds social d'abord, les associés en nom sur tous leurs biens et solidairement, et enfin les commanditaires jusqu'à concurrence de leur mise, voient leurs droits se prescrire cinq ans après la dissolution de la société, sauf au cas de responsabilité du liquidateur.

II. — *Rapports des créanciers sociaux avec les liquidateurs*

Il ne nous reste à étudier ici que les actions qui appartiennent aux créanciers sociaux contre le liquidateur

---

(1) Cass. Ch. des Req. 27 janv. 1873. Dall. 73 — 1 — 371.

(2) M. Boistel, Précis, p. 266 et 267 — M. Labbé, Dissertation sur l'arrêt de la Cour de Cassation précité.

considéré comme tel. Nous venons en effet de remarquer dans le paragraphe précédent qu'en tant qu'associé, le liquidateur était libéré au bout de cinq ans.

Les créanciers sociaux pourront toujours demander compte aux liquidateurs des valeurs de la société dont ils ont eu la disposition. Ce droit des créanciers se prescrit par trente ans, conformémenl au droit commun. Ainsi les liquidateurs ne pourront se considérer comme à l'abri de toute demande en reddition de comptes qu'au bout de trente ans.

Il est bien entendu que les liquidateurs ne sont responsables que s'ils ont encore entre les mains des valeurs sociales, et si on peut leur reprocher, soit des fautes d'administration, soit des négligences dans la poursuite des associés débiteurs de la société.

Les liquidateurs répondront facilement aux actions des créanciers sociaux en produisant leurs livres et la justification de l'emploi fait par eux des sommes perçues.

En dehors de là, si les liquidateurs n'ont commis aucune faute, ils n'ont plus rien à craindre des créanciers.

III. — *Rapports du liquidateur avec les associés.*

Aux termes de l'article 64, la prescription de cinq ans qu'il édicte, ne peut être invoquée que contre les tiers. Resteront donc sous l'empire du droit commun les actions du liquidateur contre les associés, ainsi que les actions des associés les uns contre les autres (1) De même les actions de la société contre les associés ou contre les tiers ne seront prescrites que par trente ans (2).

Il n'y a donc que les actions des créanciers contre les associés qui soient prescrites par 5 ans. Celles des créanciers contre les liquidateurs, et des liquidateurs

____

(1) Rouen, 8 mars 1871 — Sirey, 72 — 2 — 269.
(2) Cass. Req. 7 janv. 1873 — Dall. 74 — 1 — 470.

contre les associés ne le sont au contraire que par trente ans. Dès lors, il y a lieu de se demander l'utilité de l'article 64 ; car les créanciers n'auront qu'à s'adresser au liquidateur qui recourra contre les associés pour que la loi reste lettre morte.

Quoique l'article 64 soit en réalité d'une utilité douteuse, on ne peut s'empêcher de lui reconnaître un effet salutaire, tout au moins quant à la situation des associés.

En effet, les recours des créanciers au liquidateur et de liquidateur aux associés ne sont pas aussi fréquents qu'on peut le penser : pour que les créanciers attaquent le liquidateur, il faut que celui-ci soit en faute ; pour qu'ensuite le liquidateur s'adresse aux associés, il faut que cette faute ne lui soit pas imputable. Enfin les associés seront toujours dans une position favorable, en ce que le liquidateur qui recourra contre eux, devra diviser son action et ne pourra leur faire supporter l'insolvabilité de leurs co-associés.

Telle est la portée de l'article 64 du Code de commerce. Etudions maintenant les conditions de la prescription qu'il édicte.

Conditions de la prescription. — Le point de départ de cette prescription se trouve fixé par l'article 64 au jour de la dissolution de la société. Point de difficulté, s'il s'agit d'une société à terme : la dissolution arrivant par l'échéance du terme, la prescription courra de ce jour.

Mais si la dissolution est accidentelle, la prescription ne devra courir que du jour où les créanciers sociaux auront été mis en demeure par la publication de la dissolution. Nous suivons en cela l'opinion de la Cour de cassation (1) qui s'exprime en ces termes : « Attendu, en » droit, que la dissolution d'une société, avant le terme » fixé par l'acte qui la constitue, ne peut faire courir » contre les tiers la prescription quinquennale établie » par l'article 64 du Code de commerce, que si les tiers

_____
(1) Cass. 24 novembre 1845. Sirey 46 — 1 — 133.

» ont été avertis de cette dissolution par l'affiche et la
» publication de l'acte qui contient la convention ; qu'en
» effet une prescription ne peut agir, et que les tiers ne
» sont pas mis légalement en demeure d'agir en vertu
» d'un acte de dissolution qui n'a point été porté à leur
» connaissance par les moyens et dans les formes
» établies par la loi..... »

Nous avons vu que les actions nées pendant la liquidation se prescrivaient également par cinq ans; mais comme on ne peut prescrire une action qui n'est pas encore née, le point de départ ne peut se trouver, pour ces actions, dans le jour de la dissolution ; il faut donc le placer au jour de la reddition des comptes du liquidateur, date qui, d'après l'opinion de M. Pont, que nous avons admise précédemment, marquent la fin de la liquidation de la société (1).

Ainsi la durée de la prescription édictée par l'article 64 est de cinq ans. Toutefois cette prescription peut être interrompue; mais l'article, en s'exprimant sur ce point, ne parle que de l'interruption par des poursuites judiciaires. On est d'accord pour admettre qu'il ne faut voir là qu'une formule énonciative employée par le législateur. La prescription ne pourra donc être interrompue par les autres modes du droit commun, et par suite, l'associé non liquidateur qui aura payé des à-comptes ou qui aurait reconnu sa dette d'une manière quelconque, ne pourrait plus s'en prévaloir, (art. 2244, 2245 et 2248 du Code civil).

Remarquons que cette prescription ne serait pas suspendue par la minorité des créanciers ou de leurs héritiers; car cette cause de suspension ne s'applique pas aux courtes prescriptions (art. 2.278).

(1) Paul-Pont — *Sociétés*, n° 2017.

CHAPITRE XVI.

Dispositions transitoires.

1° Sur les conseils de surveillance.

L'article 18 de la loi de 1867 est ainsi conçu: « les
» sociétés antérieures à la loi du 17 juillet 1856, et qui ne
» se seraient pas conformées à l'article 15 de cette loi,
» seront tenues, dans un délai de 6 mois, de constituer
» un conseil de surveillance dans le délai ci-dessus fixé,
» chaque actionnaire a le droit de faire prononcer la
» dissolution de la société. » Nous avons déja eu l'occasion
de mentionner cet article en parlant des causes de dissolution des sociétés. Toutefois il est bon d'y revenir ici,
afin d'exposer plus complétement les dispositions qu'il
contient.

L'article 17 de la loi de 1867 a donc pour but de relever
de la nullité qu'elles avaient encourue, les sociétés qui,
lors de la promulgation de la loi nouvelle, ne s'étaient pas
encore conformées aux règles édictéespar l'article 15 de la
loi de 1856.

En conséquence, une assemblée des actionnaires devra
être provoquée dans le délai fixé par la loi, pour procéder
à la nomination d'un conseil de surveillance, à la majorité
des voix.

Quant aux conseils de surveillance qui avaient été
organisés par les sociétés avant 1856, ils restent tels
qu'ils sont, à moins cependant que ces conseils ne soient
une véritable gérance, auquel cas on devrait leur adjoin-
dre un conseil chargé spécialement du contrôle et de la
surveillance. C'est ce qu'a du reste jugé le tribunal de
Commerce de la Seine dont le jugement a été maintenu
par la Cour de Cassation (1).

---

(1) Jugement du Tribunal de Commerce de la Seine du 18 octobre 1858 — Dalloz, 59 — 3 — 332
Cass. 31 décembre 1860 — Dall. 61 — 1 — 78.

Mais alors quelle sera la loi applicable à ces conseils ainsi maintenus ? Sera-ce la loi de 1867 ou la loi de 1856 dont les dispositions sont plus rigoureuses à l'égard des membres du conseil de surveillance ?

Il faut distinguer suivant les dates des actes du conseil : pour les actes antérieurs à la loi de 1867, on devra appliquer les dispositions de la loi de 1856. Quant aux actes qui seraient postérieurs à 1867, c'est la loi nouvelle qui devra être appliquée ; car on ne peut imputer à faute à un conseil de surveillance de s'être conformé à cette loi. Dès lors, pourquoi lui refuserait-on le droit d'en bénéficier ? (1).

3° *Transformation d'une société en commandite antérieure à la loi en société anonyme*. — Avant la loi du 24 juillet 1867, la constitution des sociétés anonymes devait être autorisée par le gouvernement. Le législateur, en supprimant cette entrave, a cru devoir fixer les règles suivant lesquelles les sociétés en commandite déjà existantes pourraient prendre la forme anonyme.

L'article 19 dispose ainsi : « Les sociétés en comman- » dite par actions antérieures à la présente loi, dont les » statuts permettent la transformation en société ano- » nyme autorisée par le gouvernement, pourront se » convertir en société anonyme, dans les termes déter- » minés par le titre II de la présente loi, en se confor- » mant aux conditions stipulées dans les statuts pour » la transformation. »

Ainsi la conversion ne pourra avoir lieu que si les statuts le permettent expressément.

Quid si les statuts ne s'expliquent pas sur ce point ?

On a prétendu qu'il fallait l'unanimité des associés. Nous ne le croyons pas ; car, en définitive, il ne s'agit que d'une modification statutaire autorisée par l'acte social. Dès-lors, si les statuts sont muets sur la façon dont on devra procéder à la conversion, il faut s'en rapporter à la loi, qui s'exprime ainsi dans l'article 31 : « Les assemblées

____

(1) Paris, 28 mars 1869 — Dall. 69 — 2 — 150.

» qui ont à délibérer sur des modifications aux statuts,
» ou sur des propositions de continuation de la société
» au-delà du terme fixé pour sa durée, ou de dissolution
» avant ce terme, ne sont régulièrement constituées et ne
» délibèrent valablement qu'autant qu'elles sont compo-
» sées d'un nombre d'actionnaires représentant la moitié
» au moins du capital social. » (1).

Dans le silence des statuts, le vote aura lieu par tête, et tous les actionnaires auront droit d'asister à l'assemblée.

Nous croyons donc que l'opinion de la majorité suffira pour opérer la modification de la société, puisqu'il ne s'agit que de voter sur l'opportunité de la mesure, la possibilité de la conversion ayant, en effet, été approuvée de tous les associés par l'adoption des statuts.

Il est bien entendu que, la transformation de la société une fois votée, on devra se conformer aux règles posées par la loi de 1867 pour tout ce qui regarde la constitution de la société nouvelle.

3° *Abrogation de la loi de 1856.* — Article 20 : « Est » abrogée la loi du 17 juillet 1856. »

Le but du législateur en abrogeant cette loi dont il avait reproduit de nombreuses dispositions, a été de simplifier la législation sur les sociétés. C'est du reste ce que déclare le rapport de la loi qui fournit le meilleur commentaire que l'on puisse faire de notre article, et nous ne pouvons mieux faire que de le reproduire en terminant :

« Il est désirable au point de vue pratique, disait le » rapporteur, de rencontrer dans une loi, ou dans une » série unique de dispositions, les principes régulateurs » d'un certain ordre d'intérêts ou de conventions.

» Là où ces dispositions sont éparses dans des lois » d'origine ou de dates différentes, elles offrent aux » recherches une difficulté relative et une perte de temps » fâcheuse : et puis, quand une loi modifiée dans un

---

(1) Vavasseur, n° 762 — *Contra* MM. Mathieu et Bourguignat, n° 162.

» grand nombre de ses articles subsiste encore dans ses
» dispositions maintenues, il est possible, malgré la pré-
» voyance du législateur, qu'un certain antagonisme
» existe entre le monument nouveau et ce qui reste du
» monument ancien. Le seul moyen d'éviter cela, c'est
» de reprendre les dispositions maintenues, de les fondre
» dans une loi nouvelle, et de faire ainsi un ensemble
» dont toutes les parties se tiennent et s'enchaînent sans
» disparate et sans contradiction. »

POSITIONS

DROIT ROMAIN

I. — La société n'existe pas, en principe, comme personne morale : une autorisation est nécessaire pour lui donner ce caractère.

II. — En l'absence de conventions formelles, les parts des associés dans les bénéfices et les pertes sont égales et non pas proportionnelles aux mises.

III.— L'associé n'est, en principe, tenu que de sa *culpa levis in concreto*. Il n'y a pas sur ce point de désacord entre Gaïus. (L. 72, Dig. Livre XVII. II) et Ulpien (L. 5, § 2, Dig. XIII 6).

IV. — La loi I, § 1, Dig. Livre 22. tit. I, et la loi 67, § 1. Dig. *Pro socio,* ne sont pas contradictoires.

V. — Le bénéfice de compétence s'applique même dans la société *unius rei ;* seulement, il peut être refusé par le prêteur qui ne l'accorde que *causâ cognitâ.*

HISTOIRE DE DROIT

I. — Le système de preuve par les Ordalies n'est pas propre à la race Germanique.

II. — A l'époque Franque la *Féida* en matière criminelle existe encore.

DROIT CIVIL

1· — Les sociétés civiles ne sont pas des personnes morales.

2. — Les époux ont la capacité de contracter une société.

3. — L'époux contre lequel la séparation de corps a été prononcée perd de plein droit les avantages à lui consentis par son conjoint.

4. — L'enfant renonçant ne peut pas compter pour le calcul de la quotité disponible.

5. — L'enfant naturel peut être adopté par son père qui l'a reconnu.

6. — Le testament qui est nul comme testament mystique vaut comme testament olographe, s'il réunit d'ailleurs les conditions exigées par ce dernier testament.

7. — Les donations déguisées sous la forme d'un contrat à titre onéreux sont nuls.

8. — L'immeuble donné pendant le mariage, par un seul et même contrat, et sans désignation de parts, au mari et à la femme doit être considéré comme commun.

DROIT COMMERCIAL

1. — Le caractère distinctif de l'action est sa négociabilité.

2. — Les formalités constitutives d'une société commerciale doivent être remplies au cas d'augmentation du capital au cours de la société.

3. — Les créanciers sociaux ont, soit pour contraindre les commanditaires au versement de leur mise, soit pour les obliger

au rapport de tout ce qu'ils en ont repris, non seulement l'action indirecte de l'article 1166, mais aussi une action directe.

4. — La faillite de la société n'entraîne pas de plein droit sa dissolution.

5. — La nécessité de la publication de la dissolution des sociétés n'est pas restreinte au cas où cette dissolution résulte d'un acte volontaire: elle s'applique aussi aux cas de dissolution résultant d'un fait involontaire.

DROIT PÉNAL

1. — La condamnation prononcée en pays étranger à raison d'un crime ou d'un délit commis en France ne fait pas obstacle à ce que l'étranger revenu en France y soit poursuivi pour le même fait.

2. — Pour que le recel soit punissable, il est nécessaire que le recéleur ait eu connaissance de la provenance criminelle des objets au moment où ils sont passés entre ses mains.

DROIT DES GENS

PUBLIC ET PRIVÉ

1. — La houille ne peut être considérée comme contrebande de guerre.

2. — Les prises (sauf la contrebande de guerre), la course et la piraterie ne sont pas légitimes en cas de guerre maritime.

3. — L'étranger ne peut être tuteur en France.

4. — L'article 9 du Code civil n'a pas d'effet rétroactif.

5. — Le rôle des tribunaux Français appelés à déclarer exécutoire en France un jugement rendu par une juridiction étrangère,

doit se borner à observer si ce jugement ne contient aucune décision contraire à l'ordre public et aux bonnes mœurs, tels qu'on les entend en France.

PERMIS D'IMPRIMER

Ce 21 Décembre 1881.

Le Recteur de l'Académie de Douai,

D. NOLEN.

VU :

Douai, ce 21 Décembre 1881.

Le Doyen de la Faculté, Président de la Thèse,

DANIEL DE FOLLEVILLE.

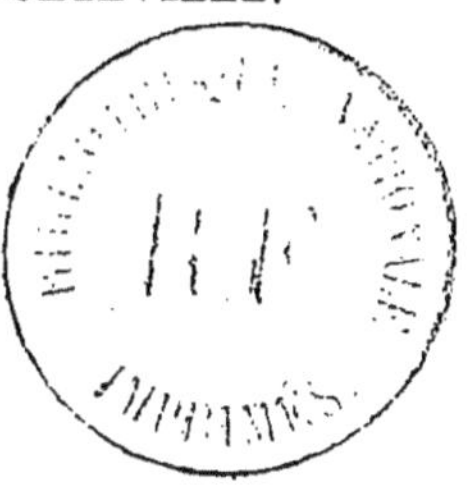

DROIT FRANÇAIS

DE LA SOCIÉTÉ EN COMMANDITE PAR ACTIONS

Boulogne-sur-Mer. — Imp. SIMONNAIRE et Cie, 5, rue des Religieuses-Anglaises.